Dieux & mythes nordiques

collection
Savoirs mieux

Patrick Guelpa

Dieux & mythes nordiques

Presses Universitaires du Septentrion
www.septentrion.com

Les Presses Universitaires du Septentrion
sont une association de six universités :
• Université des Sciences et Technologies de Lille, Lille 1
• Université du Droit et de la Santé, Lille 2,
• Université Charles-de-Gaulle – Lille 3,
• Université du Littoral – Côte d'Opale,
• Université de Valenciennes et du Hainaut-Cambrésis,
• Fédération Universitaire Polytechnique de Lille.

La politique éditoriale est conçue dans les comités éditoriaux.
Six comités et la collection « Les savoirs mieux de Septentrion »
couvrent les grands champs disciplinaires suivants :
• Acquisition et Transmission des Savoirs
• Lettres et Arts
• Lettres et Civilisations Étrangères
• Savoirs et Systèmes de Pensée
• Temps, Espace et Société
• Sciences Sociales

Publié avec le soutien
de l'Agence Nationale de la Recherche
et du Conseil Régional Nord - Pas de Calais

www.septentrion.com
Villeneuve d'Ascq
France

ISBN : 978-2-7574-0120-0
ISSN : 1292-4385
Livre imprimé en France

Introduction

Cet ouvrage a pour objectif de présenter une vue d'ensemble de la mythologie nordique. Cette mythologie est la deuxième d'Europe en ordre d'importance après la gréco-latine, ce qui tient sans aucun doute au fait qu'elle ne nous est connue essentiellement que par des textes islandais et non latins.

Après avoir passé en revue les différentes sortes de sources, je suivrai une démarche qui part des textes, des récits mythologiques, pour aboutir aux dieux et leurs attributs, leurs caractéristiques principales, en mettant en lumière les incertitudes, mais aussi les données incontestables et en proposant pour certains des pistes de réflexion. Aussi ce petit livre se veut-il un précis de mythologie nordique, non un dictionnaire.

À la présentation ordonnée du système mythologique succèdera une réflexion sur les diverses tentatives de classification des dieux nordiques ainsi que sur le type de société correspondant à cette mythologie.

1) Distinction religion/mythologie

À toutes les époques et en tous lieux, l'homme peut être défini comme un être religieux, c'est-à-dire relié à Dieu (c'est le sens du mot « religion », du latin *re-ligare*). Il se reconnaît dépendant de Dieu ou d'un dieu, d'une divinité, bref, d'un être supérieur et créateur. L'ensemble des rapports que l'homme entretient avec la divinité s'appelle religion, laquelle s'exprime généralement par une foi et un culte. Toutes les religions comportent un corps de vérités, un code moral permettant de distinguer le bien et le mal ainsi que de rétribuer les actes, et des rites (prières, sacrifices). Mais toutes n'ont pas la même conception de ces éléments fondamentaux. Il en est par exemple qui n'ont pas de doctrine élaborée ou pas de prière. Il y en a qui sont dites «naturelles» et d'autres qui sont « révélées ». Il y a celles qui se fondent sur un livre sacré et sur une tradition telles le judaïsme (*L'Ancien Testament* et principalement la *Torah,* la Loi contenue dans le *Pentateuque*), le christianisme (*Ancien* et *Nouveau Testament*) et l'islam (*Coran*). La religion nordique ancienne a précédé le christianisme, qui s'est imposé ensuite en Occident et s'est répandu plus tard dans tous les continents. Mais qu'en est-il de sa doctrine ? L'originalité du christianisme, religion révélée, par rapport à toutes les autres religions, consiste en ces deux choses qu'il enseigne :

- Dieu se fait connaître parfaitement et propose la vérité complète.
- Dieu appelle l'homme à participer à sa propre vie, par l'infusion de la grâce sanctifiante (*Catéchisme de l'Église Catholique,* Paris, Mame-Plon, 1992, § 52-54, 91, 1699-1701, 1996-2005).

La religion des anciens Scandinaves, elle, n'est pas révélée, mais vise à participer à la vie des dieux en ce monde et dans l'autre, la frontière entre les deux étant très floue et souvent quasiment inexistante (*Cf.* R. Boyer, *La Mort chez les Anciens Scandinaves*, Paris, Les Belles Lettres, 1994).

Avant leur conversion au christianisme, laquelle s'est faite par étapes (les Goths, par l'intermédiaire de leur évêque Wulfila, adepte de l'hérésie arienne, se convertissent au IIIe siècle, les Francs, à la suite de Clovis, se convertissent à la religion catholique probablement à partir de 499, les autres peuples ensuite et finalement les Germains du Nord deviennent eux aussi catholiques aux alentours de l'an 1000. Les Germains, ensemble de peuples hétéroclite et mal défini vivant *grosso modo* entre le Rhin, la

Mer Noire et le nord de la péninsule scandinave, avaient donc eux aussi leur religion, non révélée, naturelle, que l'on qualifie de païenne, sans nuance péjorative. En effet, ces païens étaient très religieux ainsi que le note déjà Tacite (*Germania*, chapitre 9) et leurs dieux s'identifiaient aux grandes forces cosmiques et aux éléments naturels comme les dieux de l'ancienne Égypte, de la Grèce et de Rome. La religion des anciens Scandinaves ne connaissait pas de doctrine, mais consistait en une attitude et surtout en un certain nombre d'actes signifiants qu'on peut appeler rites. Le rite est l'essentiel de la religion nordique ancienne.

Les mythologues de l'école anthropologiste de Cambridge, comme J.G. Frazer, considéraient que le rite donnait automatiquement naissance au mythe. Or, l'helléniste contemporain Gregory Nagy déclare que « Dans une société de petites dimensions, le mythe tend à être vu comme l'encodage du concept de vérité qu'a cette société ; en même temps, du point de vue de la civilisation occidentale, mythe est devenu le contraire de fait, antithèse de vérité. » (*Greek Mythology and Poetics*, New York, Cornell University Press, Ithaca, 1990, p. VII).

Certes, au cours du temps les récits oraux se transmettent de génération en génération. Puis vient la phase de la fixation par écrit. Ainsi s'élabore un corpus de textes qu'on appelle mythologie. Le mythe ne serait donc qu'une pure construction de l'esprit humain, un récit fabuleux, le plus souvent d'origine populaire, qui se transmet au moyen de la tradition littéraire. La mythologie ne s'identifie donc pas à la religion. La mythologie est « l'ensemble des mythes, mais aussi la science qui étudie les mythes, leurs origines, leur développement et leur signification » (*Dictionnaire alphabétique et analogique de la langue française*, Paul Robert, Paris 1959, p. 723). Nous devrons donc nous interroger sur le sens de la mythologie nordique.

2) *Le mot « nordique »*

Qu'entend-on par mythologie *nordique ?* Le mot « nordique » signifie qu'il s'agit du rameau septentrional du germanique. On sait, grâce aux travaux de la linguistique historique du XIXe siècle (ceux des Allemands Jakob Grimm et Franz Bopp entre autres et ceux des Danois Rasmus Rask et Karl Verner) et du début du XXe (ceux du Français Antoine Meillet), que la plupart des langues d'Europe constituent une seule et même famille qui remonte à un ancêtre commun : l'indo-européen. Les peuples germaniques sont des Indo-Européens.

La mythologie nordique est la mythologie des Germains du nord ou Scandinaves. Or le terme de *Germains* n'a pas reçu d'explication étymologique satisfaisante. On le trouve sous la plume d'écrivains grecs ou latins du Ier siècle avant J.-C. (dont César). Ce sont des peuples très divers dont l'unique trait commun tient à une communauté de langue et de coutumes, la « race germanique » étant elle aussi un mythe ! Les Germains ne se sont jamais désignés sous ce nom, lequel semblerait faire référence aux voisins immédiats (c'est le sens de l'adjectif relatif *germain* dans l'expression « cousins germains »). Aux environs de 500 avant J.-C., les parlers germaniques se différencient de l'indo-européen par la première mutation consonantique ou mutation germanique (Grimm en fait la découverte en 1822 et formule des lois phonétiques, dont certaines anomalies seront expliquées en 1875 par Verner). Ensuite, le germanique commun se fractionne suivant les aires géographiques des diverses peuplades : à l'ouest, le westique aboutira ultérieurement aux langues modernes que sont l'allemand, l'anglais et le néerlandais. À l'est, l'ostique, dont le gotique, la langue des Goths, est le principal représentant, disparaîtra quasi totalement après le Ve siècle. On a conservé la traduction de la Bible en gotique réalisée par l'évêque Wulfila (IVe siècle) ainsi qu'un commentaire anonyme de l'Évangile de St Jean. Le gotique est, toutes proportions gardées, le latin des langues germaniques. Parlé par quelques communautés éparses jusqu'au VIIe siècle entre Mer Noire, Baltique, Espagne et Égypte, le gotique subsistera en Crimée jusqu'au XVIIe siècle. Au XVIe siècle, la découverte du gotique dit « de Crimée » par un émissaire de l'Empereur Charles-Quint, Augier Ghislain de Busbecq (1522-1591), réveillera l'intérêt pour ce monument du germanique ancien. On sait que Busbecq a affectué plusieurs missions, en 1554-55 et entre 1555 et 1562 auprès du Sultan Soliman II Le Magnifique (1520-1566) et qu'il en rapporta entre autres une cantilène gotique dont André Rousseau (Lille III) a donné une interprétation convaincante (*Cf.* bibliographie). Au nord, le nordique deviendra une langue commune comprise partout entre la Norvège, la Suède, le Danemark et l'Islande et en outre dans tous les territoires que fréquenteront les Vikings entre 800 et 1050 (îles britanniques, Irlande, Normandie, Russie...) *:* c'est la « langue nor(r)oise » ou «nor(r)aine» (*norrænt mál*) ou encore « langue danoise » (*dönsk tunga*), c'est-à-dire le vieil-islandais (les Allemands le désignent par le terme *Altnordisch*, les Anglais disent *Old Norse*), que nous appellerons ici *vieux-no(r)rois* (abrégé en : vn). Cette langue se maintiendra quasiment inchangée jusqu'à nos jours en Islande. Elle évoluera en Danemark, Norvège et Suède pour donner les langues scandinaves actuelles correspondantes, le féroïen (langue des îles Féroés) se situant très près de l'islandais.

Depuis le IXe siècle, (traditionnellement depuis 874, date de la colonisation de l'Islande par une population norvégienne et celte), la langue islandaise ne s'est presque pas altérée, de sorte que si Eiríkr rauði (Éric le Rouge), qui découvrit le Groenland vers 986, revenait en Islande, il serait compris et se ferait comprendre sans difficultés. Tout au plus lui trouverait-on un accent « paysan » ou « québécois », comme on voudra. Ce ne serait pas le cas de son contemporain, Hugues Capet, élu roi de France à Senlis en 987, qui serait dans l'impossibilité de comprendre les gens et de se faire comprendre d'eux *!* L'islandais représente donc le seul témoin encore vivant d'un état ancien des langues germaniques. Riche en flexions (verbales, nominales, adjectivales) et en alternances vocaliques et consonantiques, il demeure résolument conservateur et réfractaire aux néologismes scientifiques de l'époque moderne : *telegramm* (danois, suédois, norvégien) se dit en islandais *símskeyti* (« message téléphonique ») *telefon* (*idem*) se dit *sími* (« corde, fil »), *mikroskop* (*idem*) *smásjá* (« petite vue »), *filosofi* (*idem*) *heimspeki* (« sagesse du monde »), « ordinateur » se dit *tölva* (mot construit exprès à partir de *tala :* « nombre » et *völva :* « magicienne, prophétesse, voyante »), « sida » se dit *alnæmi* (« vulnérabilité à tout ») ou *eyði* (« destruction »), « politique » se dit *stjórnarmál* (« affaires de gouvernement »), etc. Un bon moyen de se défendre contre le démagogique « tout-à-l'anglais » envahissant aujourd'hui ! *Cf.* P. Guelpa, « Le purisme linguistique islandais et les défis du monde moderne », *in : Kubaba* II, vol. 1, *La Marginalité : entre exclusion et transgression*, revue polyglotte de langues et civilisations, Université de Paris I-Panthéon-Sorbonne, mai 1999, p. 17-32.

Quelques très brèves et très sommaires indications sur la prononciation de l'islandais :

- Les graphies *ð* et *þ* notent les sons respectifs de l'anglais *th* dans *father* et *thank you*. Les mots sont tous accentués sur la 1re syllabe, sans aucune exception. Le *u* note le son long et fermé du français de *feu,creux*. Le *ö* correspond au son français ouvert de *beurre, sœur* (allemand *Köln, können*). Le *r* est toujours « roulé ». Le *ú* correspond au long son français *de tout*. Le *í* et le *ý* notent tous deux le même son *i* tendu et long du français *amie* ou de l'anglais *keep* et de l'allemand *Bier*. Les lettres *i* et *y* notent le même son *i* non tendu comme dans l'anglais *trip* ou *only,* tendant légèrement vers le *é* bref français (*Cf.* le y polonais !). Le *é* note le son *yè* (du français *balayais, il y est*).
- La lettre *á* correspond au son de l'anglais *house* et de l'allemand *Haus.* La lettre *æ* note le son du français *maille, ó*

la voyelle du français *peau* légèrement diphtonguée, *au* le son français de *œil* (néerlandais *huis*).

– La lettre *f* entre voyelles se prononce comme *v* et les groupes *fl* et *fn* se prononcent comme *pl* et *pn*. Les deux *l (ll)* sont le plus souvent prononcés *tl*, les deux *n (nn)* comme *tn*. Pour des oreilles françaises, les lettres *b, d, g* se rapprochent beaucoup de *p, t, k*, tandis que *p, t, k* sont prononcés avec une petite explosion, comme si on voulait « postillonner »…

Retenons donc que les Islandais cultivent avec passion l'amour de leur passé tout en se situant de plain-pied dans le monde moderne. Que la mythologie nordique ait été conservée et transmise essentiellement par des Islandais ne saurait donc nous étonner. Même Jakob Grimm, lorsqu'il rédigea sa *Deutsche Mythologie* (1835), fut sans cesse contraint de recourir aux sources nordiques. Les divers témoignages au sujet de la mythologie nordique vont des dessins rupestres de l'âge du bronze (- 1 500), concentrés dans la province suédoise du Bohuslän, entre Göteborg et Oslo, jusqu'aux poèmes des scaldes païens des environs de l'an 1000. Cela fait 2 500 ans, au cours desquels des distorsions considérables ont pu se produire, même s'il existe de surprenantes continuités thématiques. L'extension géographique n'est pas moins impressionnante : de l'Islande à la Mer Noire, du Cap Nord à la Méditerranée. Ces repères spatiaux correspondent à peu près au maximum de l'expansion viking entre 800 et 1066. La prudence est donc de mise quand on étudie les sources principales qui sont de nature écrite et rédigées au moins deux siècles après la fin du paganisme.

Nous survolerons d'abord très rapidement le problème des sources avant d'aborder plus en profondeur les questions essentielles de la cosmogonie, de la théogonie, de l'anthropogonie, de la cosmologie, des dieux, des héros et de la fin du monde.

I – Les sources

1) Les sources archéologiques

Il y a tout d'abord les usages funéraires ou les modes de sépulture, qui nous renseignent sur l'idée que se faisaient de la mort les populations germaniques aux diverses époques. La croyance à la vie après la mort est nettement établie. À l'époque mégalithique (1800-1500 avant J.-C.), on trouve des tombes monumentales en forme de dolmens. Ce sont de grosses pierres recouvertes de tertres. Ces tumulus pouvaient contenir jusqu'à une centaine de cadavres, lesquels étaient simplement inhumés et non incinérés. La chambre mortuaire est orientée vers le nord, qui est le chemin de Hel (sorte de gardienne des enfers, déesse du royaume des morts). On y entre par le sud. On trouve des tumulus chez les Germains à partir de l'âge du bronze (-1500) jusqu'à l'époque viking (800-1066). À la fin du paganisme, le tumulus était essentiellement la tombe du chef ou du roi. La croyance en la vie après la mort est attestée en littérature par les récits des sagas (XIIIe siècle) qui parlent des morts qui vivent dans leurs tumulus. Ce trait n'est pas propre au nord : au sud et à l'ouest de l'aire germanique, on connaît les légendes de Frédéric Barberousse ou de Charlemagne attendant leur heure dans l'Untersberg (Salzbourg), de Frédéric II dans le Kyffhäuser (Harz), du duc Widukind dans un tertre des bords de la Weser, du roi Arthur dans Cadbury Hill (Somerset). Les tumulus témoignent donc d'un culte des ancêtres, mais aussi de la nécessité que ressentaient les vivants de se protéger des morts. Les sagas islandaises attestent que les morts insatisfaits de leur sort reviennent hanter le monde des vivants et y faire de grands ravages (Eyrbyggjasaga 11, Njálssaga Brennu 14, Landnámabók dans les versions connues et répertoriées sous les références S 69, M 25, S 97).

– Les tombes collectives naviformes (danois skibsætninger : « dispositions en bateau »), ensemble de pierres levées disposées en forme de bateau, sont très nombreuses en Scandinavie et montrent l'importance du bateau dans le mode de sépulture. Les découvertes au sol attestent tout autant l'inhumation dans un bateau brûlé à terre, les cendres étant enterrées dans un tertre, que l'inhumation dans un bateau par-dessus lequel on édifie un tumulus. Cette coutume est sans doute en relation avec l'idée du voyage dans l'au-delà. La plupart des tombes collectives naviformes renferment des tombeaux individuels. De toute façon, le mort est muni de ses armes, de son cheval et de ses objets précieux.
– Des offrandes votives déposées dans des sources ou des marais, donc exclusivement réservées aux dieux, ont été découvertes. Elles datent de la fin de l'âge du bronze. On a par exemple retrouvé dans un marais du Jutland une centaine de petits bateaux miniatures en or qui sont tous ornés de symboles solaires. On en conclut que le but de cet acte de culte était d'obtenir une navigation sûre. On trouve aussi des bijoux et autres menus objets qui relèvent de la vie privée des femmes. S'agit-il d'offrandes à des divinités de la fécondité ? C'est très probable.
– Divers objets liés au culte ont été mis au jour : des bractéates (sortes de pièces de monnaie frappées d'un seul côté) utilisées comme amulettes à l'effigie d'Óðinn par exemple, de petits marteaux de Þórr, des cornes à boire, des

chaudrons, des lurs (sortes de trompettes vikings) et des haches cultuelles.

Si l'archéologie se révèle très utile, voire déterminante pour nous donner une idée de la vie quotidienne aux temps vikings, elle ne nous apprend en revanche que très peu de choses sur les dieux et la vénération dont ils faisaient l'objet. Les sources archéologiques n'ont donc que peu de valeur pour nous. En revanche, nous sommes davantage renseignés par d'autres types de témoignages.

2) Les sources épigraphiques

- Les gravures rupestres (ou pétroglyphes) de l'âge du bronze du sud de la Scandinavie représentent souvent des bateaux figurant dans des processions cultuelles, des hommes en train de danser ou d'adorer, des disques (symboles solaires), des animaux, des scènes de labour, de combat, d'amour (hommes et femmes accouplés), des bonshommes ithyphalliques. Le bateau est sans doute lié à un culte solaire, les autres motifs à un culte de la fécondité/fertilité.
- Les autels consacrés, d'après les modèles romains, aux matrones (déesses-mères) aux premiers siècles du christianisme sur le cours inférieur du Rhin témoignent d'un culte rendu à des divinités protectrices de la famille, de la fécondité, de l'obstétrique.
- Les inscriptions runiques, dont l'origine remonte au Ier siècle après J.-C., figurent sur toutes sortes d'objets et sont utilisées à des fins très variées. On sait que les runes sont des caractères fabriqués par les Germains du sud qui, au contact des Romains, se sont servis des alphabets des langues méditerranéennes et de symboles germaniques (Lucien Musset, Introduction à la Runologie, Paris, Aubier-Montaigne, 1965 §§ 19-20). Au demeurant, c'était un alphabet comme un autre. Jusqu'au VIIIe siècle, les runes constituent un alphabet de 24 signes dénommé

d'après les six premiers : fuþark (þ = th anglais de path), ou ancien fuþark. Au VIIIe siècle, le fuþark ne comprend plus que 16 signes : c'est le nouveau fuþark, qui tient compte de l'évolution de la langue et qui correspond à la période viking. Caractères anguleux Destinés à être gravés sur de la corne, du bois, du métal ou de la pierre, les runes étaient l'écriture courante des Scandinaves de l'époque viking et les inscriptions runiques en nouveau fuþark qui ornent mainte stèle ou mainte pierre historiée sont les seuls témoignages écrits des Vikings eux-mêmes. Mais on pouvait aussi se servir des runes à des fins magiques (c'est ce que suggère l'étymologie du mot, qui signifie « mystère, secret, choses qu'on chuchote ou qu'on murmure ») : pour demander la victoire, il fallait graver trois fois la rune ᛏ(= t, initiale du dieu Týr, ancien dieu du ciel et de la guerre) pour obtenir la chance et la richesse, il fallait graver sur un objet trois fois la rune ᚠ (= f, initiale du vn fé = « propriété, richesse »). Il était également possible d'utiliser les runes à des fins maléfiques. On sait que le dieu de la connaissance et de la magie des runes est Óðinn. D'innombrables pierres runiques se trouvent en Scandinavie qui servent de pierres commémoratives ou de pierres tombales. Elles parlent en général des exploits réalisés par tel ou tel Viking, mais elles peuvent aussi dire que les runes viennent des dieux (pierres runiques suédoises de Noleby et de Spärlösa, VIIe siècle environ). Sur la fibule de Nordendorf (près d'Augsbourg, en Allemagne) figure une inscription runique qui dit : « (Que) Þórr consacre (ces) runes », allusion au marteau de ce dieu. Toutefois, les inscriptions runiques ne dépassent pas une certaine longueur et celles qui font allusion à la mythologie sont en très petit nombre et ne nous apprennent pas grand chose. Pour aller plus loin, rappelons que le seul spécialiste français encore vivant est notre collègue de l'Université de Bordeaux, Alain MAREZ, qui a publié nombre d'articles et :

- Les Runes, ou l'écriture des Vikings et des anciens Germains (tr. fr. d'Alain Marez), Éditions du Porte-Glaive, Paris, 1995. (Krause, Wolfgang, 1970, Runen. Berlin : Walter de Gruyter),
- Les causes de la réduction du fuþark germanique : Les glides et le vocalisme. Villeneuve d'Ascq, Cédex : Presses Universitaires du Septentrion, 2000. [Doctoral dissertation («doctorat d'état»), Université de Paris-Sorbonne (Paris IV).]
- Anthologie runique, Paris, Les Belles Lettres, 2007 (544 p.).

On consultera également avec profit *:*

- MUSSET Lucien, *Introduction à la runologie*, Paris, Aubier-Montaigne, Bibliothèque de philologie germanique, 1965.

  Il s'agit là des deux grands noms français de la runologie.

Voici les deux variantes de runes les plus répandues en Scandinavie :

L'ancien *fuþark* ("futhark") à 24 signes a été utilisé par les Germains du Nord du IIe au VIIIe siècle après J.-C. :

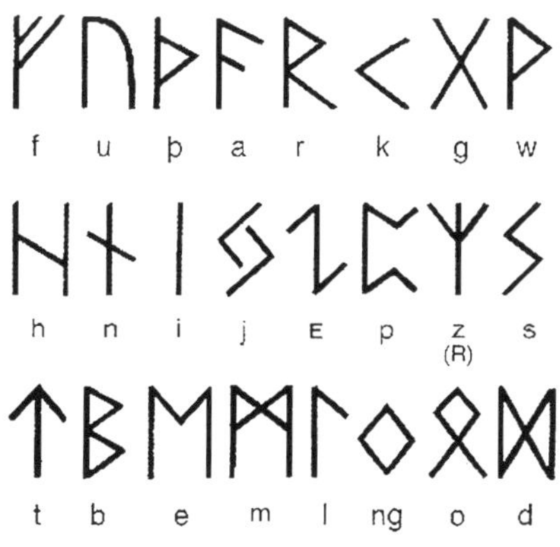

Le nouveau *fuþark* (ou "futhark" récent) à 16 signes apparaît au VIIIe siècle comme une simplification du système due à l'évolution phonétique et phonologique du nordique.

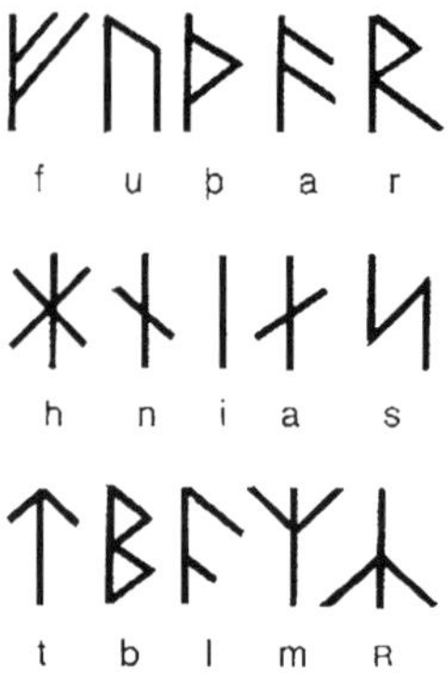

Cette mutation fait l'objet de l'étude approfondie d'Alain Marez (*Cf.* Bibliographie) qui en propose une hypothèse explicative convaincante :

Il existe d'autres variantes de runes et on consultera les articles et ouvrages spécialisés de Lucien Musset, d'Alain Marez et de Christophe Bord, parmi les runologues français répertoriés dans la bibliographie.

> « On a l'habitude d'opérer dans le domaine de la runologie avec les subdivisions spatio-temporelles suivantes :
>
> a) IIe → VIIe/VIIIe siècles : runique germanique (fuþark dit 'ancien' à 24 signes) ;
>
> b) VIe → Xe siècles : runique anglo-saxon (fuþorc à 28, puis 33 signes) ;
>
> c) VIIIe/IXe → XIVe siècles : runique nordique (fuþark dit 'récent' à 16 signes) de l'époque médiévale (viking et post-viking) » (*Cf.* bibliographie : C. Bord 1997, p. 527).

« Le nouveau fuþark connaissait trois variantes principales : les runes danoises à branches longues [celles reproduites dans cet ouvrage], les runes suédo-norvégiennes à branches courtes et les runes de Hälsing, privées de hastes verticales. » (Ibidem, p. 540).

Les noms des runes sont acrophoniques : ils correspondent chacun à un mot qui commence par le son représenté par chacune d'elles. Ainsi, nous disposons, en germanique ancien (anglo-saxon ou : vieil-anglais, vieux-haut-allemand etc.), des listes des noms des runes dressées par des clercs anglo-saxons ou allemands férus d'exotisme et passionnés d'antiquités (*Cf.* Lucien Musset, bibliographie) :

f : fehu : « bétail, richesse »
u : ûruz : « urus (aurochs), force virile »
þ : þurisaz : « þurs, géant, monstre »
a : ansuz : « Ase, Óðinn »
r : raiðô : « voyage, voyage dans l'au-delà »
k : kauna : « maladie, abcès », ou bien kênaz : « torche » ou « résine », ou bien kanô : « barque (symbole de Nerthus, déesse de la terre) »
ȝ : ȝebo : « don »
w : wunjô : « délices, joie », ou bien winjô : « pâturage, prairie consacrée comme sanctuaire », ou bien wulþuz : « magnificence, dieu Ullr »
h : haȝ(a)laz : « grêle, perte »
n : nauþiz : « détresse, contrainte, manque de liberté »
i : îsa : « glace, calamité imminente »
j : jêra : « année fertile, bonne récolte »
E (ou : ë) : eihwaz : « if, arbre magique »
p : perþ : inexpliqué !
Z : alȝîz : « élans = jumeaux divins, disocures » ou bien « défense »
s : sôwilô : « soleil »

t : Tîwaz : « dieu Týr »
b : berkana : « branche de bouleau, jeune vie »
e : ehwaz : « cheval, coursier solaire »
m : mannuz : « homme », ou bien « Mannus » (l'ancêtre)
l : la3uz : « eau » ou bien laukaz : « poireau, oignon »
ng : Ingwaz : « dieu Ing, fécondité »
ð : ða3az : « jour, clarté du jour » ou « feu sacré », ou bien « le dieu Dagr »
o : oþala : « propriété insécable, possession héréditaire, alleu »

Explication de quelques symboles :
a (ou : ą) : *a* nasalisé du français *an*
ð : son de l'anglais *father*
þ : son de l'anglais *thank*
3 : son vélaire proche du *g* espagnol dans *agua*
R : *r* palatal issu du *z* germanique ancien; à l'époque viking, il se confond avec *r*.
z : *z* français

Le passage le plus connu de la « Saga d'Egill, Fils de Grímur le Chauve » (*Egils saga Skalla-Grímssonar*), dont Snorri Sturluson, d'après les critiques modernes islandais, est très probablement l'auteur, est constitué par les chapitres 57-60. Ils relatent comment Egill quitte la Norvège, arrive en Islande, puis échoue, lors d'une traversée malheureuse, en Angleterre.

Lors de ses démêlés en Norvège avec le roi Éric-à-la-hache-sanglante (Eiríkr blóðöx), fils de Haraldr-à-la-belle chevelure (Haraldr hinn hárfagri), Egill décide de fuir en Islande, mais auparavant, il dresse un pic d'infâmie (*níðstöng*) à l'encontre de son ennemi. Il s'agit d'un ensemble d'opérations magiques et diffamatoires :

Il empale une tête de cheval sur un pieu installé dans la fente d'un rocher. Puis il prononce ces paroles :

« J'érige ici un piquet d'infâmie et je le tourne
contre le roi Eiríkr et la reine Gunnhildr, je tourne

ce *níð* contre les esprits tutélaires qui habitent ce pays, afin qu'ils s'égarent et que nul ne s'y retrouve avant qu'ils n'aient chassé du pays le roi Eiríkr et Gunnhildr. »
(Cf. R. Boyer, Sagas islandaises, p. 119-120 et 1547-1551).

Il tourne alors la tête du cheval vers l'intérieur des terres et grave des runes sur le pieu. Puis il redit les mêmes paroles.

Il s'embarque ensuite pour l'Islande. La scène se passe vers 940. Le plus étonnant est que la malédiction est suivie d'effet : le roi Eiríkr et la reine Gunnhildr sont chassés de Norvège par un frère d'Eiríkr, Hákon Aðalsteinsfóstri.

Voici les runes gravées sur ce pieu :

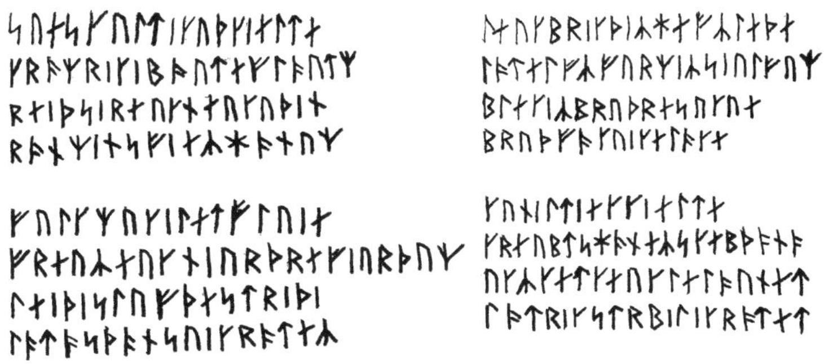

Translittération	Correspondance en norois (vieil-islandais)
28.	
suaskultikuþkialta	svá skyldi goð gjalda,
krąmrikibąutafląutum	gram reki bönd af löndum,
raiþsirauknaukuþin	reið sé rögn ok Óðinn,

rąnminsfiaRhąnum	rön míns féar
honum ;	
fulkmukilatfluia	folkmýgi lát
flýja,	
frauRaukniurþrafiurþum	Freyr ok Njörðr,
af jörðum,	
laiþisluƒþastriþi	leiðisk lofða
stríði	
lątąsþąnsuikrątaR	landáss, þanns
vé grandar.	

29.

laukbrikþiRhafRlakþa	lögbrigðir hefr
lagða,	
latalfRfurmiRsiulfum	landálfr, fyr mér
sjálfum,	
blakiRbruþrasukua	blekkir bræðra
sökkva	
bruþfąkuikalaka	brúðfang, vega
langa ;	
kuniltiakkialta	Gunnhildi ák
gjalda	
kraubtshąnaRskabþąną	greypt's hennar
skap, þenna,	
ukRkatkauklaląunat	ungr gatk ok læ
launat,	
lątrikstrbilikrątat	landrekstr, bili
grandat.	

Dans le texte vieil-islandais, j'ai renoncé à certaines graphies anciennes en les remplaçant par les modernes. On constate que le *fuþark* récent issu de la réforme runique des temps vikings ne tient pas compte de l'opposition de sonorité et note par exemple un seul signe pour *d* (occlusive sonore) et *t* (occlusive sourde) ; de même pour *ð* et *þ*, *b* et *p*, *g* et *k*. Les sons *i* et *j*, *u* et *v*, etc.sont notés par un seul signe. La distinction graphique n'a pas été ressentie comme nécessaire par les graveurs car les lecteurs reconnaissaient facilement de quel son il s'agissait. Les explications scientifiques à ce phénomène sont données par Alain Marez (*Cf.* bibliographie). Toujours est-il qu'on pourra apprécier ici les avantages de l'alphabet latin.

Traduction des strophes (R. Boyer, *op. Cit.*)

28.

« Que les dieux chassent le prince du pays ;
que les dieux lui revaillent
le pillage de mon bien ;
courroucés soient Óðinn et les puissances ;
que Freyr et Njörðr fassent fuir
de ses terres le tyran ;
que l'Ase du pays (= Þór) se lasse
de l'ennemi des hommes qui viole le sanctuaire ».

29.

« Alfe du pays, le briseur de lois
m'a imposé long voyage ;
le fratricide s'en laisse imposer
par son épousée ;
je revaudrai à Gunnhildr
cette proscription ; cruelle est son humeur ;
jeune, j'étais prompt
à venger les forfaitures ».

3) Les sources toponymiques

Elles nous renseignent surtout sur l'extension du culte de tel ou tel dieu. Mais il faut prendre garde aux contradictions avec les sources littéraires. Tel dieu abondamment cité dans la littérature ne l'est pas du tout ou très peu dans la toponymie : c'est le cas d'Óðinn. Þórr est bien attesté dans les toponymes et dans la littérature, mais comment distinguer les toponymes théophores de ceux fondés sur le prénom d'un homme qui comportait le nom de ce dieu ? Ullr apparaît souvent dans les noms de lieux en Norvège et en Suède et ne joue qu'un rôle fort modeste dans la littérature. L'Islande ne connaît que peu de toponymes théophores. C'est Þórr qui l'emporte en fréquence, de même qu'en Norvège, alors que la plupart des toponymes se rapportant à Óðinn se trouvent au Danemark (Odense, en Fionie : Óðins vé = « sanctuaire d'Óðinn »), la Suède donnant incontestablement la préférence à Freyr.

4) Les sources littéraires

Elles sont, de très loin, les plus abondantes et les plus importantes. Il convient de distinguer les sources scandinaves des autres :

a) Les sources non-scandinaves

Elles vont de César (*De bello gallico*, environ 50 avant J.-C.) à Adam de Brême (archevêque de Brême-Hambourg, *Gesta Hammaburgensis Ecclesiae Pontificum*, vers 1072) en passant par Tacite (*Germania*, fin du Ier siècle), Paul Orose (*Historia*, après 410), Procope (*De bello gothico*, VIe siècle), Jordanès (*De origine actibus Getarum*, 551) Grégoire de Tours (*Historia Francorum*, 591), Bède le Vénérable (*Historia Ecclesiastica gentis Anglorum*, 731), Paul Diacre (*Historia Langobardorum*, après 787), Alcuin (mort en 814), Widukind de Corvey (abbaye allemande près de Paderborn, fille de Corbie en Picardie, *Res gestae saxonicae*, vers 967).

On trouve en outre quelques indications éparses chez Ammien Marcellin (IVe siècle), Strabon (*Géographie*, aux alentours de l'an 0), Suétone (fin du Ier siècle), Plutarque (fin du Ier siècle), certains voyageurs ou diplomates arabes comme Ibn Fadlan ou Ibn Rustah (Xe siècle).

Il ne faut pas oublier non plus les vies de saints (*vitae*) : *Vita Anskarii* (vie de Saint Anschaire ou Ansgar, missionnaire du Nord, qui a fréquenté Corbie et Corvey avant d'aller au Danemark et en Suède ; le moine Rimbert a retracé sa biographie au IXe siècle), *Vita Columbani* (vie de Saint Columban), *Vita Bonifatii* (vie de Saint Boniface, dont le nom germanique est Winfried), *Vita Willibrordi* (vie de Saint Willibrord)...

Les sources les plus intéressantes sont les récits de Tacite et d'Adam de Brême.

b) Les sources scandinaves

Elles sont sans commune mesure avec celles que nous venons d'énumérer, tant sur le plan quantitatif que sur le plan qualitatif.

• Gesta Danorum Saxo Grammaticus

La *Gesta Danorum*, rédigée en latin au début du XIIIe s. par le clerc et savant danois Saxo Grammaticus (Saxo le Grammairien, vers 1150-1220), détaille en seize volumes l'histoire du Danemark depuis les origines mythiques du roi éponyme Dan jusqu'à l'an 1202. Ce sont surtout les neuf premiers livres qui nous intéressent. Ils s'arrêtent à la fin du règne du roi Haraldr blátönn (Harald à la dent bleue) en 936. Saxo s'inspire de sources islandaises aujourd'hui perdues et certains récits mythologiques ou héroïques ne nous sont transmis que par lui : ainsi la légende de Hamleth (Amlethus), dont Saxo est la source la plus ancienne, les histoires de Haddingr, Starkaðr, Fróði, Guðmundr, Ragnarr Loðbrók... Les récits de Saxo se ressentent de la conception évhémériste de l'époque, qui considérait les dieux de la mythologie païenne comme des grands hommes ayant vécu dans un passé lointain et qui furent ensuite divinisés. Cette conception, due à Evhémère de Messène (environ 300 avant J.-C.), se retrouve chez la plupart des écrivains médiévaux islandais et en particulier chez Snorri Sturluson, principal mythographe et historiographe. L'œuvre de Saxo, rédigée en latin, traduite en danois par Nicolas F.S. Grundtvig au XIXe siècle, constitue une source très importante de la mythologie nordique.

• La poésie scaldique

La poésie scaldique, qui représente une grande partie de la littérature nordique ancienne en vers, est l'œuvre de scaldes, c'est-à-dire de poètes des temps vikings, attachés à un souverain de Norvège, des Hébrides, des Orcades ou des Shetlands et dont ils chantent les louanges. L'art scaldique est des plus élaborés et des plus ésotériques qui soient : il repose sur des règles très précises qui affectent la métrique, le vocabulaire et la syntaxe. Le rythme est déterminé par l'accentuation, qui frappe invariablement la première syllabe du mot, et par l'allitération, qui comporte trois temps, dont la clef est fournie par l'initiale de la première syllabe accentuée de chaque vers pair. Les deux autres temps sont constitués par les initiales de deux syllabes accentuées du vers impair précédent. L'allitération peut être soit consonantique, cas le plus fréquent, soit vocalique, trois voyelles différentes à l'initiale de trois mots différents étant réputées allitérer entre elles. Les retours de graphie, sortes de rimes intérieures, sont nombreuses. Le mètre décrit ici est le plus couramment utilisé, il s'agit du *dróttkvætt* (mètre de la truste, à savoir des hommes liés au souverain par serment). En voici un exemple, tiré de la *Saga de Björn* (*Bjarnarsaga Hítdoelakappa*, strophe 23 au chapitre XVIII, *Íslenzk Fornrit* tome III, Reykjavik 1938). Nous avons souligné les retours de graphie et signalé à droite les allitérations :

þorns, veit ek, berr Birni	allitération en *b*
Baldr rógsögu skjaldar	
neytr þykkisk sá nýtir	allitération en *n*
naðrbings, en mér aðra,	
þvít en, þætti betri	allitération en *þ*
þögn élviðum Högna,	
nú's Ull-skerdir orðinn	allitération vocalique (*u, o, e*)
eggleiks bani tveggja.	

Voici pour la forme. Venons-en maintenant au fond.

Le vocabulaire est régi par deux procédés qui n'affectent que les substantifs, jamais les adjectifs ou les verbes :

– les *heiti*, synonymes conventionnels. Rán, déesse de la mer, désigne la mer, *lind*, qui signifie « tilleul », désigne le bouclier, généralement fait de ce bois. Yggr, « le redoutable », est un surnom d'Óðinn, etc ;
– les *kenningar* (singulier : *kenning*) ou métaphores à plusieurs termes. Ainsi, *morðvandar meiðs beiðir* : « celui qui exige le meurtrisseur de la baguette du meurtre », se décompose ainsi : « la baguette du meurtre » : l'épée, son « meurtrisseur » : le bouclier, « celui qui exige le bouclier » : le guerrier (X dont on vient de parler ou bien l'auteur de la strophe qui parle de lui-même). Il semble donc *a priori* interdit d'appeler les êtres ou les choses par leur nom. Il faut leur substituer un *heiti* ou une *kenning*.

Toujours est-il que l'emploi de ces deux procédés requérait une connaissance approfondie de la mythologie, nombre de *heiti* ou de *kenningar* faisant allusion à un mythe : *Ullr odds böð-Gefnar Lodda*. Cette *kenning* s'analyse comme suit : *Ullr* : dieu ase, beau-fils de Þórr ; *oddr* : « pointe » d'épée, de lance ou de flèche (Ullr est un archer) ; *böð* : la « bataille » ; *Gefn* : *heiti* pour Freyja, déesse vane de l'amour et de la fécondité ; *böð-Gefn* :*kenning* pour « valkyrie »(vierge fatidique qui vient chercher les héros morts au champ de bataille pour les ramener sur son coursier dans la halle d'Óðinn) ; *Lodda* = « fleuve » ;

Soit : « le fleuve de la valkyrie de la pointe » = le sang, « son dieu (Ullr) » : le guerrier. On a un peu l'impression que la montagne accouche d'une souris !

Autres exemples : *linnbeðs lýtir* : *linnbeð* : « couche du serpent », allusion au géant Fáfnir qui se métamorphose en dragon (: serpent) et se couche sur son or pour le garder (cycle de Sigurðr/Siegfried) ; *lýtir* : « celui qui abîme, endommage, détruit » ; « la couche du serpent » est l'or, « son destructeur » le prince généreux, qui récompense ses fidèles en leur donnant des anneaux d'or (une kenning pour souverain est « seigneur des anneaux »). *Hóars bjórr* : « bière

Liste des principaux poèmes scaldiques à contenu mythologique :

Eiríksmál (« dits d'Eiríkr »), anonyme, rédigé après 954. Déploration sur la mort d'Eiríkr blóðöx (Eiríkr à la hache de sang), entrée de celui-ci à la *valhöll* (halle d'Óðinn, paradis des guerriers).

Vellekla « disette d'or »), d'Einarr Helgason skálaglamm (« tinte-plateau », allusion à une balance magique que lui aurait offert le jarl Hákon; un *jarl*, mot apparenté à l'anglais *earl*, désigne un homme de haut rang venant immédiatement après le roi), scalde islandais (2e moitié du Xe s.).

Hákonardrápa (« poème à la louange de Hákon »), de Tindr Hallkelsson, Islandais (Xe s.), sur le jarl de Hlaðir (= Lade = Tronðeim).

Hákonardrápa, de Guttormr sindri, Norvégien (Xe s.), poème composé vers 950-960, à la louange de Hákon le Bon, roi de Norvège de 946 à 961, qui tenta de christianiser son pays, mais qui, devant les résistances du paganisme, céda et apostasia.

Hákonarmál (« dits de Hákon »), composés en 961 par le scalde norvégien Eyvindr Finnsson skáldaspillir (environ 915-990). Ils décrivent l'arrivée de Hákon le Bon à la *valhöll*.

Háleygjatal («dénombrement des Halogalandais», du nom d'une province du nord de la Norvège), du scalde précédent, retrace la généalogie des jarls de Hlaðir en partant d'Yngvi-Freyr et d'Óðinn.

Ynglingatal (« dénombrement des Ynglingar », descendants du roi Yngvi), poème de Þjóðólfr ór Hvíni, Norvégien (environ 860-940). Ce poème retrace les origines mythiques de la dynastie suédoise des Ynglingar.

Haustlöng (« longueur d'automne »), du même poète, est un «poème (qui consiste en une description) de bouclier» qui relate entre autres les démêlés de Loki avec le géant Þjazi et ceux de Þórr avec un autre géant, Hrungnir.

Þórsdrápa (« poème à la louange de Þórr »), du scalde islandais Eysteinn Valdason. Il ne comporte plus que trois demi-strophes.

Þórsdrápa, du scalde islandais Eilífr Goðrúnarson (Xe-XIe s.), poète du jarl de Hlaðir, décrit en détail le voyage de Þórr chez le géant Geirrøðr.

Þórsdrápa, de Þorbjörn dísarskáld, Islandais (Xe-XIe s.), ne compte plus qu'une strophe et demie.

Húsdrápa (« poème à la louange de la maison »), du scalde islandais Úlfr Uggason (vers 985), décrit la pêche de Þórr, le combat entre Loki et Heimdallr ainsi que les funérailles de Baldr.

Ragnarsdrápa (« poème à la louange de Ragnarr »), seul poème que nous possédions du scalde norvégien Bragi inn gamli Boddason (Bragi l'Ancien, IXe s.), «poème de bouclier», décrit entre autres scènes la pêche de Þórr, le mythe de Gefjon (cf. Freyja) ainsi que plusieurs épisodes de la légende héroïque.

Glymdrápa (« louange bruyante »), poème du Norvégien Þorbjörn hornklofi (IXe-Xe s.), scalde du roi Haraldr hinn hárfagri (Harald à la belle chevelure), qui unifia la Norvège sous son autorité en 872 (officiellement, mais on pense aujourd'hui que cela a dû se passer une vingtaine d'années plus tard). Tous les hauts faits de Haraldr sont évoqués, sauf la bataille de Hafrsfjörðr (Stavanger) qui aurait eu lieu entre 872 et 890.

Haraldskvæði (« poème de Haraldr ») ou encore *Hrafnsmál* (« dits du corbeau »), est aussi de Þorbjörn hornklofi et relate la bataille de Hafrsfjörðr. Au début du poème, un corbeau dialogue avec une valkyrie, d'où le titre.

d'Óðinn » (Hóarr est un *heiti* d'Óðinn), allusion au mythe de l'hydromel poétique : « la bière d'Óðinn » est la poésie. *Baldr skjaldar þorns : skjaldar þorn* : « l'épine du bouclier » : l'épée, « son Baldr » (dieu ase) = le guerrier.

Quant à la syntaxe, il existe une totale liberté dans ce domaine, car l'islandais étant une langue à déclinaisons, la position n'a pas le caractère contraignant qu'elle a en français (où « A bat B » exprime le contraire de « B bat A »). D'où l'allure de puzzle des strophes scaldiques, que beaucoup d'islandais sautent aujourd'hui quand ils lisent un texte qui en comporte.

Reconstitution et élucidation des *kenningar* (terme expliqué *infra*) :

> Ek veit, skjaldar þorns Baldr (a), berr Birni aðra
> rógsögu en mér ; sá naðrbings nýtir (b) þykkisk
> neytr, því nú 's eggleiks Ull-skerðir (c) enn orðinn
> bani tveggja ; Högna élviðum (d) þætti betri þögn.

Traduction :

> « Je sais que le Baldr de l'épine du bouclier (a)
> apporte à Björn
> une autre saga du combat que moi ;
> le jouisseur de la couche du serpent (b) se croit
> important,
> car le tombeur de l'Ullr du jeu de la pointe (c) est
> devenu
> maintenant le meurtrier des deux ;
> le silence conviendrait mieux
> aux arbres de la bourrasque de Högni (d). »

La maîtrise de ces procédés techniques, alliée à une parfaite science mythologique, fait le bon scalde. Aussi les poèmes scaldiques[1] véhiculent-ils une quantité impressionnante de matière mythologique et héroïque.

1.– voir ci-contre.

• Les sagas

Les sagas, elles sont des œuvres littéraires en prose (contrairement aux œuvres de l'Europe continentale, qui sont en vers), rédigées du XIIIe au XIVes. en Islande par des auteurs qui sont pour la plupart demeurés anonymes et qui relatent dans un style concis, froid et réaliste, dont le dynamisme est l'un des traits majeurs, les hauts faits d'un grands personnage, d'un clan ou d'un souverain à une époque mythique ou bien aux temps vikings (800-1066). Cette littérature originale est la conséquence directe de l'influence de l'Église, principal vecteur de culture à l'époque : « C'est l'Église qui a appris à écrire aux hommes du Nord en leur donnant un alphabet, en les mettant en contact avec une riche littérature, en suscitant en eux le désir de recopier, d'imiter, de composer et de rédiger » (Régis Boyer, « Vita – historia – saga. Aþugun formgerðar », *Gripla* VI, Reykjavík, 1984, p. 116 ; c'est moi qui traduis). On distingue communément trois catégories de sagas (islandais *sögur*, singulier *saga*, du verbe *segja* : « dire, raconter ») depuis que Sigurðr Nordal a proposé de remplacer le critère traditionnel du sujet traité par celui du décalage chronologique entre le temps de l'écriture et le temps de l'aventure (« Sagalitteraturen », in *Nordisk Kultur*, vol. VIII B, pages 180-273, Stockholm/Oslo/Copenhague 1953) :

Les *fornaldarsögur* ou « sagas des temps anciens », qui relatent des événements d'avant 850 remontant à un passé fort lointain ou mythique et qui mettent en scène des rois ou des héros légendaires non attestés historiquement : *Völsungasaga, Hervararsaga ok Heiðreks, Hrólfssaga kraka, Sörlaþáttr, Örvar-Oddssaga, Bósasaga, Friþjófssaga, Göngu-Hrólfssaga, Ynglingasaga* (*Saga des Ynglingar*, de Snorri Sturluson), quelques *konungasögur* (« sagas royales »), les *riddarasögur* (« sagas de chevaliers »), toutes ces sagas sont parfois appelées péjorativement *lygisögur* (« sagas mensongères » : genre littéraire des sagas fantastiques. L'imagination exubérante des auteurs s'y donne libre cours). Ces sagas sont donc peu fiables quand elles nous parlent de la mythologie ou de la religion nordique ancienne.

Les *fortíðarsögur*, « sagas du passé », qui rapportent des événements qui se passent entre 850 et 1100. En font partie la plupart des *konungasögur* de la *Heimskringla* de Snorri, l'*Orkneyingasaga*, la *Fæeyringasaga*, l'*Íslendingabók* (« Livre des Islandais » d'Ari Þorgilsson le Savant), le *Landnámabók* (« Livre de la Colonisation »), les *þættir* (singulier *þáttr*, petites sagas) et le genre le plus prestigieux : les *Íslendingasögur* (« sagas d'islandais »). On trouve dans certaines de ces sagas des descriptions de temples païens dont on n'a jamais retrouvé les traces et dont est fondé à penser qu'elles reprennent des modèles chrétiens (*Eyrbyggjasaga*, par exemple).

Les *samtíðarsögur*, « sagas de contemporains », qui sont le fait d'auteurs ayant vécu les événements qu'ils rapportent ou à l'époque de ces événements. Elles sont donc plus objectives. À cette dernière catégorie appartiennent la compilation de la *Sturlungasaga* (« Saga des Sturlungar », grande famille de l'île ; *Cf.* la présentation et la traduction de Régis Boyer dans la bibliographie) et les *Byskupasögur* (« Sagas des évêques »), qui ne nous apprennent que très peu de choses sur notre sujet.

Le témoignage des sagas se révèle donc fort décevant.

• Les sources principales : les Eddas

Les Eddas en prose

Le mot *Edda* signifierait « livre vénérable » eu égard au sens du mot islandais *Edda* : « aïeule », ou bien encore « livre d'Oddi », ferme du sud-ouest de l'île, intense foyer de culture au moyen-âge. R. Boyer suggère une dérivation à partir du latin *edo* : « je compose », comme est attesté en islandais le mot *krEdda* à partir du latin *credo* : « je crois ». *Edda* signifierait alors « art poétique ». (*Cf.* R. Boyer, *L'Edda poétique*, p. 71). Le mot *Edda* désigne deux ouvrages fort différents :

L'Edda poétique est un recueil anonyme de chants mythologiques et héroïques composés entre le VIIIe et le XIIIe siècle. C'est un trésor de renseignements sur le monde des dieux nordiques. Les poèmes mythologiques de l'Edda sont :

- la *Völuspá* (« Prédiction de la voyante ») ;
- les *Hávamál* (« Dits du Très-Haut ») ;
- les *Grímnismál* (« Dits de Grímnir ») ;
- les *Vafþrúðnismál* (« Dits de Vafþrúðnir » ou « Dits de Fort-à-l'Embrouille ») ;
- les *Baldrs draumar* (« Rêves de Baldr ») ;
- la *Hymiskviða* (« Chant de Hymir ») ;
- la *Þrymskviða* (« Chant de Þrymr ») ;
- les *Alvíssmál* (« Dits d'Alvíss ») ;
- le *Hábarðsljóð* (« Lai de Hábarðr ») ;
- la *Skírnisför* (« Voyage de Skírnir ») ou les *Skírnismál* (« Dits de Skírnir ») ;
- le *Gróttasöngr* (« Chant de Grótti ») ;
- le *Grógaldr* (« Incantation de Gróa ») ;
- les *Fjölsvinnsmál* (« Dits de Fjölsvinnr ») ;
- la *Rígsþula* (« Poème de Rígr ») ;
- la *Lokasenna* (« Esclandre de Loki ») ;
- le *Hyndluljóð* (« Lai de Hyndla »).

Il convient d'ajouter les *Énigmes de Gestumblindi* (« Hôte aveugle »), extraites de la « Saga de Hervör et de Heiðrekr » (*Hervararsaga ok Heiðreks*). L'Edda poétique compte aussi une vingtaine de poèmes héroïques :

- l'*Atlakviða* (« Chant d'Atli ») ;
- les *Atlamál* (« Dits d'Atli ») ;
- les *Reginsmál* (« Dit de Reginn ») ;
- les *Fáfnismál* (« Dits de Fáfnir ») ;
- la *Grípisspá* (« Prédiction de Grípir ») ;
- les *Sigrdrífumál* (« Dits de Sigrdrífa ») ;
- le *Brot af Sigurðarkviðu* (« Fragment du Chant de Sigurðr ») ;

- la *Sigurðarkviða hin skamma* (« Chant bref de Sigurðr ») ;
- la *Helreið Brynhildar* (« Chevauchée de Brynhild au royaume de Hel ») ;
- la *Guðrúnarkviða I* (« Premier Chant de Guðrún ») ;
- la *Guðrúnarkviða II* (« Second Chant de Guðrún ») ;
- la *Guðrúnarkviða III* (« Troisième Chant de Guðrún ») ;
- l'*Oddrúnargrátr* (« Déploration d'Oddrún ») ;
- la *Guðrúnarhvöt* (« Exhortation de Guðrún ») ;
- les *Hamðismál* (« Dits de Hamðir ») ;
- la *Helgakviða Hjörðvarðssonar* (« Chant de Helgi, fils de Hjörvarðr ») ;
- la *Helgakviða Hundingsbana I* (« Premier Chant de Helgi, meurtrier de Hundingr ») ;
- la *Helgakviða Hundingsbana II* (« Second Chant de Helgi, meurtrier de Hundingr ») ;
- la *Völundarkviða* (« Chant de Völundr »).

L'Edda en prose

L'*Edda en prose ou Edda de Snorri* est un manuel très complet de poétique rédigé aux alentours de 1220 par Snorri Sturluson (1178-1241), chrétien, homme politique, historien, poète, conteur et sans conteste le plus grand écrivain islandais jusqu'à nos jours. Son père était Sturla Þórðarson, le héros de la Sturlungasaga, aïeul de la famille des Sturlungar. À l'âge de trois ans, Snorri est envoyé à Oddi et est élevé par Jón Loptsson, grand chef local, descendant de Sæmundr le Savant et du roi de Norvège Magnús le Déchaux. Snorri reçoit une excellente éducation, qui comprend év*idem*ment la lecture des principaux ouvrages de la littérature européenne. Il se marie à vingt ans avec une femme très riche et reçoit la charge de *goði* (chef local). Il déménage à Reykjaholt (aujourd'hui Reykholt). De 1215 à 1219, il est titulaire de la plus haute fonction en Islande, celle de *lögsögumaðr* (« homme-qui-dit-la-loi », président de l'*alþing*, assemblée politique, juridique et judiciaire des hommes libres). Lors de son séjour en Norvège, il négocie avec le roi Hákon Hákonarson qui veut que l'Islande se rallie à la couronne norvégienne. À cause de son peu d'empressement à s'acquitter de sa mission, Snorri tombe en disgrâce et se fait des ennemis. De 1222 à 1231, il est une nouvelle fois *lögsögumaðr* et en 1237, il retourne en Norvège. De retour en Islande, il est assassiné dans la nuit du 23 septembre 1241 pour des raisons politiques par Gissurr Þorvaldsson, son propre gendre.

Snorri a une énorme importance dans la littérature islandaise : Outre la *Þrymskviða*, dont on pense qu'il est l'auteur, nous lui devons une collection de sagas royales consacrées aux rois de Norvège, la *Heimskringla* (« Orbe du monde », d'après les premiers mots), qui comprend un prologue et seize *konungasögur*, dont la *Ynglingasaga*, qui est importante pour la mythologie et qui est une *fornaldarsaga*, la *Óláfssaga hins helga* (« Saga de Saint Óláfr »), la *Hákonarsaga góða* (« Saga de Hákon le Bon ») et la *Óláfssaga Tryggvasonar* (« Saga d'Óláfr Tryggvason »). Il est aussi l'auteur d'une très célèbre *Íslendingasaga : Egilssaga Skalla-Grímssonar* (« Saga d'Egill, Fils de Grímr le Chauve »).

Son Edda en prose comprend un prologue et trois parties :

- La *Gylfaginning* (« Fascination de Gylfi »). Gylfi est un roi de Suède légendaire qui, sous un déguisement et sous le pseudonyme de Gangleri, se rend à la demeure des dieux afin d'y faire la connaissance de ces derniers et d'y apprendre leur sagesse. À travers un jeu de questions et de réponses, Snorri offre une présentation systématique de la mythologie nordique qui constitue notre source principale à ce sujet. À la fin, Gylfi voit le château-fort disparaître et il se retrouve seul dans la plaine. Il a été le jouet d'une hallucination (fascination), d'où le titre.
- Les *Skáldskaparmál* (« Poétique ») étudient les *kenningar* et les *heiti* qu'un scalde digne de ce nom se doit de connaître et de maîtriser parfaitement. Le chapitre six est consacré au thème de la malédiction de l'or, qui joue une rôle impor-

tant dans la vie et la mort du héros Sigurðr (le Siegfried allemand).
- Le *Háttatal* (« Dénombrement des Mètres ») est une liste de cent-deux strophes en cent mètres différents avec des commentaires sur la métrique.

Dans ce qui va suivre, je me fonderai essentiellement sur les *Eddas*.

II – Cosmogonie, théogonie, anthropogonie et cosmologie des Eddas

1) Cosmogonie, théogonie et anthropogonie

La genèse du monde nous est relatée par la première partie de l'*Edda* de Snorri, la *Gylfaginning*. Cette première partie cite abondamment la *Völuspá*, qui décrit l'origine du monde et des dieux et, dans une sorte de vision grandiose, la disparition de ceux-ci. Alors que ni la terre n'existaient (*Völuspá* 3), il y avait l'abîme primitif, le vide originel, le *ginnungagap* (littéralement : « le vide béant ». Il faut y ajouter l'idée de forces magiques, envoûtantes, *ginna*, en vn, signifiant aussi « fasciner », *Cf.* le titre de la *Gylfaginning* : « la fascination de Gylfi », *Cf. supra.*). La *Gylfaginning* (chapitre) 3 nous apprend qu'Alföör (« père universel ») est le plus éminent, le plus ancien des dieux, qu'il vit de toute éternité et qu'il façonna le ciel et la terre. La *Gylfaginning* 4 cite la strophe 3 de la *Völuspá :*

> C'était au premier âge
> Où il n'y avait rien,
> Ni sable ni mer
> Ni froides vagues ;
> De terre point n'y avait
> Ni de ciel élevé,
> Béant était le vide
> Et d'herbe nulle part.
> (R. Boyer, *op. cit.* p. 533)

Au nord se trouve le monde du froid, Niflheimr (« monde du brouillard »). La source Hvergelmir (« source qui tonne ») est située en son centre et donne naissance à 12 rivières, les Élivágar (« flots tumultueux ») qui emplissent Ginnungagap de frimas méphitiques. Au sud, il y a le monde de la chaleur et du feu, Múspellsheimr (« monde de Múspell », ce dernier terme, dont l'étymologie est incertaine, pouvant signifier : « celui qui détruit le monde » = le feu).

Sous l'effet des étincelles de Múspellsheimr, la glace de Niflheimr se met à fondre, provoquant la naissance d'Ymir, le géant primitif, que les géants des frimas nomment Aurgelmir (« boue tonnante » ; tous les géants par définition laids, bruyants et bêtes, portent des noms évocateurs des « qualités » sus-nommées). Il existe un être appelé Ymir, le géant primitif, qui engendre des enfants de lui-même. La troisième strophe de la *Völuspá* dit qu'il demeurait depuis des temps immémoriaux, « alors que ni le ciel, ni la terre n'existait » (*jörð fannz aeva né upphiminn*) et qu'il n'y avait que l'abîme Ginnungagap = « gouffre béant » qui existait avant que la terre ne soit créée. Tous les géants descendent d'Ymir (*Cf. Hyndluljóð* 33). Cet Ymir est sans doute un être hermaphrodite, car Snorri nous dit que son bras gauche engendre un homme et une femme et que l'un de ses pieds engendre un fils avec l'autre pied (*Gylfaginning* 5). De là viendraient les géants des frimas (*hrímþursar)*, êtres redoutables et dépositaires d'un savoir immémorial. Les dieux en sont issus. Il faut probablement voir dans les géants la personnification des phénomènes naturels tels que le vent, la neige, le gel, l'hiver, etc. On peut penser aux Titans comme Cronos et Okéanos dans la mythologie grecque.

De la fonte des glaces naît également Auðumla, la vache originelle. De ses pis coulent quatre fleuves de lait qui nourrissent le géant Ymir. En léchant la glace, Auðumla délivre Búri (= « géniteur »), l'ancêtre des dieux. Son fils est Borr (« engendré, fils », du vn *bera* : « porter, procréer », *búri* désignant l'agent, *borr* le résultat ; *Cf.* allemand *gebären, geboren*, anglais *born*). De son union avec Borr, Bestla (« écorce »), fille d'un géant, engendre une triade de dieux : (V)Óðinn (Óðinn = Odin ; *Cf.* allemand « Wotan » : « Wut » :« fureur »), Vili (« volonté ») et Vé (« sanctuaire »). Il faut sans doute considérer que le *v* initial n'était pas encore tombé devant *o* et *u* (voyelles vélaires ou d'arrière) en nordique ancien, car les mythographes affectionnent les paires et les triades allitérées, ce qui est en outre un indice d'ancienneté.

Ces trois dieux, dont seul le premier (Óðinn) est réellement important (les deux autres ne fournissant qu'un prénom vide de tout autre contenu mythologique) tuent Ymir et créent le monde à partir de sa dépouille mortelle : la terre de sa chair, la mer de son sang, les montagnes de ses os, le ciel de son crâne (*Gylfaginning* 8), de ses poils les arbres, de son cerveau les nuages, de ses sourcils Miðgarðr (« demeure du milieu » : le monde des hommes et des dieux). À partir de deux troncs d'arbres, ils créent Askr et Embla, le premier couple humain (*Völuspá* 17-18, *Gylfaginning* 9).

Toute la race des géants, quant à elle, périt dans les flots, sauf Bergelmir (montagne qui tonne), fils d'Aurgelmir, et sa femme qui s'échappent sur une pirogue ou un radeau. Chez les scaldes, « le sang d'Ymir » est une *kenning* pour la mer, « le crâne d'Ymir » en est une autre pour le ciel. Cet épisode fait fortement penser au Déluge de la Bible et il n'est pas impossible qu'il y ait là une coloration chrétienne due à nos mythographes.

2) Cosmologie : organisation du monde

L'organisation du monde est décrite par la *Gylfaginning* et la *Völuspá.*

La *Völuspá* 9 fait naître les nains du sang du géant Brimir (sans doute Ymir) et des os du géant Bláinn (sans doute Ymir aussi) tandis que Snorri les compare à des sortes de vers dans la chair du géant Ymir que les dieux dotent ensuite d'intelligence (*Gylfaginning* 14). Ils habitent dans la terre et dans les pierres.

Comme les géants, ce sont des êtres telluriques. Quatre nains soutiennent la voûte du ciel. Leurs noms correspondent aux quatre points cardinaux : Austri, Vestri, Norðri et Suðri.

La *Völuspá* (« Prédiction de la voyante ») est le plus célèbre des poèmes de l'Edda. En 66 strophes en *málaháttr* et en *fornyrðislag* (ces termes seront expliqués *infra*), la voyante raconte à Óðinn la création du monde à partir du géant originel Ymir, l'histoire primitive des dieux et des hommes, des géants et des nains, de la première guerre (entre les Ases et les Vanes). Puis, le poème relate la mort de Baldr, lequel est vengé par Váli, décrit les ennemis des dieux et brosse une fresque dantesque des événements des *ragnarök* (« Destin des Puissances », et non « crépuscule des dieux », cher à Wagner, erreur due à la leçon fautive *ragnarökkr*) : le soleil s'éteint, les étoiles tombent du ciel, les dieux disparaissent, un incendie cosmique détruit l'ancien monde. Les dernières strophes annoncent l'avènement d'un monde nouveau, pur et paisible.

Le centre de l'édifice mythologique est l'Arbre du Monde, le frêne Yggdrasill (son étymologie sera donnée *infra*), dont les racines s'étendent au-delà du monde habité. (Il n'est pas superflu de mentionner ici l'étymologie de Villeneuve d'Ascq : Ascq correspond au germanique *askr* : « frêne ». L'arbre du monde étant un frêne, on ne saurait s'étonner que dans les armoiries de cette ville nouvelle de la banlieue de Lille figure une feuille de ... frêne !). Cet arbre est le soutien du ciel. Il existe une correspondance chez les Germains du continent en l'énorme colonne appelée Irminsúl. Cette colonne a sans doute été vénérée par exemple chez les Saxons avant leur conversion. Le sanctuaire où les dieux rendent la justice se trouve à l'endroit où s'élève Yggdrasill (« coursier du redoutable » *id est* : Óðinn), le frêne cosmique, l'Arbre du Monde. C'est le plus grand de tous les arbres et ses branches s'étendent au-dessus du monde entier. Il a trois racines :

La première racine est située chez les Ases, dans le monde des hommes. Sous cette racine se trouve la source très sacrée appelée source d'Urðr. C'est là que siègent les dieux quand ils rendent la justice. Les dieux y parviennent à cheval en traversant le pont Bifröst.

La seconde racine va chez les géants des frimas (*hrímþursar*), là où était autrefois le *ginnungagap*. Sous elle se trouve la source de Mímir, dans laquelle sont enfouies sagesse et intelligence. Le propriétaire de cette source, Mímir, est un homme plein de sagesse car il boit de l'eau de la source avec la corne Gjallarhorn (« corne tonitruante »).

Alfaðir vint à la source et demanda à en boire une gorgée, mais il ne l'obtint pas avant d'avoir mis en gage l'un de ses yeux. Voici ce qui est dit dans la *Völuspá* 28 :

> « Je sais exactement, Odin,
> Où tu cachas ton œil :
> Dans la source de Mímir,
> Très célèbre entre toutes.
> Mímir, chaque matin,
> Boit l'hydromel
> Du gage de Valfaðr.
> En savez-vous davantage, vraiment ? »
> (F.-X. Dillmann, *op. cit.* p. 46)

La troisième racine est située au-dessus de Niflheimr et en-dessous d'elle il y a la source Hvergelmir (« source tonnante »), mais le dragon Níðhöggr ronge cette racine par le bas. « Près de la source d'Urðr (« Destin »), sous le frêne, se trouve une halle splendide d'où sortent trois vierges appelées Urðr (« ce qui fut »), Verðandi (« ce qui advient » : le présent) et Skuld (« ce qui doit advenir » : le futur). Ce sont elles qui façonnent la vie des hommes, et nous les appelons Nornes ... Les Nornes bienveillantes et bien nées façonnent la vie heureuse des uns, tandis que les Nornes malveillantes sont la cause du Destin hostile qui frappe les autres. » (F.-X. Dillmann, *op. cit.* p. 47). Les nornes aspergent chaque jour le frêne avec la boue de la source d'Urðr afin que les branches ne pourrissent pas.

L'écureuil Ratatoskr (« dent qui fore ») court de bas en haut du tronc d'Yggdrasill, rapportant au dragon Níðhöggr (« qui frappe avec haine » ou « qui frappe en bas », suivant que le *i* est long, comme ici, ou bref) les paroles de l'aigle perché dans les branches afin de semer la discorde (*Gylfaginning* 16). Entre les yeux de l'aigle est perché un faucon, Veðrfölnir (« qui a pâli sous l'effet de la tempête »). Quatre cerfs, Dáinn, Dvalinn, Duneyrr et Duraþrórr, courent dans les branches du frêne et broutent les feuilles. Dans Hvergelmir, il y a une foule de serpents avec Níðhöggr. Tout au nord dans le ciel siège le géant Hræsvelgr (« avale-charogne ») qui a forme d'aigle. Le bruissement de ses ailes produit le vent (*Gylfaginning* 18).

Le monde habité par les hommes s'appelle Miðgarðr (« demeure du milieu »). Le monde est entouré d'une mer primitive dans laquelle vit le serpent de Miðgarðr, qui se love autour des terres habitées. Entre Miðgarðr et le monde des dieux, Ásgarðr, (« demeure des dieux », entre la terre et le ciel) se trouve un pont, Bifröst, symbolisé par l'arc-en-ciel. Au nord et sous Miðgarðr se trouve le royaume des morts : Hel. À l'est, séparé de Miðgarðr par des rivières se trouve Jötunheimr, « le monde des géants ».

Le monde des dieux s'appelle Ásgarðr (« demeure des Ases » ; « Ases », nom de la principale famille de dieux, est en fait un terme générique pour « dieux »). Pour aller de la terre au ciel, les dieux firent un pont nommé Bifröst (« chemin qui tremble ») et qui n'est autre que l'arc-en-ciel (*Gylfaginning* 13). Un feu y brûle en permanence pour empêcher les géants d'envahir le monde des dieux. Ce pont est appelé Ásabrú (« pont des Ases »). Le mot Ases (vn *Æsir*, singulier *Áss*) désigne les dieux en général et particulièrement la principale famille de ceux-ci, l'autre étant les Vanes (vieux-norrois Vanir). Ensuite, les dieux construisent pour eux-mêmes un château-fort dans Miðgarðr qu'ils appellent Ásgarðr.

Dans le ciel, les dieux ont fait construire par un géant leur château : Ásgarðr. (« demeure des Ases »). Tout comme les autres demeures des dieux, la *valhöll* (« halle des occis »), qui appartient à Óðinn, est située dans Ásgarðr.

Voici maintenant quelques mythes qui se rattachent à l'organisation du monde :

Il y avait un géant du nom de Narfi. Sa fille, Nótt (= « nuit »), était très noire, comme tous les géants. Elle fut mariée à Naglfari (« celui qui voyage sur la nef onglée ») et leur fils s'appela Auðr (« richesse »). Ensuite, elle fut mariée à Annarr (« second ») et leur fille fut Jörð (« terre »). Puis elle fut mariée à Dellingr (« l'éclatant ») qui était issu de la famille des Ases (la principale famille de dieux). Leur fils fut Dagr (« jour »).

C'est alors que Alföðr (« père universel » = Óðinn) prit Nótt et Dagr, leur remit deux chevaux et deux chars, et les envoya dans le ciel pour faire en un jour le tour de la terre. Nótt précède toujours Dagr sur son cheval Hrímfaxi (« crinière des frimas ») et à l'aube de chaque journée, l'écume de son mors dégoutte sur la terre : c'est la rosée qui recouvre la terre. Le cheval de Dagr est Skínfaxi (« crinière brillante ») et il éclaire le ciel et la terre avec sa crinière (*Gylfaginning* 10).

Mundilfæri (« conducteur du temps ») était un homme qui avait deux enfants si beaux qu'il donna à son fils le nom de la lune, Máni (la lune est un substantif masculin, en vieux-norrois, dans toutes les langues scandinaves et en allemand) et à sa fille le nom du soleil, Sól (le soleil est féminin, même remarque que précédemment). Il maria sa fille à un homme du nom de Glenr (« le scintillant »). Les dieux prirent ombrage de ces manifestations d'orgueil et placèrent les deux enfants de Mundilfæri dans le ciel en leur assignant à chacun une tâche : Sól devait conduire les deux chevaux, Árvakr (« qui se réveille tôt ») et Alsviðr (« très véloce »), qui tirent le char du soleil. Les dieux avaient créé le soleil à partir d'une étincelle qui s'était échappée de Múspellsheimr, afin d'éclairer le monde. Sous les épaules des chevaux, les dieux mirent deux soufflets pour les rafraîchir, ce qui s'appelle « le refroidissement du fer » (*Gylfaginning* 11, *Grímnismál* 37). Quant à Máni, il dirige les mouvements de la lune.

Le soleil se hâte dans le ciel, car il est poursuivi par un loup, Sköll (« éclats de rire » : Fenrir, que nous verrons *infra*), qui finira par le rattraper et par l'engloutir. Un autre loup, Hati (« le haineux »), précède le soleil et cherche à attraper la lune, ce qui se réalisera également. À l'est de Miðgarðr habite une géante dans la forêt de fer. C'est là qu'habitent également les *tröllkonur* (« trolles, trollesses », c'est-à-dire d'affreuses géantes) : « La vieille géante met au monde de nombreux fils, tous des géants à forme de loups, et ce sont d'eux que proviennent ces (deux) loups. On raconte qu'un membre de cette race, appelé Garmr (chien de la lune), deviendra très puissant. Il se rassasiera du sang de tous les hommes à l'agonie, puis il dévorera la lune et aspergera de sang le ciel et l'air tout entier. Suite à cela, le soleil perdra de son éclat, tandis que les vents se déchaîneront et mugiront avec fureur dans toutes les directions ». Voici ce qui est dit dans la *Völuspá* 40-41 :

> « À l'est habite la vieille
> Dans la forêt du fer,
> Et là elle met au monde
> Les enfants de Fenrir.
> Parmi eux tous,
> L'un deviendra,
> Sous la forme d'un monstre,
> De l'astre le destructeur.
> Il se rassasiera du sang
> Des hommes à la mort voués.
> Il rougira de sang pourpre
> La demeure des dieux.
> Noirs deviendront les rayons du soleil
> Tout au long des étés suivants,
> Et terribles seront les tempêtes.

> En savez-vous davantage, vraiment ? »
> (François-Xavier Dillmann, *L'Edda, récits de mythologie nordique par Snorri Sturluson*, Paris, Gallimard, 1991, p. 41-42)

Une pénétrante étude de Patrick Ettighoffer devrait bientôt paraître chez L'Harmattan (Paris) : *Le Soleil et la Lune dans le paganisme scandinave du mésolithique à l'âge du bronze récent (de 8000 à 500 av. JC).*

Dans les régions éthérées vivent les alfes, qui sont des êtres proches des Ases et difficiles à cerner : on distingue les « alfes clairs » (*ljósálfar*) qui habitent Álfheimr (« le monde des alfes »), situé dans les régions célestes (*Gylfaginning* 17). Ils sont plus beaux que l'éclat du soleil. Il y a aussi les « alfes sombres » (*dökkálfar*), plus noirs que la poix, qui correspondent aux démons et qui vivent sous la terre. Il y a les « alfes noirs » (*svartálfar*), que Snorri identifie aux nains (*Gylfaginning* 34, *Skáldskaparmál* 37). Alfes clairs, sombres et noirs représentent sans doute deux aspects des esprits des morts. Ils se rattachent au culte des morts et au culte de la fertilité-fécondité. D'ailleurs, les *Grímnismál* 5 disent que Álfheimr est le domaine du dieu Freyr, dieu de la fertilité-fécondité. Les « sacrifices aux alfes » (*álfablót*) sont bien attestés par les sagas (*Kormákssaga* 22, *Ynglingasaga* 48-49, entre autres).

Il ne faut toutefois pas confondre alfes et elfes. À l'origine, ce sont les mêmes êtres, mais au cours du temps, les conceptions se sont différenciées. Dès le début du moyen-âge, les Anglo-Saxons mettent l'accent sur le fait que les alfes vivent dans les montagnes, les champs, les cours d'eau, qu'ils sont beaux et clairs (d'où les prénoms composés avec Ælf- (forme métaphonisée de *alf-*) : Ælfred, Alfred : «beau comme un alfe» ; Ælfbeorþ, Albert : «clair comme un alfe», etc.) et sur leur rôle maléfique : ainsi, le Roi des Elfes [et non « le Roi des Aulnes », erreur de traduction due à Johann Gottfried Herder, théoricien du *Sturm und Drang* (« tempête et assaut », mouvement préromantique) en Allemagne, à partir du poème *Elvenkonge* du romantique danois Adam Oehlenschläger], qui correspond à la démonisation d'Óðinn, est-il responsable de la mort du jeune garçon dans la célèbre ballade de Goethe intitulée *Erlkönig* (1782). En Scandinavie ancienne, les alfes sont des divinités secondaires de la fertilité-fécondité. À la fin du moyen-âge et à l'époque moderne, les alfes se confondent avec les nains : ce sont les « gens cachés » (*huldufólk*). En islandais ancien comme moderne, l'expression « aller chasser les alfes » (*ganga álfreka*) signifie : « aller faire ses besoins » ! Autrement dit, les excréments humains, qui constituent un excellent engrais, sont censés prendre la place des esprits tutélaires, qui sinon se chargent de fertiliser la terre...

> « À l'extrémité méridionale du ciel se situe la halle qui est la plus belle de toutes et qui est appelée Gímlé (« trêve du feu ») : elle est plus brillante que le soleil. Elle survivra à la disparition du ciel et de la terre, et elle sera habitée de toute éternité par des hommes qui sont bons et justes. »
> (F.-X. Dillmann, *op. cit.* p. 50).

Le frêne Yggdrasill, l'arbre du monde

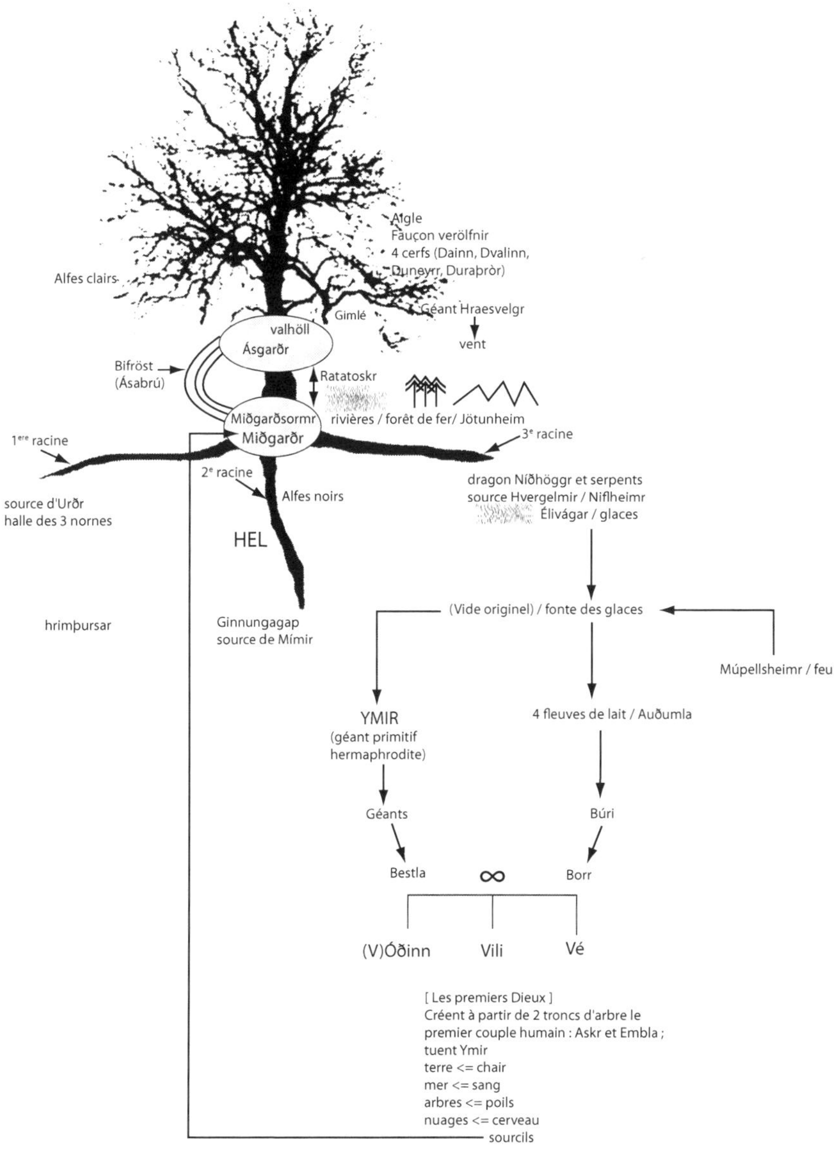

Tableau récapitulatif des divinités nordiques

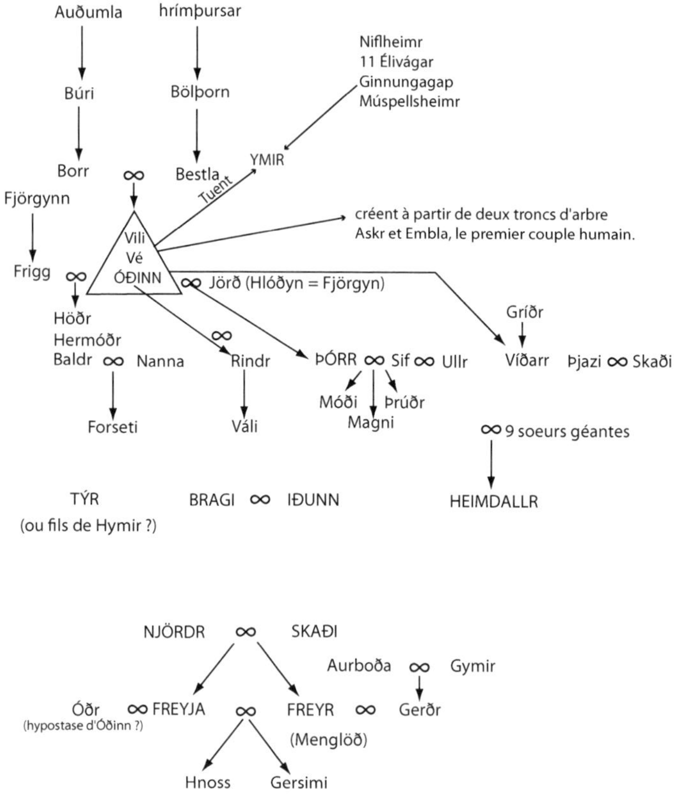

III – Le Panthéon nordique : les dieux

Les dieux sont divisés en deux grandes familles :
les Ases et les Vanes.

1) Les deux familles de dieux

Pour reprendre la théorie des trois fonctions de Georges Dumézil, je dirai que les Ases représentent la souveraineté et la force, avec les principaux dieux que sont Óðinn, Þórr, Baldr, Heimdallr, Ullr, Týr et Loki. Le mot Ases (*æsir,* singulier *áss)* désigne souvent les dieux tout simplement et vient peut-être du germanique **ans* : « poutre, pieu », allusion aux dieux-poutres de l'âge du fer : il s'agit de pieux d'un mètre de hauteur sur lesquels sont grossièrement sculptés des traits humains (Danemark, Angleterre) ; à moins qu'il ne soit à rapprocher du sanskrit *asura* (dérivé construit sur *asu* : « force vitale »). De nombreux toponymes scandinaves commencent par *As-* : suédois Asperg, Åslunda ; norvégien Asarall, islandais Ásbyrgi. Chez Snorri, Ásgarðr est transplanté en Asie et l'auteur suggère un lien étymologique entre Asie et Ases, ce qui ne peut être qu'une invention littéraire. On sait en effet que depuis les *Étymologies* d'Isidore de Séville, les auteurs médiévaux étaient très férus de ce genre d'étiologie. Situer les Ases en Asie Mineure permet, dans la perspective augustinienne du salut (Snorri et Saxo sont des chrétiens du XIIIe siècle et les moines augustiniens ont joué un grand rôle dans les fondations monastiques en Islande) et conformément à des modèles occidentaux, de faire la liaison entre les peuples scandinaves et l'Antiquité classique.

Les Vanes représentent la troisième fonction, celle de la fertilité-fécondité. Les principaux dieux vanes sont Njörðr, Freyr et Freyja. Le mot *Vanes* (vieux-norrois *Vanir*) provient vraisemblablement d'une racine indo-européenne **wen-*, sanskrit *vanas*, latin *Vénus*, allemand moderne *wünschen*, termes convoyant la notion de désir.

2)La guerre des Vanes

À l'origine, les sources nous disent qu'il y aurait eu une guerre entre ces deux familles, *la guerre des Vanes* (guerre des Ases contre les Vanes). Cet épisode, qui se situe au tout début de l'histoire des dieux, est rapporté par la *Ynglingasaga* (Histoire de la dynastie suédoise des *Ynglingar* ou descendants d'Yngvi-Freyr, dont sont issus les rois de Norvège. La *Ynglingasaga* sert de prologue à la *Heimskringla*.. Le chapitre 4 de la *Ynglingasaga* nous apprend qu'Óðinn part en guerre contre les Vanes avec une armée. Or, ceux-ci se défendent et personne n'est vainqueur. De guerre lasse, Ases et Vanes finissent par faire la paix en échangeant des otages : les Vanes livrent leurs hommes les plus distingués, Njörðr et Freyr. Les Ases fournissent Hoenir et Mímir, homme très sage. Les Vanes donnent également le plus avisé d'entre eux, Kvasir.

La *Ynglingasaga* nous livre une première systématisation des dieux nordiques : les Ases, avec Óðinn, Þórr, Baldr, Ullr, Heimdallr et Loki d'une part, les Vanes, avec Njörðr, Freyr et Freyja d'autre part. Or, bien souvent, Snorri (*Skáldskaparmál* 1) et les poèmes eddiques confondent les deux familles de dieux dans l'appellation générique d'Ases. Il s'agit bien en fait de deux familles de dieux distinctes à l'origine, qui se sont fait la guerre et se sont ensuite réconciliées. Cette donnée mythologique de la guerre entre Ases, divinités guerrières, et Vanes, divinités agraires, pour simplifier, repose sur le témoignage de 4 textes qu'on peut regrouper 2 à 2 : d'une part la *Völuspá* 21-24 et les

Skáldskaparmál 4, qui présentent ce conflit et sa solution en termes de mythologie, d'autre part la *Ynglingasaga* 1,2,4 et 5 et les *Gesta Danorum* I, 7 (qui démarquent Snorri), qui présentent les faits en termes d'histoire et de géographie.

D'où une première interprétation, la thèse historiste de Bernhard Salin, Karl Helm et Walter Baetke (*Cf.* bibliographie), fondée sur la *Ynglingasaga*.. Ces chercheurs voient dans cette guerre le reflet d'un conflit entre deux religions, dont l'une, qui est le fait de combattants nomades, l'emporte sur l'autre, qui est le fait d'une population sédentaire, agraire, localisée dans la zone de l'embouchure du Don, en Russie. Les deux groupes auraient alors immigré en Scandinavie. Nous avons dit *supra* que l'une des étymologies du mot *ase* fait appel au mot sanskrit *asu-* qui signifie « force vitale, vie, existence active, vitalité ». On peut donc supposer que les Ases sont des divinités aristocratiques apportées des peuples à la « hache de guerre » (allemand *Streitaxt*), par des guerriers donc. Il pourrait alors s'agir des Indo-Européens, dont l'arme absolue aurait été le cheval. On sait en effet le rôle joué par le cheval chez les Ases et tout spécialement pour le premier d'entre eux, Óðinn (voir *infra*). Les dieux Vanes seraient alors les dieux des peuples subjugués, essentiellement agraires. Cette théorie permet donc d'envisager une religion des Vanes qui serait le fait d'un peuple agraire (troisième fonction) situé dans la région du Don et qui aurait été ensuite subjugué par des envahisseurs indo-européens, tenants d'une religion martiale (les deux autres fonctions). On peut ainsi expliquer l'origine de dieux étranges comme Óðinn, dont les caractères orientaux ou chamaniques ne trouvent pas sinon d'explication.

Une deuxième interprétation vient s'inscrire en faux contre cette thèse historiste : C'est la thèse structuraliste de Georges Dumézil (*Les dieux des Germains*, Paris, PUF, 1959), qui commence par critiquer la première interprétation pour les raisons suivantes.

Parmi les principaux documents, la thèse historiste se fonde sur la seule *Ynglingasaga,* car Saxo, qui démarque simplement Snorri est ici sans intérêt réel. Or, dit Dumézil, ni la *Völuspá,* ni les *Skáldskaparmál* (où Snorri conte librement) ne localisent géographiquement les deux groupes. Ce qui veut dire qu'il n'y a pas de migration. Seule la *Ynglingasaga* est précise, trop précise peut-être, au gré de Dumézil : Snorri se veut historien, généalogiste. Il imite en cela les moines irlandais du haut moyen âge qui historicisaient à cœur joie les enseignements hérités des druides et des filid païens, les inséraient dans leur érudition latine, tirant leurs principaux arguments de jeux de mots, de consonances de noms propres avec des noms bibliques ou classiques, faisant venir par exemple les Scots de Scythie, supposant une grande migration des Pictes, avec naturellement une station en France (à Poitiers, capitale des Pictani... Snorri ne procède pas autrement en faisant venir les Ases d'Asie !). Sa localisation est donc sans valeur.

D'après la *Ynglingasaga,* la formation de la religion unitaire aurait eu lieu loin de la Scandinavie, loin de la Germanie, préalablement à toute rencontre sur le sol germanique entre une culture agricole et une culture plus virile, plus guerrière. Or c'est en Scandinavie et en Allemagne du Nord qu'il y a des traces d'une dualité et d'une succession de cultures et c'est sur ces terres germaniques, si l'on veut justifier la dualité des types divins par la dualité des cultures, qu'on doit penser que se sont produits le heurt, le contact, la fusion des deux peuples qui en étaient les porteurs, et non de part et d'autre des bouches du Don. L'idée du conflit est donc arbitraire.

Mais surtout, *Ynglingasaga, Völuspá* et *Skáldskaparmál* nous livrent une abondance de détails d'un autre ordre, à savoir mythologique. Les historistes les négligent. Or c'est l'essentiel ! Ce sont les détails qui intéressent Snorri. Peut-on faire abstraction de tout cela ? Le respect du document conduit nécessairement à la comparaison.

Et G. Dumézil d'affirmer que la dualité Ases/Vanes n'est pas le reflet des événements historiques, ni de l'évolution. Il s'agit de deux termes complémentaires d'une même structure religieuse et idéologique unitaire, de deux termes dont l'un suppose l'autre et qui ont été apportés ensemble, déjà articulés, par ceux des Indo-Européens qui sont devenus des Germains. On passe donc de l'opposition à la complémentarité, à la solidarité qui fondent l'équilibre social entre les protecteurs du type Ases et du type Vanes. Sont d'accord avec Dumézil des chercheurs de renom comme Otto Höfler (*Kultische Geheimbünde der Germanen*, 1934) et Jan de Vries (*Altgermanische Religionsgeschichte,* 1937).

Or une troisième interprétation vient s'opposer à la seconde : celle d'Ólafur Briem (*Heiðinn siður á Íslandi,* Reykjavík 1945 : « la religion païenne en Islande »), qui part du fait qu'avant l'âge viking (environ 800-1066), le culte d'Óðinn (Ase) connaît son apogée dans les parties méridionales de la Scandinavie : Danemark, Götland, sud-est de la Norvège, tandis que les Vanes dominent partout ailleurs. Or si le culte des Ases est bien attesté pour toute l'aire germanique, celui des Vanes ne l'est que pour la Scandinavie : « Þórr, Týr, Óðinn et Frigg sont les seuls dieux dont nous sachions par des sources sûres qu'ils étaient vénérés parmi la plupart des peuples germaniques. » Ce qui tendrait à prouver que les Vanes sont les dieux qui ont été vénérés de tous temps en Scandinavie, le culte des Ases s'étant répandu progressivement du sud vers le nord. À noter qu'au début de l'histoire des peuples germaniques le culte des Ases (Óðinn, Þórr et Týr semblent avoir constitué l'essentiel de la religion des peuples du sud de la Germanie. D'autre part, le culte des Vanes était fermement enraciné dans ces mêmes régions du sud de la Germanie où Þórr est également mentionné. Þórr a par ailleurs de nombreuses relations avec la fertilité-fécondité, apanage des Vanes. Tout ceci conduit Ólafur Briem à penser que le centre de gravité du culte des Ases a toujours été localisé plus au sud que celui des Vanes. Il pense que le culte des Ases s'est progressivement déplacé vers le nord après s'être enraciné plus fermement au sud. É*videm*ment, les deux cultes sont rapidement entrés en concurrence. D'où l'opposition entre les deux familles de dieux. À l'âge viking, ce conflit touche certes à sa fin, mais demeure vivant dans les mémoires et comme l'âge viking correspond à la période de composition des poèmes de l'*Edda*, nous tenons là une explication plausible de la guerre des Vanes, la conclusion de la paix et la réconciliation qui s'en suit. L'ouvrage d'Ólafur Briem sur la religion païenne en Islande ne mentionne que quatre dieux vénérés en ce pays, à savoir, et apparemment en ordre d'importance décroissant, Þórr, Freyr, Njörðr et Óðinn (deux Vanes dans les trois premiers). Il insiste d'autre part sur la position tout à fait spéciale des Vanes en affirmant qu'un poème de l'*Edda*, la *Þrymskviða*, range le dieu Heimdallr, traditionnellement apparenté aux Ases, parmi les Vanes (strophe 15).Nous venons de voir que la thèse G. Dumézil quant à la dualité Ases/Vanes n'est pas nécessairement acceptée par tous.

3)Les dieux Ases

a) Óðinn (en français : Odin ; en allemand : Wotan)

Il nous est connu par Snorri (*Gylfaginning* et *Skáldskaparmál*) et aussi par 5 poèmes de l'Edda : Les *Hávamál* (« Dits du Très-Haut »), les *Grímnismál* (« Dits de Grímnir »), les *Vafþrúðnismál* (« Dits de Vafþrúðnir »), les *Baldrs draumar* (« Rêves de Baldr ») et Les *Énigmes de Gestumblindi.*

- Textes résumés

Hávamál

Les *Hávamál* (« Dits du Très-Haut ») sont un poème gnomique de 164 strophes en *ljóðaháttr* et en *málaháttr* (*Cf. infra* l'explication des différents mètres eddiques au chapitre traitant des chants héroïques : *Atlakviða*) dont la première moitié constitue un poème moral qui donne des règles et des enseignements pratiques sur la vie quotidienne ou la vie en société ; c'est une sorte de manuel du savoir-vivre. L'autre moitié contient des enseignements sur les affaires amoureuses (aventures d'Óðinn, notamment la séduction de Gunnlöð), des conseils, les strophes 138-141 constituant le poème runique d'Óðinn qui décrit son auto-sacrifice. La dernière partie (strophes 146-164) renferme des chants magiques.

Grímnismál

Les *Grímnismál* (« Dits de Grímnir »), avec leurs 54 strophes en *ljóðaháttr*, constituent un poème mythologique qui rapporte comment, après s'être disputé avec son épouse au sujet de Geirrøðr, Óðinn décide de mettre ce dernier à l'épreuve. Sur le conseil de Frigg, Geirrøðr reçoit Óðinn, qui se cache sous le pseudonyme de Grímnir (= « le grimé », « le masqué »), d'une manière on ne peut plus inhospitalière : il le fait mettre au supplice entre deux feux afin de le faire parler. Le fils de Geirrøðr, âgé de dix ans, lui donne à boire. Ceci fait l'objet d'une introduction en prose. Alors, Grímnir débite les 54 strophes du poème qui nous fournisssent une abondante matière mythologique. Il récite 55 de ses surnoms, puis se fait reconnaître. La prose finale raconte comment Óðinn se venge de Geirrøðr, lequel tombe sur sa propre épée. Notons ici que le culte voué à Óðinn consistait vraisemblablement en des processions masquées de jeunes gens ou en déguisements animaux de la part des guerriers odiniques *(berserkir, úlfheðnar).*

Vafþrúðnismál

Les *Vafþrúðnismál* (« Dits de Vafþrúðnir » ou « Dits de Fort-à-l'Embrouille »), qui comptent 55 strophes en *ljóðaháttr*, sont un poème gnomique qui nous montre Óðinn se livrant, contre l'avis de Frigg, à une joute d'érudition avec le très savant géant Vafþrúðnir. Óðinn, sous le pseudonyme de Gagnráðr (« bon conseiller », mais il s'agit peut-être d'une corruption de Gangráðr : « celui qui connaît le chemin »), répond aux questions du géant à propos du jour, de la nuit, de la rivière qui forme la frontière entre le monde des dieux et celui des géants, du champ de bataille où s'affronteront Surtr et les dieux. Puis, c'est Óðinn qui interroge son adversaire au sujet de la genèse du monde, de la terre, du soleil et de la lune, du jour et de la nuit, de l'hiver, de l'été, des géants, de Njörðr, des *einherjar* et du sort du monde et des dieux après les *ragnarök*. Le géant donne chaque fois la bonne réponse, mais ne peut répondre à la dernière : Qu'a dit Óðinn à l'oreille de son fils Baldr avant que celui-ci ne soit brûlé ? Naturellement, seul Óðinn connaît la réponse et le géant est contraint de s'avouer vaincu.

Baldrs draumar

Les *Baldrs draumar* (« Rêves de Baldr »), avec leurs 14 strophes en *ljóðaháttr*, sont des rêves prémonitoires que fait Baldr qui pressent sa mort prochaine. Ces rêves ne fournissent que le titre du poème. En effet, nous voyons les dieux se réunir et Óðinn décide de se rendre à Niflheimr où il ressuscite une voyante morte. Sous le pseudonyme de Vegtamr (= « familier des chemins », d'où le nom récent du poème : *Vegtamskviða)*, il interroge la voyante, laquelle lui révèle le Destin de Baldr, le nom de son meurtrier et le nom de celui qui le vengera. Grâce à une question dont il est seul à connaître la réponse, la voyante le reconnaît et le renvoie chez les Ases.

Énigmes de Gestumblindi

Les *Énigmes de Gestumblindi* (en fait : *Gestr-inn-blindi*, qui signifie « hôte aveugle » ; ce dieu borgne n'est autre qu'Óðinn) sont un poème de 29 strophes qui figure dans une *fornaldarsaga : Hervararsaga ok Heiðreks* 10 (« Saga de Hervör et de Heiðrekr »). Il s'agit, comme dans les *Vafþrúðnismál*, d'une joute d'érudition entre Gestumblindi et le roi Heiðrekr. Comme dans les *Vafþrúðnismál*, Óðinn tromphe de son adversaire en demandant quelles sont les paroles qu'Óðinn a dites à Baldr avant que celui-ci ne soit brûlé. La conclusion est donnée par la réponse du roi Heiðrekr, qui s'avoue vaincu : « Toi seul sais cela, créature monstrueuse ! ».

• Un étranger

Voilà qui nous donne un aperçu du personnage, aperçu peu flatteur certes. Un autre détail étonnant fait d'Óðinn un étranger : Snorri, dans le prologue de son *Edda*, fait venir Óðinn de Turquie en Allemagne, où il installe quelques-uns de ses fils sur les trônes des royaumes allemands. Poursuivant sa route, il gagne la Suède, où règne le roi Gylfi, lequel lui offre la souveraineté. Óðinn s'installe à Sigtuna et institue douze chefs sur le modèle troyen. Ce récit est influencé par la tradition d'Ari le Savant (1067-1148), prêtre et premier historien islandais. Dans l'*Ynglingasaga* 2-5, Snorri fait d'Óðinn le maître d'Ásgarðr, pays d'Asie situé à l'est du Don Ce récit s'appuie sur la *Skjöldungasaga* et relate l'histoire du bannissement d'Óðinn :

Vili et Vé gouvernaient le pays en l'absence de leur frère, Óðinn. Or, ce dernier tardant à revenir, on en vint à considérer son retour comme improbable. Les deux frères se partagèrent ses biens et mirent en commun Frigg, sa femme. Or, un peu plus tard, Óðinn rentra et reprit sa femme.

Saxo (*Gesta Danorum* I, 25 sq.) relate aussi cet exil volontaire d'Óðinn. Frigg s'étant donnée à un serviteur, Óðinn, roi de Byzance, s'exile volontairement. Pendant son absence, Myþotyn le magicien s'empare du pouvoir, mais s'enfuit en Fionie lorsque Óðinn est de retour et est finalement tué par les habitants de cette région.

Saxo nous gratifie d'une seconde version (*Gesta Danorum* III, 80-82), selon laquelle Óðinn, après avoir vainement essayé de séduire Rinda, qui est tout à fait opposée à ses vues, parvient à ses fins grâce à un subterfuge infâme. Il est banni pour dix ans par les autres Ases à cause de cette ignominie. Pendant ce temps, un certain Ollerus (= Ullr) prend le pouvoir. Lorsqu'Óðinn revient de Byzance (que Saxo cite à plusieurs reprises comme demeure des Ases), Ollerus s'en va en Suède et finit par se faire tuer par des Danois. Toute cette préhistoire asiatique ne sert en fait qu'à asserter l'origine divine des dynasties scandinaves qu'il était de bon ton au moyen âge de faire remonter à Troie. Nous avons là affaire à l'évhémérisme de Snorri Sturluson.

L'étymologie enfin nous fournit quelques indications non négligeables :

Son nom est Woden en vieil-anglais et en vieux saxon, Wodan en francique, Wu(o)tan en vieux-haut-allemand ; il est apparenté à l'allemand moderne *Wut* : « fureur », et au latin *vates* : « prophète, poète ». Il n'apparaît jamais dans les toponymes d'Islande et rarement dans ceux de Scandinavie continentale. Le pays où ce dieu semble avoir été le plus vénéré est le Danemark. D'ailleurs, le nom de la ville d'Odense signifie *Óðins vé,* soit « sanctuaire d'Óðinn ». Il y a encore d'autres exemples au Danemark. Les prénoms formés avec le nom d'Óðinn sont cependant extrêmement rares (Odinkarr). À en croire les témoignages des gravures rupestres qui représentent un guerrier ou un dieu armé d'une lance, le culte d'Óðinn est très ancien. On sait par ailleurs que les noms latins des jours de la semaine ont été traduits au IVe siècle dans les langues germaniques, *óðinsdagr* (« jour d'Óðinn » en vieux-norois) correspondant au latin *dies Mercurii*. Donc le culte d'Óðinn remonte à une époque antérieure. La place essentielle que tient Óðinn dans la mythologie nordique est probablement due au fait qu'il est abondamment mentionné par les scaldes, dont il était le patron. Il est en effet le dieu souverain, père de tous les dieux.

• Óðinn, dieu souverain

Il est l'époux de Frigg. Ses fils sont Baldr (né de Frigg),Þórr (né de Jörð = « Terre », sans doute une figure de Frigg) et Váli, né de la géante Rindr (ou encore: Rinda). Frigg, quant à elle, est fille de Fjörgynn (*Skáldskaparmál* 19), lequel est inconnu par ailleurs. Sa demeure à Ásgarðr s'appelle Fensalir (« salle des marécages »). Ses servantes sont Fulla (« abondance ») et Gná (« suffisante provende »). Son attribut est la robe en plumes de faucon (*Skáldskaparmál* 18,19). Le couple divin prend parfois des partis différents dans les conflits qui opposent les hommes (*Cf.* la prose introductive des *Grímnismál*). Dans l'aire sud-germanique, elle est appelée Frea ou Fríja et a donné son nom au vendredi : *fríadagr* (vha *friatac*, allemand moderne *Freitag*, anglais moderne *friday*). Elle équivaut à Vénus. Elle est la déesse des femmes, de la famille et de l'amour conjugal.

Quant à Óðinn, sa paternité par rapport aux autres dieux est confirmée par les poèmes scaldiques. Snorri ajoute au nombre de ses fils Heimdallr, Týr, Bragi, Víðarr et Höðr. « Óðinn est le plus grand et le plus ancien des dieux ; il gouverne tout et aussi puissants que soient les autres dieux, ils le servent tous comme des enfants leur père... Óðinn est appelé Alföðr (père de tous) parce qu'il est le père de tous les dieux. » (F.-X. Dillmann, *op. cit.* p. 52).

Sa demeure à Ásgarðr est Hliðskjálf (= « tour de guet, mirador ») ; il s'agit d'un trône à partir duquel il peut observer le monde entier (*Gylfaginning* 9,17). Il est omniscient, ce que traduit l'un de ses fort nombreux surnoms : Fjölsviðr (ou Fjölsvinnr : « celui qui sait beaucoup de choses », *Gylfaginning* 20, *Grímnismál* 47).

Óðinn a créé les hommes (*Völuspá* 17-18 : avec ses frères, Hoenir et Loðurr, chez Snorri : avec Vili et Vé) et est également l'ancêtre de plusieurs familles royales : les Völsungar, les Skjöldungar, les Ynglingar, les Skilfingar. Prenons par exemple les Skjöldungar : Skjöldr, dont le nom signifie « bouclier », est fils d'Óðinn et premier roi de Danemark (Prologue de l'Edda 4, *Skáldskaparmál* 40, 62) ; il épouse la géante Gefjon (Ynglingasaga 5, *Gylfaginning* 1). Celle-ci ayant auparavant diverti le roi de Suède Gylfi, ce dernier promit de lui donner autant de terre que quatre bœufs retourneraient en un jour et une nuit. Elle alla chercher au pays des géants quatre bœufs, qui n'étaient autres que les fils qu'elle avait eus d'un géant, les attela à une charrue et les fit labourer la terre. Ils tirèrent et détachèrent le morceau de terre appelé aujourd'hui Sjælland (île danoise sur laquelle se trouve Copenhague). À l'endroit où la terre avait été arrachée, elle donna le nom de Mälar (grand lac de la Suède, près de Stockholm, *Gylfaginning* 1). Ce mythe est relaté moins brièvement *infra* (*Cf.* Freyja). Saxo (*Gesta Danorum* I, 11 sq.) note les ressemblances avec le héros Scyld de l'épopée anglo-saxonne *Beowulf*. Les Skjöldungar sont donc les descendants de Skjöldr, lequel descend d'Óðinn (*Cf. Beowulf, Widsiþ, Gesta Danorum, Skjöldungasaga*). Il y a là un trait bien connu des dynasties germaniques, qui consiste à légitimer leur souveraineté en établissant leur origine sacrée. D'où la notion de royauté sacrée chez les Nordiques. Pour suivre encore une fois Dumézil, nous pouvons dire que la souveraineté d'Óðinn s'exerce sous un double aspect :

– ***L'aspect juridique***

Ses attributs

– La lance Gungnir (« le chancelant »). Óðinn est le dieu à la lance. Bragi Boddason l'appelle *Gungnis váfaðr :* « le secoueur de Gungnir », Egill Skallagrímsson dit qu'il est le *geirs dróttinn :* « le seigneur de l'agie r».

– Les corbeaux Huginn (« l'esprit, la pensée ») et Muninn (« la mémoire »), qui survolent le monde entier et reviennent au petit-déjeûner l'informer de ce qui se passe dans le monde. Óðinn est « le dieu aux ou des corbeaux » : *hrafnaguð* (*Gylfaginning* 38). Ceux-ci se tiennent perchés sur chacune de ses épaules. *Cf.* P. Guelpa, « Le corbeau dans la mythologie nordique », Actes des journées universitaires de Hérisson (Allier) organisées en juin 2004 par les Cahiers Kubaba (Université Paris-1 –Panthéon-Sorbonne) et la ville de Hérisson sur le thème *L'oiseau entre ciel et terre,* Paris, L'Harmattan, collection Kubaba, série Actes VI, 2005, p. 139-160.

– Les deux loups, Geri (« glouton ») et Freki (« vorace »), qui sont couchés à ses pieds (*Gylfaginning* 38, *Grímnismál* 19).

– L'anneau d'or Draupnir (« le dégouttant »), duquel dégouttent, toutes les neuf nuits, huit anneaux de même poids que lui. Cet anneau est le symbole de sa puissance (*Gylfaginning* 49, *Skáldskaparmál* 33). On comprend le titre du célèbre roman de J.R.R. Tolkien, *The Lord of the Rings* (« Le Seigneur des Anneaux ») publié en 1954-55.

– Son manteau bleu parsemé d'étoiles qu'il revêt lorsqu'il chemine de par le monde, et son chapeau à larges bords qui cache son œil unique, lui évitant de se faire reconnaître.

– Son œil unique qui flamboie et qui le fait surnommer Báleygr (« à l'œil flamboyant », *Grímnismál* 47, *Hákonardrápa* 6 de Hallfreðr vandræðaskáld), le nom de Bileygr (= « le bigleux », *Grímnismál* 47) faisant allusion à la perte de son œil droit : en effet, Óðinn a obtenu la sagesse et la science en buvant à la source de Mímir à condition de donner son œil en gage (*Gylfaginning* 15). La *Völuspá* 46 et l'*Ynglingasaga* 4 et 7 disent qu'il tient sa science de la tête de Mímir.

– Sleipnir (« celui qui glisse »), coursier à huit jambes, que Loki transformé en jument a engendré avec l'étalon Svaðilfari. Pour construire la citadelle d'Ásgarðr, les Ases promettent imprudemment à un géant de lui donner Freyja pour épouse à la condition de leur construire en un hiver leur château-fort. Le géant y parvient presque grâce à son étalon géant, Svaðilfari, mais Loki se transforme en jument, détourne l'étalon de son travail et devient mère de Sleipnir. Þórr abat le géant avec son marteau. Ce mythe est relaté en détail *infra* (*Cf.* Loki).

Óðinn, dieu de la victoire

Sigfaðir, Sigföðr (= « père de la victoire », *Völuspá* 55, *Lokasenna* 58, *Grímnismál* 48), Sigtýr = « dieu de la victoire »), Sig-Gautr (« Goth de la victoire », Óðinn étant l'ancêtre éponyme des Goths, dont la patrie est sans doute la Scandinavie ; *Cf.* Norbert Wagner, *Die Urheimat der Goten,* Universität Würzburg, 1989 ; traduction française par André Rousseau et Patrick Guelpa : « *D'où les Goths sont-ils originaires ? », Sur les traces de Bousbecq et du gotique*, Presses Universitaires de Lille III, 1991, p. 111-121) sont des surnoms fréquents d'Óðinn. Il donne la victoire et donc aussi la mort à qui il veut. Il attend « les guerriers morts au champ de bataille » (*valr*) dans une grande halle appelée *valhöll* (« halle des occis », allemand moderne *Walhall* ou *Walhalla*). Cette halle est décrite dans les *Grímnismál* (8-10, 18-26) et dans la *Gylfaginning* (40). Elle est couverte de lances et de boucliers. Les valkyries (de *val :* « guerriers morts au combat », et de *kjósa*, apparenté à l'allemand *küren :* « choisir, élire »), filles d'Óðinn, vierges montant de fringants palefrois, s'élancent (*Cf.* la « Chevauchée des Valkyries » de Richard Wagner) sur le champ de bataille pour ramener les élus d'Óðinn à la *valhöll*. Ces guerriers sont appelés les *einherjar* (« guerriers uniques »). Ils sont accueillis par Óðinn et les valkyries leur servent la viande du sanglier Sæhrímnir (« suie de mer »), qui se renouvelle chaque jour, que le cuisinier Anðrímnir (« suie du visage ») prépare dans le chaudron Elðrímnir (« suie du feu »). Ils boivent l'hydromel qui coule des pis de la chèvre Heiðrún, laquelle se tient sur le toit de la *valhöll*. Óðinn, lui, ne mange pas et ne boit que du vin. Il passe son temps à regarder les *einherjar* qui s'entraînent à combattre toute la journée. Le soir, les *einherjar* ressuscitent et boivent ensemble (*Vafþrúðnismál* 41). La *valhöll* est le paradis des guerriers germaniques. Elle compte 540 portes qui peuvent chacune laisser passer 800 guerriers à la fois. Les *einherjar* se préparent à défendre la demeure des dieux lors des *ragnarök* (« Destin des Puissances ») contre le loup Fenrir et les Puissances de l'autre monde. Les valkyries exécutent la volonté d'Óðinn. Elles entreront plus tard dans la poésie héroïque en s'humanisant quelque peu. Certaines d'entre elles s'éprendront de simples mortels. C'est le cas de Sigrdrífa dans les *Sigrdrífumál*. Óðinn, pour la punir, la plonge dans un sommeil cataleptique et la place sur une colline entourée d'une muraille de flammes que seul pourra traverser le héros qui ne connaît pas la peur. Ici se trouve un raccord avec la légende héroïque de

Sigurðr (allemand : Siegfried) et la Tétralogie de R. Wagner de « L'Anneau du Nibelung » (*Der Ring des Nibelungen*), dont les parties s'intitulent : « L'Or du Rhin » (*Das Rheingold*), « La Valkyrie » (*Die Walküre*), « Siegfried » (*Siegfried*) et « Le Crépuscule des Dieux » (*Die Götterdämmerung*). Signalons le remarquable petit ouvrage de Christian MERLIN (Université de Lille III) : *Wagner, mode d'emploi*, Paris, Premières Loges, Collection Avant-Scène Opéra, 2002, 200 pages.

Table des matières :

1. Les opéras de jeunesse
2. Le Vaisseau fantôme
3. Tannhäuser
4. Lohengrin
5. Tristan et Isolde
6. Les Maîtres chanteurs
7. L'Or du Rhin
8. La Walkyrie
9. Siegfried
10. Crépuscule des dieux
11. Parsifal

[Avec, pour chaque opéra : genèse et création, résumé de l'action ; repères d'écoute, profils de rôles, les enjeux de l'œuvre.]+ une synthèse accessible à tous sur les questions suivantes :

– Qu'est-ce que l'œuvre d'art totale ?
– Qu'est-ce que la mélodie infinie ?
– Qu'est-ce qu'un leitmotiv ?
– La place de Wagner dans l'histoire de la musique
– Poète et penseur
– Retour sur quelques équivoques politiques
– Le Festival de Bayreuth, une utopie réalisée
– Chanter Wagner
– Diriger Wagner
– Mettre en scène Wagner

– Discographie sélective
– Videographie sélective
– Bibliographie sélective
– Repères biographiques avec index des mots clés, index des noms et index des œuvres.

Le nombre des valkyries est de 9 dans la *Helgakviða Hjörvarðssonar*, de 12 dans le *Darraðarljóð*, de 13 dans les *Grímnismál* (strophe 36). En fait, il est illimité.

Óðinn n'est pas, comme on le croit souvent à tort, le dieu de la guerre ; en effet, il ne combat jamais lui-même avec les armes de la guerre. Il ne fait que conférer la victoire, décider du sort de la bataille. S'il participe au combat, ses armes ne sont jamais celles de la guerre, elles sont toujours de nature intellectuelle : science, ruse, artifice, magie. C'est lui qui a certes introduit la guerre dans le monde en provoquant le premier conflit, celui de la guerre des Vanes (*Ynglingasaga* 4). La coutume veut désormais qu'on commence une bataille en jetant une lance au-dessus de l'armée ennemie afin de la consacrer à Óðinn. Óðinn protège certains héros (Sigurðr, Starkaðr, Haddingr), mais attise toujours la haine qui mène à la guerre et à la destruction. Il décide du sort des batailles, mais également de celui de chaque individu. La mort sur le champ de bataille a parfois été interprétée non comme un honneur, mais comme une trahison de la part d'Óðinn (Egill Skallagrímsson, *Sonatorrek* 21 : « perte inconsolable des fils » ; Eyvindr Skáldaspillir, *Hákonarmál* 15).

– ***L'aspect magique***

Dieu chaman

(dieu des morts, dieu de la magie, dieu insaisissable)

Dieu des morts

Óðinn est le dieu des morts. Parmi les anciennes croyances germaniques, on trouve celle au cavalier fantôme qui passe dans le ciel lors d'une tempête en chevauchant son coursier gris à la tête d'une armée d'esprits, pendant les Douze Nuits qui suivent Noël. C'est la Chasse Sauvage, la horde sauvage ou encore l'armée de Wotan (français : la Mesnie Hellequin, allemand moderne : *die Wilde Jagd*, anglais moderne : *the Wild Hunt*, norvégien : *oskoreidi, jolareidi* : « *chevauchée de jól* », nom de la fête de Noël. D'où l'un des surnoms d'Óðinn : Jólnir). Óðinn chevauche à travers les nuées en compagnie de ses filles, les valkyries. C'est l'origine du personnage d'*Erlkönig* (en fait *Elfenkönig, Cf. supra*) du fameux poème de Goethe intitulé *Erlkönig*.

Ce phénomène de la Chasse Sauvage remonte probablement à des processions organisées par des associations cultuelles de guerriers consacrés à Óðinn. La consécration à Óðinn manifeste l'attachement personnel à ce dieu, mais se caractérise par son ambiguïté ou du moins, par son ambivalence : d'une part, le héros est protégé, la victoire lui est conférée, d'autre part, il est consacré à Óðinn dans sa mort. Par exemple, Starkaðr, héros odinique, est gratifié par Óðinn de trois vies, de la victoire dans les batailles, du don de poésie et de bien d'autres choses encore, mais Þórr lui impose trois grandes infâmies, de fréquentes blessures et une mauvaise mémoire (*Gautrekssaga* 7). Starkaðr joue le rôle décisif lors du sacrifice à Óðinn au cours duquel son ami et son roi, Víkarr, se retrouve pendu. Haddingr est roi de Danemark. Lui et son frère jumeau sont souvent cités ensemble. On les appelle de ce fait les Haddingjar. Haddingr est le type du héros odinique. Il bénéficie de l'aide d'Óðinn lors de ses nombreux combats, mais à la fin de sa vie, il se consacre de façon spectaculaire à Óðinn : roi victorieux, il se pend sous les yeux de son peuple. Le signe extérieur de la consécration à Óðinn consiste dans le fait de ne pas se couper les cheveux. Les guerriers consacrés à Óðinn se distinguent au combat par leur «fureur» (Óðinn signifie « fureur ») de *berserkr* (pluriel : *berserkir* : « guerriers-fauves », littéralement « chemises d'ours », lesquelles étaient sans doute leurs vêtements) : ils hurlent de façon atroce, mordent sauvagement leurs boucliers et deviennent invulnérables. On les appelle aussi *úlfheðnar* (« peaux de loup »), sans doute parce qu'ils se vêtaient de peaux de loup. Snorri précise que ce sont les guerriers d'Óðinn dans le monde (ne pas confondre avec les *einherjar*). Óðinn est le dieu de l'extase cultuelle et la fureur des *berserkir*, comme tous les états extatiques, comporte des similitudes frappantes avec les états de transe chamanique : impassibilité à la douleur, au feu, aux armes (le fer des épées ne mord pas sur eux). *Ynglingasaga* 6 dit :

> « Les hommes d'Óðinn allaient (à la bataille) sans cuirasse (broigne) et ils étaient enragés comme des chiens ou des loups, mordaient leurs boucliers et étaient plus forts que des ours ou des taureaux. Ils abattaient les gens, mais eux-mêmes, ni le feu, ni le fer ne les blessaient ; on appelle cela « fureur de *berserkr* » (*berserksgangr*). »
> (R. Boyer, *op. cit.* p. 603).

Le loup-garou (allemand moderne *Werwolf* : « homme-loup ») est l'homme transformé en loup. Les croyances en des métamorphoses animales étaient fort répandues en Europe aux environs de l'an mil. Cette croyance au loup-garou semble bien correspondre aux métamorphoses animales des cultes odiniques : les guerriers-fauves, la Chasse Sauvage. La croyance au loup-garou remonterait ainsi à des cultes métamorphiques. Le grand-père d'Egill, le héros de la saga qui porte son nom (*Egilssaga Skallagrímssonar* : « Saga d'Egill, fils de Grímr le Chauve »), s'appelle « Loup du soir »(Kveld-Úlfr). La saga dit de lui qu'il se métamorphose en loup le soir et qu'il est alors très dangereux. Cette capacité de métamorphose fait qualifier l'intéressé de *hamrammr* : « puissant par sa forme », par sa capacité à changer de forme. Son petit-fils Egill héritera de lui un caractère irrascible et imprévisible. Le nom de Kveld-Úlfr survit encore aujourd'hui dans notre « guilledou ». « Courir le guilledou » signifie en effet « aller en quête d'aventures galantes » et l'expression du XVIe siècle est « courir le guildrou », que l'on doit sans doute rapprocher de la locution :

« avoir vu le loup », laquelle était appliquée aux jeunes filles qui avaient « couru » (*Dictionnaire alphabétique et analogique de la langue française,* P. Robert, Paris 1957, p. 416, tome 3). Le guilledou est donc le loup-du soir.

Une autre forme de consécration à Óðinn, qui cette fois risque de n'être qu'un motif littéraire, comme le fait remarquer Jean Renaud (*La Saga des Orcadiens,* Paris, Aubier, 1990, chapitre VIII note 3, p. 259), est l'« aigle de sang » (*blóðörn*), horrible manière de donner la mort : on séparait à vif les côtes de la colonne vertébrale de la victime, on les déployait comme les ailes d'un aigle et on faisait ressortir les poumons. Le *blóðörn* est expressément donné pour sacrifice à Óðinn (*Orkneyingasaga* 8, *Gesta Danorum* IX, 315). Il semblerait qu'il s'agisse d'une manière particulière de venger son père. On sait par ailleurs, ainsi que nous le verrons *infra,* que la consécration à Óðinn se fait par pendaison. Quoiqu'il en soit, si tant est qu'il ait existé, le *blóðörn* ne peut être qu'odinique.

Dieu de la magie

Óðinn est aussi le dieu de la magie. Il est capable, par la magie des runes, de faire revenir à la vie les pendus et de les faire parler (*Hávamál* 157, *Ynglingasaga* 7). Parmi les Ases, c'est Óðinn qui connaît le mieux la magie, laquelle est l'apanage des Vanes. Dans les *Hávamál,* il se vante d'être seul à connaître des formules magiques, dans les *Baldrsdraumar* 3, il est appelé « père de l'incantation » (*galdrs föðr*). Le Second Charme de Merseburg (ancienne formule magique en vieux-haut-allemand qui nous est parvenue grâce à un manuscrit du IXe siècle) nous présente Óðinn en tant que mire : il guérit le cheval de Baldr qui s'est déboîté la jambe. Il est capable, par magie, d'aveugler (l'un de ses surnoms est Herblindi : « celui qui aveugle l'armée ennemie », *Grímnismál* 46) et de rendre sourds ses ennemis (*Ynglingasaga* 6), de les paralyser (Herfjötur : « lien de l'armée », est le nom d'une valkyrie).

> « Óðinn possédait et pratiquait cet art qui est le plus puissant et qui est appelé *seiðr* (« magie, sorcellerie ») ; ainsi il connaissait le Destin des hommes, les dangers à venir et tout aussi bien la manière d'apporter à un homme la mort, le malheur ou la maladie ou bien de faire perdre aux hommes leurs forces ou leur raison pour les donner à quelqu'un d'autre. Mais cette sagesse allait de pair avec une si grande honte que les hommes pensèrent qu'ils ne pourraient l'exercer sans en retirer grande honte, de sorte qu'on initia des femmes à cet art. Óðinn changeait de forme. Alors, son corps gisait comme endormi ou mort, mais lui était oiseau ou bête, poisson ou serpent, et allait en un clin d'œil dans des pays lointains pour ses affaires ou pour affronter d'autres hommes. Il savait encore par ses seules paroles éteindre le feu, apaiser la mer et tourner les vents dans la direction qu'il voulait. »
>
> (R. Boyer, *op. cit.* p. 604, *Ynglingasaga* 7).

Traditionnellement, on distingue deux sortes de magie, qui s'appliquent ici à la mythologie nordique : d'une part la magie blanche, qui comprend la prédiction de l'avenir et les opérations visant à obtenir la fécondité, un temps favorable ou la santé, et d'autre part la magie noire, qui consiste à exercer des charmes maléfiques, dont les charmes amoureux. C'est ainsi qu'Óðinn parvient à posséder la géante Rindr qui lui résiste, uniquement en la menaçant d'un charme. Il est ensuite banni à cause de cette ignominie. Óðinn est le dieu du savoir magique. Il est aussi le dieu des runes que l'on grave sur les armes en vue d'obtenir la victoire : la répétition de la rune ᛏ (= t : Týr, ancien dieu du ciel et de la guerre) était censée procurer la victoire. Les runes ᚦ (*þ* = *þurs :* « affreux géant ») ou ᚾ (*n* = *nauði* = « détresse, malheur ») renforçaient le message maléfique. Des runes magiques sont gravées sur la pointe de Gungnir. Óðinn a sacrifié son œil droit pour acquérir la science des runes (*Hávamál* 80).

Óðinn, dieu insaisissable, est le dieu de la fureur sur le plan amoureux (il tente de séduire les géantes), sur le plan guerrier (il donne la victoire), sur le plan poétique (il dispose de la science et la donne à qui il veut) et sur le plan spirituel (il est omniscient), de cette fureur qui est « tantôt liquide, tantôt humeur, mais toujours transport. Il nous confond par son extrême mobilité : il change constamment d'apparence, de forme (il est *hamrammr* : « puissant par sa forme »), de nom (on lui connaît plus de 170 surnoms ou pseudonymes) et d'opinion. Il est insaisissable à tous les sens du termes : on ne peut le saisir, ni l'arrêter, ni le comprendre, ni lui faire confiance. Toujours en voyage, que ce soit sur terre (Vegtamr : « familier des chemins », Gangleri : « celui qui marche », Gangráðr : « celui qui connaît le chemin », Gestr : « invité », Gestumblindi : « hôte aveugle », allusion à son œil unique, Farmóðguðr : « celui qui active la marche » ; il parcourt le monde avec son accoutrement traditionnel et il a alors pour noms Síðhöttr : « celui dont le chapeau est rabattu », Síðskeggr : « longue barbe », Hárbarðr : « longue barbe », Tvíblindi ou Bileygr : « borgne ») ou dans les airs. Voyez la Chasse Sauvage au cours de laquelle il s'élance irrésistiblement à travers les airs, chevauchant Sleipnir, qui glisse plus qu'il ne trotte ou galope ; il est vraiment aérien : Farmatýr (« dieu des cargaisons »), Hangi (« Pendu »), Hangatýr (« dieu des pendus »), Hangaguð (« dieu des pendus »), Váfuðr (« vagabond »), Svipall (« d'apparence changeante »), Fjölnir (« multiforme », « polymorphe »), il est une sorte de dieu « courant d'air » (Viðrir : « vent »).

Il est l'archétype du père (Alföðr, Alfaðir, Veratýr : « dieu des hommes », Fimbultýr : « dieu terrible », Ómi : « le suprême », Hárr : « le Très-Haut », Valföðr : « père des occis », Sigföðr ou Sigfaðir ou Sigtýr : « père de la victoire ».

Óðinn est aussi le séducteur impénitent (Ófnir : « incitateur, serpent », Uðr : « bien-aimé », Þekkr : « amoureux », Óski : « celui qui désire », Glapsviðr : « celui qui affole », Viðrir : « le vent », qui s'engouffre partout, Vingnir : « baguette magique ou membre viril », Göndlir : même sens, Gautr : déverbatif sur *gjóta* : « verser, engendrer, procréer », *oden,* dans certains dialectes norvégiens et suédois actuels, signifient : « en chaleur, en rut », ou bien « rut, sperme », *woeden* en néerlandais signifie : « désirer ardemment »).

Dieu de la victoire (Sigfaðir, Sigföðr, Sigtýr) et de la guerre (Hjálmberi : « celui qui porte un heaume », Herjan : « seigneur de l'armée », Herran : Herteitr : « joyeux de l'armée », Herblindi : « qui aveugle l'armée », Biflindi : « qui fait trembler le bouclier », Hertýr : « dieu de l'armée », Þrórr : « attaquant », Atríðr : « assaillant », Sváfnir : « celui qui endort », Hnikarr : « provocateur », Hnikuðr : même sens, Geirölnir : « l'assaillant à la lance », Geirlöðnir : « qui invite au combat des lances », Kjalarr : « qui nourrit les charognards », Yggr : « redoutable », Þundr : « tonitruant », etc...) il ne combat pas lui-même. Il annihile ses adversaires par sa science, la ruse ou la magie, armes intellectuelles. Il inquiète (Yggr, Hroptatýr : « dieu des hurleurs », Tveggi : « double ») et sème la discorde et la haine (Bölverkr : « malfaiteur »). Il est omniscient (Sannr, Saðr : « véridique », Sanngetall : « qui devine tout », Fjölsviðr : Fjölsvinnr : « celui qui sait beaucoup de choses ») et est l'ancêtre éponyme des Goths (Gautr). Dieu de la poésie, de l'extase, de l'ivresse (hydromel, vin), de l'inspiration, de l'esprit. Il est, à plus d'un titre, le dieu de la tête » (Renauld-Krantz, « Odin », in : *Les vikings et leur civilisation. Problèmes actuels*, R. Boyer, Paris, Mouton, 1976, p. 191-208).

Óðinn, dieu des runes

Dans la *Völuspá* 28, Óðinn va chercher conseil à la source de Mímir, qui selon Snorri (*Gylfaginning* 15), se trouve sous la racine d'Yggdrasill qui mène chez les *hrímþursar* (« géants des frimas »). Mímir est un homme extrêmement sage, car l'eau de la source, qu'il boit avec la corne Gjallarhorn, lui confère la sagesse. Dans la *Gylfaginning* 51, Snorri, qui reprend la *Völuspá* 46 (qui parle de la tête de Mímir), rapporte que lors des *ragnarök* Óðinn va chercher conseil auprès de Mímir. La *Ynglingasaga* 4 et 7 nous apprend qu'après la guerre entre les Ases et les Vanes les Ases donnent Mímir en otage pour servir de conseiller à Hoenir. Mais les Vanes s'aperçoivent que sans Mímir, Hoenir ne sait rien faire. Ils décapitent Mímir, puisque c'est lui l'important, et envoient sa tête aux Ases. Avec des herbes et des charmes magiques, Óðinn la préserve de la décomposition et continue à en tirer des informations secrètes et des renseignements sur l'autre monde.

La consécration à Óðinn se faisait essentiellement par pendaison. Óðinn est appelé *Hangaguð* (« dieu des pendus »), *Hangatýr* (même sens), *Hangi* (« pendu »), car il s'est sacrifié lui-même à lui-même de cette façon afin d'acquérir la connaissance des runes. Son auto-sacrifice est transmis par les *Hávamál* 138-141. Voici la strophe 138 :

> « Je sais que je pendis
> À l'arbre battu des vents
> Neuf nuits pleines,
> Navré d'une lance
> Et donné à Óðinn,
> Moi-même à moi-même donné,
> À cet arbre
> Dont nul ne sait
> D'où proviennent les racines. »
> (R. Boyer, *op. cit.* p. 196).

Le sacrifice typique offert à Óðinn consiste à pendre la victime et à la transpercer d'une lance. Dans le cas de l'auto-sacrifice d'Óðinn, il s'agit d'une initiation de type chamanique à la connaissance de la poésie et de la magie, lesquelles sont liées à la connaissance des runes. La strophe 139 des *Hávamál* est encore plus explicite :

> « Point de pain ne me remirent
> Ni de corne ;

Je scrutai en dessous,
Je ramassai les runes,
Hurlant, je les ramassai,
De là, retombai. »
(R. Boyer, *op. cit.* p. 196)

L'arbre auquel est resté pendu Óðinn est Yggdrasill : le coursier du redoutable (le redoutable, Yggr, est un *heiti* pour Óðinn), c'est-à-dire la potence. C'est pourquoi Óðinn est aussi appelé *gálga valdr* (« maître de la potence », chez Helgi traust, Xe s.) et *gálga farmr* (cargaison de la potence, chez Eyvindr Skáldaspillir).

Óðinn, dieu de la poésie

Voici comment Óðinn acquiert le don de poésie (*Skáldskaparmál* 2) :

Après s'être fait la guerre, les deux familles de dieux, les Ases et les Vanes, scellent la paix en échangeant des otages et en crachant tous dans un récipient. À partir de cette salive, ils créent un être extraordinairement sage, Kvasir. Or, deux nains, Fjalarr et Galarr, tuent Kvasir et recueillent son sang dans un chaudron, Óðroerir (« celui qui suscite l'extase », l'*óðr*, trait constitutif d'Óðinn, la fureur extatique ; *óðr* signifie aussi « humeur ») et dans deux autres récipients, Són (« compensation, expiation ») et Boðn (« récipient »). Fjalarr (« celui qui cache, celui qui trompe ») et Galarr (« hurleur ») mêlent du miel au sang de Kvasir et brassent ainsi l'hydromel qui confère le don de poésie. Les deux nains mettent ensuite à mort le géant Gillingr (= « crieur ») et sa femme, mais sont exposés par leur fils, Suttungr (« le noir »), sur un récif battu par les flots et ne doivent la vie sauve qu'en abandonnant le précieux hydromel à Suttungr, qui le fait garder à Hnitbjörg (« rochers qui s'entrechoquent », ce qui rappelle les Symplégades) par sa fille Gunnlöð (« celle qui invite au combat »). Óðinn se met alors en campagne dans le but de conquérir l'hydromel des scaldes pour le compte des dieux. Sous le pseudonyme de Bölverkr (« malfaiteur »), il s'engage au service du géant Baugi (« tordu »), frère de Suttungr, et travaille tout l'été. Pour tout salaire, il est convenu qu'il recevra une gorgée d'hydromel. Or, lorsque Baugi accompagne Óðinn chez Suttungr, ce dernier refuse de céder la moindre goutte d'hydromel, de sorte qu'Óðinn est obligé de recourir à un stratagème : avec le foret Rati (« perceur »), Baugi perce un trou dans la montagne à travers lequel Óðinn, sous la forme d'un serpent, se glisse auprès de Gunnlöð. Après avoir couché trois nuits avec elle, il obtient la permission de boire trois gorgées d'hydromel, à la faveur desquelles il vide successivement les récipients, Són, Boðn et Óðroerir. Là-dessus, il se métamorphose en aigle et prend la fuite avec le précieux nectar poétique, mais il est immédiatement pris en chasse par Suttungr, qui s'est lui aussi métamorphosé en aigle. Arrivé à Ásgarðr, le domaine des Ases, Óðinn crache l'hydromel poétique dans des plats disposés à cet effet par les autres dieux, mais Suttungr le serre de si près qu'il en laisse tomber quelques gouttes à terre auxquelles personne ne prête attention et que nul ne tente de s'approprier : c'est la part des poétaillons.

La poésie est pour cette raison appelée « semence du bec de l'aigle » ou « bière d'Óðinn » (« servir la bière d'Óðinn » équivaut à « débiter un poème ») chez les scaldes. D'ailleurs, toute une série de *kenningar* fait allusion à ce mythe de l'hydromel poétique :

– *Gillings gjöld :* « compensation pour Gillingr », chez Eyvindr Skáldaspillir.
– *Kvasis dreyri :* « sang de Kvasir », chez Einarr Skálaglamm, *Vellekla* 1.
– *Dverga farkostr :* « véhicule des nains », chez Arnórr jarlaskáld.
– *Dverga drykkr :* « boisson des nains », chez Gísli Súrsson, *Gíslasaga.*
– *Bergs geymilöð dverga :* « flot des nains caché dans la montagne », chez Einarr Skálaglamm.

- *Viðurs þýfi :* « larcin d'Óðinn », chez Egill Skallagrímsson, *Sonatorrek* 1.
- *Arnar kjapta örð :* « semence du bec de l'aigle », chez Egill Skallagrímsson, *Berudrápa*.

Ce mythe du vol de l'hydromel poétique nous est enfin également transmis par les *Hávamál* 104-110. La pierre gotlandaise de Lärbro St Hammars III (vers 700 après J.-C ; *Cf.* Karl Hauck, *Germanische Bilddenkmäler des frühen Mittelalters,* Deutsche Vierteljahresschrift für Literatur, Wissenschaft und Geistesgeschichte, 31, 1957, p. 349-379) fait clairement allusion à ce mythe. Malgré les ressemblances entre le mythe nordique et le mythe grec de Zeus et Perséphone (Perséphone est enfermée dans une caverne et Zeus vient à elle sous la forme d'un serpent ; de leur union naît Zagreus), le mythe de Zagreus et celui du vol de l'hydromel poétique n'ont aucun rapport. Ajoutons pour terminer que le *kvas* est encore aujourd'hui chez les peuples slaves une boisson fermentée enivrante. L'historien français des religions et des mythologies indo-européennes Georges Dumézil a vu une correspondance avec le mythe du vol de Soma, la boisson des dieux, par Indra dans le *Rig-Véda* et conclut, d'après les nombreuses similitudes, à l'existence d'un fonds commun indo-européen.

Cf . « Óðinn d'après Saxo Grammaticus et les sources noroises : étude comparative », in *Beiträge zur nordischen Philologie* 15, Festschrift Oskar Bandle, Helbing/Lichtenhahn, p.143-157 et Pierre Renauld-Krantz, « Odin », dans *Les Vikings et leur civilisation. Problèmes actuels.* R. Boyer, Paris, 1976, p. 191-208.

b) ÞÓRR

• Þórr, gardien de la paix et pourfendeur de géants, accomplit de nombreuses prouesses :

• Le voyage de Þórr chez Útgarðaloki (Loki des demeures extérieures, *Gylfaginning* 44-45, *Lokasenna* 60,62, *Hárbarðsljóð* 26).

Nous prendrons *Gylfaginning* 44-45 comme référence :

Les dieux Þórr et Loki, se rendant au Jötunheimr (« monde des géants »), décident de passer la nuit chez un paysan. Þórr tue ses boucs, les dépèce et les fait cuire. Il invite le paysan et ses enfants, Þjálfi et Röskva (l'étymologie de ces deux noms est incertaine) en leur disant de jeter les os sur les peaux de boucs. Þjálfi fend le fémur de l'un des boucs avec son couteau afin d'atteindre la moelle. Le lendemain, Þórr se lève, bénit les peaux de boucs et les os avec son marteau et ressuscite ses deux boucs. Or, l'un des deux boite. Le paysan, pour apaiser le courroux de Þórr, lui confie ses deux enfants comme serviteurs (*Gylfaginning* 44-45, *Hymiskviða* 37). Þórr poursuit sa route avec ses trois compagnons. Ils passent la nuit dans une grande salle et sont réveillés par un tremblement de terre. Ils passent le reste de la nuit dans une autre pièce. Le matin, ils aperçoivent un géant qui dort près de la salle. Celui-ci leur apprend qu'ils ont en fait dormi dans le pouce de sa moufle et qu'il s'appelle Skrýmir (« monstre », identique à Útgarðaloki). Il s'offre pour les accompagner. Le soir, alors que Skrýmir dort déjà, Þórr essaie vainement de dénouer les cordons de son sac à provisions que Skrýmir a serrés. Il frappe le géant avec son marteau, mais celui-ci se réveille, croyant qu'une feuille lui est tombé sur la tête. Þórr échoue encore lors de deux autres tentatives de ce genre. Skrýmir les quitte et Þórr et ses compagnons arrivent enfin chez le géant Útgarðaloki. Là, on les invite à participer à diverses compétitions sportives. Loki se fait battre par Logi au concours du plus gros mangeur, Þjálfi a le dessous à la course avec Hugi, quant à Þórr, il ne parvient pas à vider la corne à boire d'Útgarðaloki ni à soulever le chat de celui-ci, ni à triompher à la lutte contre une vieille femme appelée Elli. Útgarðaloki se gausse d'eux. Þórr en est fort contrarié, mais est obligé d'admettre sa défaite. C'est seulement le lendemain, lors de leur départ, qu'Útgarðaloki leur révèle qu'ils ont été victimes de ses illusions magiques : Útgarðaloki était lui-même Skrýmir. Le sac à provisions était ficelé avec du fil de fer, les trois coups de marteau de Þórr n'ont pas atteint la tête de Skrýmir, mais trois collines, taillant par là même trois profondes vallées. Loki a été vaincu au concours culinaire par le feu, dont le nom est Logi (= « flamme ». Signalons ici l'erreur de R. Wagner, qui appellera Loki Loge), qui dévore tout, Þjálfi s'est fait surclasser à la course de vitesse par la pensée, dont le nom est Hugi. La corne à boire plongeait en réalité dans la mer et les gorgées de Þórr ont donné naissance au phénomène de la marée basse. Le chat n'était en fait que le monstrueux serpent de Miðgarðr qui se love autour des terres et Þórr a été terrassé à la lutte par la vieillesse, dont le nom est précisément Elli ! Aussitôt, Þórr brandit Mjöllnir pour se venger d'avoir été joué de la sorte, mais Útgarðaloki et son château ont soudainement disparu.

• Le voyage de Þórr à la demeure de Geirrøðr (*Skáldskaparmál* 4, *Þórsdrápa* d'Eilífr Goðrúnarson).

Le géant Geirrøðr (« qui dirige la lance ») est parvenu à capturer Loki, l'un des dieux Ases. Il lui propose de le libérer à condition que Loki lui amène Þórr sans son marteau, sans sa ceinture de force et sans ses gants de fer. Þórr se met en route et descend chez la géante Gríðr (« avidité ») pour y loger. Celle-ci lui remet les objets qu'elle possède : une ceinture de force, des gants de fer et une baguette magique, Gríðarvölr (« baguette de Gríðr » ; la baguette, *völr*, est l'apanage de la *völva*, la voyante, la magicienne ; voyez le poème de l'*Edda* intitulé *Völuspá* : « Prédiction de la Voyante »). Þórr poursuit sa route. Il veut passer la rivière Vimur (« méandres ») laquelle se met brusquement à monter.

Or la cause de cette crue soudaine n'est autre que Gjálp (« celle qui écume »), fille du géant Geirrøðr, qui est en train d'uriner en amont. Þórr, en lançant une pierre, réussit à tarir la source, et grâce à Gríðarvölr, il arrive chez Geirrøðr. Une branche de sorbier lui a permis de sortir de l'eau, ce qui explique que le sorbier soit appelé « le salut de Þórr » : *Þórs björg*. Arrivé chez Geirrøðr, il reçoit l'hospitalité, mais les filles du géant, Gjálp (« celle qui mugit ») et Greip (« prise, poigne, saisie »), soulèvent son siège, menaçant de l'écraser contre le plafond de la pièce. « Þórr s'arc-boute alors sur sa baguette et brise l'échine des deux géantes Quand Þórr se présenta devant Geirrøðr, celui-ci prit avec des pinces un gros morceau de fer porté au rouge et le lui lança. Mais Þórr le saisit au vol avec les gants de fer et le brandit bien haut tandis que Geirrøðr courait s'abriter derrière un pilier de fer. Þórr lança le morceau de fer, lequel traversa et le pilier et Geirrøðr et le mur de la halle avant d'aller s'enfoncer dehors, dans la terre. » (F.-X. Dillmann, *op. cit.* p. 116).

• Le combat de Þórr contre Hrungnir (*Skáldskaparmál 3*, *Hárbarðsljóð* 14 sq., *Hymiskviða* 16, *Lokasenna* 61,63, *Grottasöngr* 9, *Haustlöng* 14-20).

Prenons *Skáldskaparmál 3* comme référence :

Óðinn se rend sur Sleipnir au Jötunheimr. Il rencontre un géant nommé Hrungnir (= « le bruyant », nom courant pour un géant). Ce dernier admire le coursier d'Óðinn, mais Óðinn fait le pari qu'il ne s'en trouve pas de semblable au Jötunheimr. Hrungnir relève le défi avec son cheval, Gullfaxi (« crinière d'or »), et se met à galoper derrière Óðinn sans parvenir toutefois à le rattraper. Il file cependant tellement vite qu'il ne réussit à s'arrêter qu'une fois arrivé à Ásgarðr. Invité à boire par les dieux (Þórr est absent), il s'enivre et se vante sans mesure : il prétend porter la valhöll jusqu'au Jötunheimr, précipiter Ásgarðr dans la mer, occire tous les dieux à l'exception de Freyja et de Sif qu'il compte enlever. Les dieux font alors appel à Þórr pour chasser l'impudent, mais comme Hrungnir n'est pas armé, on décide qu'un duel aura lieu à Grjótunargarðr (« demeure du jet de pierres »). Þórr se présente avec son serviteur, Þjálfi. Leurs adversaires sont Hrungnir, dont le cœur est en pierre (« il était de pierre dure, avait des bords tranchants et présentait trois cornes saillantes comme le signe magique qui a été fait depuis à son imitation et qui est appelé 'cœur de Hrungnir'. » F.-X. Dillmann, *op. cit.* p. 113 ; ce symbole magique est une sorte de triskèle gravé sur des pierres runiques), et un géant artificiel en argile, dont le cœur est celui d'une jument et qui s'appelle Mökkurkálfi (« mollet de brume », *Skáldskaparmál* 3). Þjálfi prévient Hrungnir que Þórr va l'attaquer par-dessous. Du coup, Hrungnir se place sur son bouclier. Þórr lance Mjöllnir, Hrungnir sa pierre à aiguiser, qui se brise sur le marteau. Un éclat pénètre dans le crâne de Þórr qui s'écroule. Les autres éclats tombent à terre. C'est l'origine des carrières. Þjálfi tue Mökkurkálfi, qui tombe sans gloire, et Mjöllnir fracasse la tête de Hrungnir. Mais lors de la chute, l'une des jambes de Hrungnir vient reposer sur Þórr, qui se trouve ainsi prisonnier. C'est son fils, Magni, âgé de trois ans, qui vient le délivrer. La voyante Gróa a pour mission de retirer l'éclat de pierre à aiguiser qui s'est logé dans le crâne de Þórr. Celui-ci lui raconte l'histoire d'Aurvandill, son mari ; Þórr, voulant franchir à gué les rivières Élivágar, transporte Aurvandill sur son dos, dans un panier. L'un des doigts de pied d'Aurvandill dépasse du panier et gèle. Þórr le casse et le lance dans le ciel. Le doigt de pied d'Aurvandill devient alors une étoile. Gróa en éprouve une grande joie et oublie ses incantations. Voilà pourquoi le morceau de pierre à aiguiser est toujours dans la tête de Þórr. *Cf.* P. Guelpa, « Le poème *Haustlöng* (''Longueur d'automne'') du scalde norvégien Þjóðólfr ór Hvini (IXe siècle) », Actes des journées universitaires de Hérisson (Allier) organisées par les Cahiers Kubaba (Université de Paris 1), l'Université de Limoges, l'Université Catholique de Louvain-la-Neuve (UCL), le CRLMC (Université Blaise Pascal de Clermont-Ferrand) et la ville de Hérisson du 23 au 24 juin 2006 sur le thème « D'âge en âge », éd. Michel Mazoyer et aliae, Paris, L'Harmattan, 2008, p. 119-160.

• La pêche de Þórr ou : le combat de Þórr contre le serpent de Miðgarðr (*Gylfaginning* 48, *Hymiskviða, Þórsdrápa* d'Eysteinn Valdason).

La *Hymiskviða* (« Chant de Hymir »), en 39 strophes de *fornyrðislag*, nous conte comment Ægir (géant qui personnifie l'Océan, il correspond à *Pontos)* est chargé par les dieux de brasser la bière qui sera servie lors du prochain festin à Ásgarðr. Or Ægir ne dispose pas de chaudron assez grand. Þórr et Týr se rendent alors chez le géant Hymir. Þórr laisse ses boucs chez un paysan. Chez Hymir, Þórr et Týr rencontre d'abord la mère du géant, qui a 900 têtes. Sa femme, toute d'or vêtue, cache ensuite les deux dieux sous les chaudrons afin de préparer Hymir à la présence d'invités. Au dîner, Þórr engloutit, au grand dam du géant, deux des trois taureaux que celui-ci a rapportés. Hymir annonce qu'il va falloir aller à la pêche le lendemain et envoie Þórr à la recherche d'un appât approprié. Þórr arrache la tête au plus gros des taureaux de Hymir, Himinhrjóðr (« celui qui dévaste le ciel ») et l'emporte pour aller pêcher. Il rame ensuite jusqu'en haute mer et appâte le serpent de Miðgarðr avec la tête de taureau. Hymir capture deux baleines. Lorsque le serpent de Miðgarðr mord à l'appât, il tire tellement sur la ligne que les pieds de Þórr passent à travers le plancher de la barque. Le géant est pris de panique et lorsque Þórr frappe de son marteau le serpent de Miðgarðr (qui se love autour des terres habitées en se mordant la queue et est une incarnation du Mal ; c'est l'équivalent nordique du Léviathan vétéro-testamentaire), les monts craquent, les rocs se fracassent, la terre tremble et le monstre s'enfonce dans la mer (Snorri, lui, ajoute que Hymir, dans sa panique, coupe le fil, *Gylfaginning* 48). Sur le chemin du retour, Hymir, mécontent, fait porter à Þórr les deux baleines et les rames. Une fois rentré, il le met une nouvelle fois à l'épreuve : il possède une coupe que personne ne peut briser. Þórr est invité à essayer sa force. En lançant la coupe, Þórr fait voler en éclats une colonne de pierre, mais la coupe demeure intacte. Alors, la maîtresse de maison, que la strophe 8 nous donne pour mère de Týr, conseille à Þórr de lancer la coupe sur le crâne de Hymir. Aussitôt dit, aussitôt fait : la tête de Hymir demeure intacte, mais le choc est fatal à la coupe, qui se brise (ironie du poète : les géants ont le crâne très dur, ils sont stupides). Hymir déplore cette perte, mais émet des doutes sur la capacité des dieux à emporter le chaudron qu'ils sont venus chercher. Týr ne parvient pas à le déplacer et c'est donc Þórr qui le charge sur sa tête. Ils s'en retournent ainsi. C'est alors que Þórr, regardant par-dessus son épaule, voit sortir des cavernes avec Hymir une armée d'hommes à multiples têtes (les géants avaient souvent plusieurs têtes). Saisissant Mjöllnir, il occit Hymir et tous les géants qui les poursuivaient. L'un des boucs de Þórr fait une chute qui est attribuée à Loki. Le poème dit également qu'un géant a donné ses deux enfants en dédommagement à Þórr. Finalement, le chaudron arrive chez les Ases et Ægir est en mesure d'y brasser la bière.

• Le recouvrement de Mjöllnir (*Þrymskviða*)

La *Þrymskviða* (« Chant de Þrymr ») comprend 32 strophes en *fornyrðislag*. Un jour, Þórr se réveille et s'aperçoit qu'on lui a subtilisé son marteau. Il sollicite de Freyja son habit de plumes afin que Loki s'en revêtisse et se mette à la recherche du marteau volé. Avec la forme de faucon de Freyja, Loki arrive au monde des géants, dont le souverain, Þrymr (« le grondant »), lui apprend qu'il est l'auteur du larcin, qu'il a caché le marteau à huit lieues sous terre et qu'il ne le rendra que si on lui donne pour femme la belle déesse Freyja. Loki transmet le message aux Ases qui en frémissent d'indignation. Freyja refuse catégoriquement ce marché et Heimdallr propose un subterfuge dans lequel Þórr devrait se déguiser en fiancée. Þórr hésite : il ne veut pas qu'on puisse le traiter de *argr*. C'est là un adjectival qui s'applique à l'homosexuel passif, celui qui joue le rôle de la femme et qui donc ne correspond pas à sa nature. C'est, dans le Nord ancien, la pire injure qui soit. Alors Loki fait valoir que si Þórr ne se prête pas à cette comédie, il ne récupérera jamais son marteau et les géants éliront domicile à Ásgarðr. Þórr se laisse convaincre et se déguise donc en fiancée. C'est dans cet accoutrement qu'il se rend avec Loki, déguisé en servante, chez Þrymr. On leur offre l'hospitalité. La fiancée mange un bœuf, huit saumons et boit trois tonneaux d'hydromel. À l'étonnement de Þrymr, Loki répond que Freyja n'a rien mangé depuis huit nuits, tant elle désirait le voir. Þrymr se penche sous le voile pour embrasser sa promise, mais la flamme féroce qu'il découvre dans ses yeux le fait reculer. Loki explique que Freyja n'a pas dormi huit nuits durant, tant elle désirait le voir. Afin de consacrer les fiancés, Þrymr fait apporter le marteau, qui, selon le rituel païen, doit être déposé sur les genoux de la vierge. Les fiancés sont censés prêter serment sur Vár, déesse secondaire qui préside aux noces. Þórr bondit de joie quand il reconnaît le marteau, s'en empare immédiatement et occit Þrymr et tous les autres géants présents.

• Les *Alvíssmál*

Les *Alvíssmál* (« Dits d'Alvíss ») sont un poème de 35 strophes en *fornyrðislag* et en *málaháttr*. La fille de Þórr, Þrúðr, a été promise au nain Alvíss (dont le nom signifie : « tout-savant ») et celui-ci se présente chez Þórr pour célébrer les noces. Þórr fixe comme condition qu'Alvíss réponde à ses questions. En 26 strophes alternent questions de Þórr au sujet des termes servant à désigner la terre, le ciel, la lune, le soleil, les nuages, le vent, le calme, le feu, la mer, la forêt, la nuit, les céréales et la bière, et réponses d'Alvíss, qui détaille les variantes de ces termes chez les Ases, les Vanes, les nains, les géants et les alfes. À la fin, le nain, qui n'a pas vu l'aube pointer, est pétrifié par la lumière du jour. Les nains ne peuvent en effet supporter la lumière du soleil. Ici, Þórr n'a pas fait usage de sa force physique, mais s'est débarrassé par la ruse de ce fâcheux prétendant. Il s'agit probablement d'un poème récent (XII^{e}s.).

• Le *Hárbarðsljóð*

Le *Hárbarðsljóð* (« Lai de Hárbarðr »), en 60 strophes en *ljóðaháttr* et en *málaháttr*, raconte comment Þórr, qui revient de chez les géants, tout en haillons, arrive à une rivière qu'il lui faut franchir. Le passeur, Hárbarðr (« barbe-grise »), qui n'est autre qu'Óðinn, lui refuse ses services. Óðinn se gausse sans retenue de Þórr qu'il fait passer pour un lourdaud, tandis que lui fait étalage de ses aventures amoureuses. À la question lancinante : « Que faisais-tu pendant ce temps-là ? », Þórr ne peut qu'opposer ses prouesses guerrières contre les géants et lui retourne finalement la question. Óðinn continue de se prévaloir de ses conquêtes amoureuses et insulte grossièrement Þórr, qui ne se laisse pas faire. Hárbarðr a cette phrase mordante : « À Óðinn reviennent les jarls, qui tombent au combat, et à Þórr la race des esclaves. » Óðinn est donc le dieu de l'élite, tandis que Þórr est celui des inférieurs. Þórr est contraint de faire un grand détour pour rentrer.

Le poème se situe dans la tradition du *mannjöfnuður* (deux hommes rivalisent d'habileté en comparant leur mérites personnels ou bien cette comparaison est le fait d'autrui ; ce genre de jeu dégénère toujours dans les sagas) et rappelle fortement la querelle de Hagen avec le passeur au bord du Danube dans le *Nibelungenlied* (« Chanson des Nibelungen », aux vers 1480 sqq.).

• Þórr, dieu de la force

Son nom remonte à l'indo-européen **þunraz* (vieux-haut-allemand *Donar*, allemand moderne *Donner*) et correspond à celui du dieu védique Indra et à celui du dieu celtique Tanaros, qui signifient tous deux « tonnerre ». Le *dies Jovi* (« jour de Jupiter ») latin a été traduit par *þórsdag*r en vieux-norrois, *donarestag* en vieux-haut-allemand, *dunresdach* en moyen-haut-allemand, *þunresday* en vieil-anglais et a donné *Donnerstag* en allemand moderne, *thursday* en anglais, *torsdag* en danois/norvégien/suédois et *donderdag* en néerlandais.

Il est le fils d'Óðinn (*Skáldskaparmál* 4, *Þrymskviða* 21,32, *Hymiskviða* 2, 35) et le frère de Baldr (Þjóðólfr, *Haustlöng* 16). Þórr est fils de la géante Jörð (« terre »), également appelée Fjörgyn (« celle qui donne la vie ») ou Hlóðyn (*Völuspá* 56). C'est le dieu de la force et de la guerre. Ses enfants, aux noms évocateurs, sont des personnifications de la force : ses deux fils sont Móði (« courage ») et Magni (« force ») et sa fille Þrúðr (« vigueur »). Son épouse est la déesse Sif (= « parente par alliance, femme »), qui est donnée pour mère du dieu Ullr (*Gylfaginning* 31, *Skáldskaparmál* 14, 22, *Hymiskviða* 3, 15, 34, *Hárbarðsljóð* 48, *Þymskviða* 24).

Sa demeure s'appelle tantôt Þrúðheimr (« monde de la vigueur »), tantôt Þrúðvangr (« champ de la vigueur », *Grímnismál* 4, *Gylfaginning* 20, *Skáldskaparmál* 17). La grande salle qu'il possède est Bilskírnir (« éclat scintillant »).

- Attributs

  Ses attributs sont :

  - Un char tiré par deux boucs, Tanngrísnir et Tanngnjóstr (ces deux noms signifient : « qui grince des dents » ; le grincement des dents est à mettre en rapport avec le crépitement des éclairs), ce qui lui vaut plusieurs surnoms : *öku-Þórr* (« Þórr qui voyage », du verbe *aka*, qui aujourd'hui en Islande correspond à l'allemand *fahren*), *hafra dróttinn* (« le seigneur des boucs »), *hafra njótr* (« utilisateur des boucs »), *karms Týr* (« dieu du char »), *karms tollr* (« tollet du cha r»), *vagna verr* (« homme aux voitures »). Il est aussi appelé dans une kenning *húfstjóri vafreiða hreggs* (« conducteur du vaisseau des agrès mouvants de la tempête », les agrès mouvants de la tempête étant les nuages).
  - Le marteau Mjöllnir, qui a été fabriqué par deux nains, Sindri et Brokkr. Ce marteau, lancé à travers le ciel, produit

l'éclair (une des étymologies possibles de Mjöllnir est : « arme foudroyante et brillante, arme fulgurante ») et le tonnerre (l'autre étymologie est : « concasseur »). Quand on le lance, il atteint toujours son but et revient dans la main comme un boomerang (*Skáldskaparmál* 17, 35).

Gregory Nagy (*op. cit.*, chapitre 7, « Thunder and the Birth of Mankind », p. 181-201, *Cf.* bibliographie) signale que les peuples anciens, notamment les Grecs, pensaient que la foudre pouvait déposer le feu dans les arbres ou les pierres (rochers), que ce feu pouvait en être extrait par friction et que ce frottement était analogue à celui de la relation sexuelle.

Dans la logique du mythe, le marteau de Þórr est associé à la sexualité, car la foudre n'est pas seulement destructrice, mais aussi procréatrice. On a constaté d'autre part, grâce au folklore, que parmi tous les arbres, c'est de très loin le chêne qui attire le plus la foudre. Or le nom du dieu lituanien Perkunas, correspondant de Þórr, signifie « chêne » ! Ce nom lituanien est d'ailleurs à mettre en relation avec le latin *quercus* (*Cf.* Quercy), qui signifie « chêne » et est attesté dans le vieux-norois *Fjörgyn* (équivalent philologique exact de *Perkunas*, moyennant la première mutation consonantique du germanique), déesse donnée pour la mère de Þórr dans la *Völuspá* 56.

Dans l'Antiquité, aussi bien les rochers que les chênes étaient consacrés au dieu du tonnerre. Autre constatation troublante : le mot vieil-islandais *hamarr* signifie soit « rocher, bloc ératique, falaise » (*Cf.* Hammerfest en Norvège et d'autres toponymes), soit « marteau ». G. Nagy note que « les chênes et les rochers se distinguent par leur affinité sacrée avec le tonnerre au point que leur dénominations soient interchangeables dans différentes langues indo-européennes ».

Nous disions que le chêne et le rocher ont quelque chose qui attire la foudre. Par conséquent, ils contiennent le feu en puissance. D'où l'adoration possible de l'arbre qui attire la foudre. L'infusion du feu par la foudre dans le bois ou la pierre est un thème sexuel et anthropogonique. Nous avons déjà vu que dans la mythologie nordique les premiers hommes sont créés à partir de troncs d'arbres. La croyance dans les pouvoirs créateurs et anthropogoniques des arbres et des pierres est attestée, dit G. Nagy dans une expression proverbiale attribuée à Pénélope (*Odyssée* XIX, 163) : « ...Quoi qu'il en soit, dis-moi ta race et ta patrie ; car tu n'es pas sorti du chêne légendaire ou de quelque rocher. » D'autres passages dans d'autres textes (*Théogonie* d'Hésiode, *Iliade*) et la tradition mythique de nombreux autres peuples affirment que l'humanité est sortie du bois. Ce thème est un thème récurrent. À noter aussi que le premier élément de Fjörgyn, *fjör* signifie « vie. » Une autre interprétation le met en rapport avec *firar :* « hommes. »

• Þórr au service de l'ordre et de la paix

Þórr est d'ailleurs le plus fort des dieux et des hommes. En tant que *Miðgarðs véurr* (de *vé-vörr :* « défenseur de Miðgarðr »), *verjandi Ásgarðs* (« celui qui défend Ásgarðr »), *angrþjófr Óðins* (« celui qui dérobe l'angoisse d'Óðinn »), *fulltrúi* (« ami sûr, patron »), il est le gardien des dieux et des hommes contre les agressions des géants. Il est impitoyable envers ces derniers, dont il fait un grand carnage : Hrungnir, Hymir, Þrymr, Þjazi, pour ne citer que les plus célèbres.

• Attributs

Þórr possède, outre les attributs sus-mentionnés :

- Des gants de fer (*Gylfaginning 21*), dont il a besoin pour tenir Mjöllnir, mais cela n'est sans doute qu'un ajout ultérieur de Snorri, qui est seul à mentionner ces accessoires.
- Une ceinture de force (*megingjörð, Gylfaginning* 21, *Skáldskaparmál* 18), qui est sans doute aussi un ajout de Snorri.

Þórr a des surnoms, par exemple Ving-Þórr (« Þórr qui brandit »... le marteau, *Þrymskviða* 1, *Alvíssmál* 6, prologue de l'Edda, *þulur ;* les *þulur* sont des séries de noms de dieux, de nains, de géants, de rivières, de valkyries, de rois de mer, de chevaux ou de synonymes de « homme », « femme », « combat », « mer », « bateau » etc. Ces listes de synonymes se trouvent chez Snorri ou dans les poèmes des scaldes ou de l'Edda et sont Destinés à favoriser la mémorisation de ces termes qu'un scalde digne de ce nom se doit de connaître, Hlór(r)iði (« bruyant cavalier ou clair cavalier », *Hymiskviða* 4,16,27,29,37, *Lokasenna* 54, *Þrymskviða* 7,8,14,31, Einar Skálaglamm, *Vellekla* 15, *þulur*).

Þórr semble avoir été extrêmement populaire chez les Vikings. Cette popularité se manifeste dans de nombreux toponymes en Norvège, en Islande, au Danemark et en Suède et à travers de nombreux anthroponymes en *þór-* ou *þor-* en Islande et en Norvège.

• Þórr au service de la vie

Les trois fonctions duméziliennes (Georges Dumézil, *op.cit.,* p. 23-29), souveraineté juridique et magique, force, fécondité, correspondent à la division tripartite de la société indo-européenne en général et germanique en particulier : souverains-prêtres-magiciens, guerriers et paysans. Mais de même que chez Óðinn, qui interfère largement dans les deux autres fonctions (on observe un curieux glissement de la fonction de souveraineté vers la fonction guerrière, encore qu'Óðinn n'affirme pas sa force physique, mais sa force intellectuelle, et vers la fonction de fécondité dans ses aventures amoureuses), on décèle également chez Þórr un glissement de la fonction de force vers les fonctions nourricières et de fécondité : chez les Sames (Lapons), le nom de *Horagalles* (déformation du suédois *Tor karl :* « le bonhomme Þórr, le vieux Þórr ») indique que Þórr était conçu également comme dieu de la fécondité, protecteur des récoltes et des troupeaux. L'orage, avec ses éclairs, son tonnerre et sa pluie, a certes un aspect dévastateur, mais aussi un aspect fécondant. Le marteau Mjöllnir peut être conçu comme un symbole phallique : le marteau qui vole dans les airs produit une décharge de foudre et la pluie qui va féconder la terre. D'autre part, le geste symbolique qui consiste à placer le marteau sur les genoux de la fiancée est clair : il s'agit de bénir l'union de l'homme et de la femme en vue de la fécondité. Et puisque nous en sommes aux bénédictions, il est clair que Þórr déborde ici sur la première fonction dumézilienne. Il bénit les peaux de boucs avec Mjöllnir avant de ressusciter ses boucs. Certaines inscriptions runiques comportent la mention : *Þórr vígi rúnar :* « (Que) Þórr consacre (ces) runes ». La gravure rupestre de Hvitlycka (Suède, Bohuslän) représentant un homme et une femme accouplés avec derrière eux une énorme silhouette qui brandit une hache ou un marteau est vraisemblablement une preuve de la fonction de bénédiction du marteau. Certains chercheurs voient également dans cette scène une illustration du *hiéros gamos* (« mariage sacré ») d'un dieu du ciel avec la Terre-Mère. Le marteau est donc orienté vers la vie (Þórr déborde de vitalité) et la défense de la vie (contre les géants).

• Þórr, dieu populaire

Þórr demeure donc le dieu de la force guerrière et de la bravoure. Il est courageux, vaillant, digne de confiance, un peu balourd, mais sympathique. « Il a une barbe rousse et c'est justement le rouge qui caractérise la couleur de son visage, lequel s'empourpre quand il entre dans sa force d'Ase. Il enfle littéralement. Le rouge est aussi la couleur du feu du ciel (la foudre). Le rouge symbolise aussi la colère. Þórr est à la fois courageux et coléreux. Son tempérament igné et sanguin, sa turgescence truculente font de lui le gardien de la paix des dieux et des hommes. Il représente les forces de l'ordre en lutte et victorieuses face au désordre et au chaos dont les géants sont les protagonistes ». (*Cf.* Renauld-Krantz, Structures de la mythologie nordique, Paris, Maisonneuve et Larose, 1972, p. 172)

Il est vraiment le dieu de la guerre (*herþrumu Gautr :* « le dieu du tumulte de l'armée »), le combattant loyal et valeureux, alors qu'Óðinn est le souverain prêtre-magicien.

Þórr bénéficie, à l'inverse d'Óðinn, fourbe, cauteleux, instable et cruel, d'une image très positive qui se reflète dans les toponymes d'Islande du temps de la colonisation (Þórsnes, *Eyrbyggjasaga* 4) et dans le choix de nombreux prénoms : Þorsteinn, Þorbrandr, Þorbjörn, Þorvaldr, Þórólfr, Þorlákr, Þóroddr, Þórarinn, Þorgeirr, Þorgestr, Þórunn, Þorgunna, Þorbjörg, Þorkell, etc. Þórólfr, l'un des premiers colons, à l'approche des côtes islandaises, jette à la mer les montants de son haut-siège (siège du maître de maison, du bóndi, le paysan libre et propriétaire, pilier de la société scandinave ancienne) sur lesquels la figure de Þórr était sculptée. Il estimait que Þórr lui indiquerait le lieu où il devait s'établir : à l'endroit où la mer rejetterait les montants sur le rivage (*Cf. Eyrbyggjasaga* 4). Þórr est très largement préféré à Óðinn aux temps vikings. *Cf.* P. Guelpa, « Un aspect des relations père-fils chez les anciens Scandinaves : la rivalité entre Odin et Thor à l'époque viking (800-1100) », *in : Ateliers 32/2004, Imaginaires mythologiques des sociétés anciennes. Les liens familiaux dans la mythologie.* Études réunies par Alain Meurant. Ouvrage publié avec le concours du Conseil Scientifique de l'Université Charles-de-Gaulle-Lille 3, Cahiers de la Maison de la Recherche, Lille 3, octobre 2004, p. 93-103.

c) Baldr

Ce dieu nous est essentiellement connu par sa mort, ses funérailles et la chevauchée de Hermóðr jusqu'à la demeure de Hel.

• Sa mort

Elle nous est rapportée par Snorri (*Gylfaginning* 49) : Baldr fait des rêves qui lui laissent présager sa mort prochaine. Les Ases décident de le protéger et sa mère, Frigg, fait prêter serment à tous les êtres vivants et même aux pierres de ne pas lui faire de mal. Tous promettent effectivement de ne pas lui nuire. Baldr est donc invulnérable. Or, Loki jalouse Baldr. Déguisé en femme, il interroge habilement Frigg qui lui révèle imprudemment qu'elle n'a pas fait jurer le gui, dont la ramure est si frêle. Un jour, les dieux s'amusent à décocher à Baldr toutes sortes de projectiles. Celui-ci étant invulnérable, le divertissement n'en est que plus apprécié. Seul Höðr, frère aveugle de Baldr, ne prend pas part au jeu. Loki lui glisse alors une branche de gui qu'il a préalablement taillé en forme de flèche et l'incite à tirer sur Baldr en lui indiquant la direction. Höðr se prête au jeu et Baldr est transpercé et tué (*Völuspá* 31, 33, *Baldrsdraumar* 9, *Lokasenna* 28). Les Ases sont tous consternés. Óðinn sait que c'est là le plus grand malheur pour les hommes et pour les dieux, parce que tous l'aiment (*Cf. infra*).

• Ses funérailles

On sait que les guerriers morts au combat, les armes à la main, sont emportés à la valhöll par les valkyries chez Óðinn. Ce n'est pas le cas de Baldr. Les hommes qui meurent en mer vont au domaine de la déesse Rán (dont le nom signifie « rapt »), épouse du dieu de la mer, Ægir, et mère des « filles d'Ægir », c'est-à-dire des vagues (*Skáldskaparmál* 22, 31, 58). Rán est la souveraine des noyés (Egill, *Sonatorrek* 7, *Friþjófssaga* 6), et elle figure, remarquable continuité thématique à 2500 ans de distance, sur les pétroglyphes de Scandinavie avec son filet, cherchant à entraîner des marins au fond de l'eau. Ce n'est manifestement pas le cas de Baldr non plus. Donc, dernière solution, Baldr sera accueilli au royaume de la déesse Hel, mi-bleue, mi-noire, qui règne sur les morts qui ne vont ni à la valhöll, ni chez Rán. Snorri (*Gylfaginning* 49), s'inspirant de la *Húsdrápa* d'Úlfr Uggason, conte que les Ases portent le cadavre de Baldr jusqu'à son bateau Hringhorni sur lequel il doit être brûlé. Mais ils ne réussissent pas à mettre à l'eau ce bateau et appellent à leur aide une géante, Hyrokkin (« celle qui a été rapetissée par le feu »). Elle arrive en chevauchant un loup qui a pour bride des serpents venimeux. Elle saute de sa monture et Óðinn fait appel à quatre berserkir pour s'occuper du loup. Mais ceux-ci ne peuvent le retenir et sont contraints de l'abattre. Hyrokkin se dirige alors vers le bateau et le pousse du premier coup à l'eau. Les rondins de bois (qui servaient à le maintenir à sec) en font des étincelles et la terre se met à trembler. Þórr, bouillant d'indignation, saisit son marteau et il faut que les Ases intercèdent énergiquement en faveur de la géante pour qu'il consente à l'épargner. Dans une strophe de Þorbjörn dísarskáld (« scalde de la dise », c'est-à-dire de la déesse) Hyrokkin est citée parmi d'autres géantes toutes tuées par Þórr. On transporte alors le cadavre de Baldr sur le bateau. Nanna, son épouse, meurt de chagrin et on la dépose à son tour sur le bûcher, que Þórr consacre avec son marteau. Surgit alors un nain nommé Litr (« couleur »). Þórr le pousse dans le brasier.

Aux funérailles de Baldr étaient présents : Óðinn avec Frigg, ses valkyries et ses corbeaux, Freyr, qui conduisait un char tiré par le sanglier Gullinborsti (« soie d'or »), encore appelé Slíðrugtanni (« aux défenses dangereuses »), Heimdallr, qui chevauchait Gulltoppr (« toupet d'or »), et Freyja, qui voyageait avec ses chats. Il y avait également une foule de géants des frimas et des montagnes.

Óðinn dépose alors l'anneau Draupnir sur le bûcher et le cheval de Baldr est lui aussi brûlé.

• La chevauchée de Hermóðr jusqu'à Hel

La chevauchée de Hermóðr au séjour de Hel est à replacer dans le cadre plus général du mythe de Baldr. Les sources de ce mythe sont de deux sortes : d'une part, il y a les sources littéraires, avec une triple tradition, islandaise [l'*Edda* de Snorri Sturluson (*Gylfaginning* 22,32,49), seule version qui nous rapporte en détail la chevauchée de Hermóðr jusqu'au séjour de Hel ; la *Húsdrápa* (« Poème de louange de la maison »), poème du scalde Úlfr Uggason (986), qui décrit les boiseries d'une salle des fêtes islandaise ; et 3 poèmes de l'*Edda* : la *Völuspá* (« Prédiction de la

Voyante »), strophes 31-33, la *Lokasenna* (« Esclandre de Loki »), strophe 28 et les *Baldrs draumar* (« Rêves de Baldr »), qui traitent de l'avenir de Baldr (*Cf. supra*)], une tradition danoise [les *Gesta Danorum* (tome III 69 sqq.) de Saxo Grammaticus] et une tradition allemande [le *Second Charme de Merseburg* (manuscrit du Xe siècle environ), qui raconte comment le poulain de Baldr se démet la patte et est soigné par Óðinn]. D'autre part, il y a les sources épigraphiques, beaucoup moins importantes en raison de leur laconisme [les bractéates (pièces de monnaies frappées d'un seul côté) du temps des Invasions (V[e] et VIe s.) attestent la mort de Baldr, tué par une branche de gui, la remise de l'anneau Draupnir par Óðinn et l'arrivée de Baldr au séjour de Hel et la fibule de Nordendorf (VIIe s., près d'Augsburg, en Allemagne) fait allusion au mythe de Baldr en citant Loki, Wodan (Óðinn) et Þórr].

Évidemment, comme il fallait s'y attendre, notre source la plus détaillée et la plus importante est le récit de Snorri. Ensuite, il y a la version de Saxo, sensiblement différente et qui ne parle pas de Hermóðr. Nous laisserons donc cette version de côté.

Résumons le récit de Snorri (*Gylfaginning* 49) *:* Sur le désir de Frigg, Hermóðr, frère de Baldr, se déclare prêt à enfourcher Sleipnir afin de se rendre au plus vite à la demeure de Hel et d'amener celle-ci à libérer Baldr. Snorri a divinisé Hermóðr, qui, dans les poèmes scaldiques, est un héros (*Hyndluljóð* 2 *;* dans les *Hákonarmál* 14 d'Eyvindr, Hermóðr et Bragi saluent les guerriers morts entrant à la *valhöll* sans qu'il soit fait allusion à leur divinité).

En fait, Snorri relate la mort de Baldr en y insérant l'assentiment de Hermóðr à la mission que lui propose Frigg, achève la description des funérailles et entame le récit de la chevauchée de Hermóðr. Celui-ci chevauche neuf nuits (dans le Nord ancien, on comptait non pas en jours, mais en nuits, non pas en années, mais en hivers), traversant des vallées profondément entaillées et sombres, et parvient à la rivière Gjöll (« vacarme ») qui sépare le monde des vivants du monde de l'au-delà. Elle est enjambée par un pont, Gjallarbrú, qui est recouvert d'or et gardé par une servante nommée Móðguðr (« qui défie le courage »). Le pont résonne sous lui bien davantage que les cinq troupes de morts qui sont passés la veille et elle en conclut qu'il n'est pas un mort. Hermóðr révèle sa mission et Móðguðr confirme que Baldr se trouve bien chez Hel. Hermóðr poursuit sa route jusqu'à la grille de Hel, saute par-dessus grâce à Sleipnir et aperçoit Baldr assis sur un haut-siège. Lorsqu'il présente sa requête à Hel, celle-ci accepte à une condition : que tous les vivants et les morts pleurent Baldr. Baldr raccompagne alors Hermóðr à la sortie de la salle et lui remet pour Óðinn un souvenir : l'anneau Draupnir. Nanna lui remet pour Frigg du lin (qui, avec le poireau, passait pour avoir des vertus curatives, antiseptiques et conservatrices) et d'autres présents ainsi qu'un anneau d'or pour Fulla (encore appelée Volla, petite déesse de l'abondance et de la plénitude). Hermóðr s'en retourne à Ásgarðr et les Ases dépêchent des messagers dans le monde entier afin que tout le monde pleure Baldr. C'est ce qui arrive : les hommes, les animaux, la terre, les arbres, les pierres et les métaux pleurent Baldr. Seule une géante du nom de Þökk (« remerciement ») refuse. Cette géante est, on s'en doute, l'un des avatars de Loki. *Cf.* P. Guelpa, « La chevauchée de Hermóðr au séjour de Hel », *in : Uranie, Mythes et Littératures,* N°4 Voyages et voyageurs, 4/1994, ouvrage publié avec le concours du Conseil Scientifique de l'Université Charles-de-Gaulle - Lille III, 1994, p. 97-113.

• Un dieu « bon »

Son nom signifierait « seigneur », mais l'étymologie demeure controversée : on a, d'un côté, la racine indo-européenne **bhel :* « blanc », lithuanien *baltas,* qui indiquerait un dieu de la lumière, un dieu solaire. C'est l'interprétation de Snorri. D'un autre côté, le vieil-anglais *bealda* signifie « seigneur, prince », le vieux-norrois *baldr,* le vieux-haut-allemand *bald* signifient tous deux

« vaillant » (voyez l'anglais moderne *bold*). Quoi qu'il en soit, ces deux hypothèses ne s'excluent nullement, comme on le verra dans ce qui va suivre.

> « Le second fils d'Óðinn est Baldr, dont on ne peut dire que du bien ; c'est le meilleur de tous et tous font son éloge ; il a si belle apparence et il est tellement clair qu'un rayonnement émane de lui... il est le plus sage des Ases, le plus habile dans l'art de parler, le plus aimable, mais il a la particularité de prendre des décisions qui n'ont qu'un temps. » (*Gylfaginning* 22, Rudolf Simek, *Dictionnaire de la Mythologie germano-scandinave,* Paris, Le Porte-Glaive, 1996 p. 53).

Sa mère est Frigg (*Gylfaginning* 22, *Skáldskaparmál* 19), son épouse Nanna, leur fils Forseti (« président »), dieu du *þing* (souvenons-nous que le *þing* est l'assemblée législative, juridique et judiciaire des hommes libres chez les peuples germaniques). Forseti possède une halle appelée Glitnir (« la brillante », car ses murs et ses colonnes sont recouverts d'or, *Gylfaginning* 17, 32), il tranche les litiges et réconcilie les adversaires (*Skáldskaparmál* 32).

Sa demeure est Breiðablik (« large éclat »).

Ses attributs sont :

- Le bateau Hringhorni (« qui a un cercle à l'étrave », sans doute un symbole solaire, car on trouve ce motif sur les gravures rupestres de l'âge du bronze).
- L'anneau Draupnir (Skáldskaparmál 5) qu'Óðinn lui remet sur son bûcher funéraire.

Nous pouvons toutefois nous poser la question suivante :

• Pourquoi la chevauchée de Hermóðr se solde-t-elle par un échec ?

La mort de Baldr plonge le monde des dieux nordiques dans la consternation et Hermóðr s'offre pour obéir au désir de Frigg de tirer Baldr du royaume de Hel. Or les espoirs que suscite cette chevauchée vont être cruellement déçus. Éxaminons tout d'abord le personnage de Hermóðr :

Hermóðr est mentionné par plusieurs textes germaniques anciens :

Dans la *Gylfaginning*, le chapitre 49 le considère comme l'un des dieux, fils d'Óðinn et frère de Baldr.

Dans l'*Edda poétique*, seule la *Hyndluljóð* (« Lai de Hyndla ») strophe 2 connaît un héros du nom de Hermóðr, lequel a sans doute été utilisé par Snorri qui en a fait un dieu, ce qui n'a rien d'étonnnant car l'évhémérisme des mythographes scandinaves est un fait bien connu.

Dans la poésie scaldique, les *Hákonarmál* (« Dits de Hákon »), composés en 961 par le scalde norvégien Eyvindr Finnsson skáldaspillir (Ce surnom signifie « pille scalde », en raison des « emprunts » qu'il aurait fait à d'autres scaldes ; ce scalde vécut d'environ 915 à 990) décrivent l'arrivée de Hákon le Bon à la *valhöll*, salué et accueilli par les héros Hermóðr et Bragi (lequel a été également divinisé dans l'*Edda poétique* et chez Snorri). Les *Eiríksmál* (« Dits d'Eiríkr »), poésie anonyme, rédigée après 954, élégie sur la mort d'Eiríkr blóðöx (« Eiríkr à la hache de sang », ainsi dénommé parce qu'il aurait assassiné ses deux frères pour parvenir au pouvoir), décrivent l'entrée de celui-ci à la *valhöll* (halle d'Óðinn, paradis des guerriers) et associent également Hermóðr à Bragi. Ils reçoivent donc tous deux les guerriers morts au combat. Or Bragi, chez Snorri n'est pas seulement le dieu des poètes, car son épouse Iðunn possède les pommes de jouvence des dieux. De plus le mot *bragi* correspond sans doute au sanskrit *brahman*, qui signifie « hymne d'offrande » et remonte de ce fait à une époque prégermanique. Eiríkr (*Ein-ríkr :* « celui qui est seul à être puissant ») est l'héritier de Freyr, dieu de la fécondité ou plus exactement d'un dieu de la végétation qui fait sa réapparition au printemps (Jan de Vries, *Altgermanische Religionsgeschichte* II, § 129). Hermóðr a-t-il joué un rôle dans un culte de la végétation ? Si oui, il aurait été envoyé aux enfers pour en délivrer le dieu de la végétation, lequel serait revenu sur terre en petit enfant, ce qui nous ramène à Freyr, lequel reçoit un cadeau pour sa première dent (*Grímnismál* 5). En fait, chez Snorri, le voyage de Hermóðr n'est pas couronné de succès : il revient avec la promesse que Baldr sera délivré à condition que le monde entier pleure sa disparition. Ce trait de la déploration universelle se retrouve dans les expressions du deuil dans les mythologies orientales lors de la mort des Puissances de la végétation : Adonis, Orphée, Tammouz par exemple. Ce deuil s'exprime par une douleur extrême et lors de l'apparition du nouveau dieu, on assiste à de grandes manifestations d'allégresse. Le deuil de la nature s'explique donc aisément. Par contre, le personnage de Þökk (Loki), dont le refus fait échouer l'espérance, demeure à expliquer.

Dans l'épopée anglo-saxonne de *Beowulf* (VIIIe siècle ; *Cf. Le Poème anglo-saxon de Béowulf*, traduit par Daniel Renaud, Lausanne, éd. l'Âge d'Homme, 1989, ou : *Poèmes héroïques vieil-anglais : Beowulf,...* André Crépin, Paris, 1981, 10/18, bibliothèque médiévale), on cite un certain Heremod (902 sqq.) parmi les aïeux de Woden, père de Sceaf. C'est un roi de Danemark qui a été banni et a dû entreprendre de longs voyages. Il y aurait peut-être là l'origine de la chevauchée de Hermóðr.

Notons aussi au passage que le voyage de Hermóðr s'effectue à cheval, animal sacré dans le paganisme germanique : on enterrait les chefs vikings avec leurs chevaux et c'est sur son coursier à huit pattes, Sleipnir, qu'Óðinn se rend dans l'autre monde dans les *Baldrs draumar*, poème mythologique de l'*Edda*. Et effectivement, la chevauchée de Hermóðr est un voyage dans l'au-delà.

Ce n'est pas le seul dans la littérature nordique ancienne : nous avons, par exemple, deux poèmes de l'*Edda*, l'un mythologique, l'autre héroïque, qui en relatent un :

- Les *Baldrs draumar* (« Rêves de Baldr »), qui racontent comment Óðinn, inquiet au sujet de Baldr dont les rêves ne présagent rien de bon, se rend à Niflhel, l'autre monde, pour ressusciter une voyante morte et l'interroger sur l'avenir de Baldr.

– La *Helreið Brynhildar* (« Chevauchée de Brynhildr au domaine de Hel »), narre le voyage de Brynhildr, morte, qui dialogue avec une géante et lui raconte sa vie passée.

La chevauchée de Hermóðr diffère des autres voyages en ceci : il s'agit d'obtenir de Hel la libération d'un dieu mort retenu par la déesse des enfers. Hel est la déesse de l'autre monde, mi-bleue, mi-noire. Elle a été engendrée d'une géante, être tellurique dans la mythologie nordique, par Loki, dieu malfaisant, qui a d'ailleurs engendré aussi deux autres ennemis des dieux : le serpent de Miðgarðr (« demeure du milieu », séjour des hommes), lové tout autour du monde habité, et le loup Fenrir, que les dieux réussissent à enchaîner jusqu'à la fin du monde. Hel est donc l'ennemie des dieux et il est normal qu'elle refuse de livrer Baldr qui lui échoit de plein droit, vue la mort qu'il subit. Toutefois, le séjour de Hel, dont le nom signifie « enfer », n'a rien d'un lieu de réclusion où les morts seraient châtiés et souffriraient éternellement. C'est, ici, seulement un lieu de séjour pour les morts qui n'iront pas à la *valhöll* ni chez la déesse Rán. D'ailleurs, en vieux-norois, l'expression *fara til Heljar* (« aller chez Hel ») ne signifie rien d'autre que « mourir » dans les poèmes de l'*Edda* et dans ceux des scaldes. Le moine Widukind de Corvey, qui rédigea ses *Res gestae saxonicae* vers 967, demande après la victoire des Saxons sur les Francs en 915 : « Où existe-t-il un *enfer* si grand qui puisse accueillir autant de guerriers occis ? »(I, 23).

Snorri, qui est chrétien (l'Islande est chrétienne depuis deux siècles), nous apprend que le chemin de l'autre monde conduit vers le nord et vers le bas (*Gylfaginning* 49), vers une région humide, froide et brumeuse appelée Niflheimr (« monde des brumes », *Gylfaginning* 34, 42). Un pont, le Gjallarbrú, qui enjambe la rivière Gjöll (« la tonnante ») mène à l'autre monde. On trouve cette idée de la rivière frontière avec l'autre monde dans d'autres sources :

Dans la *Völuspá* 36, c'est Slíðr qui charrie des armes, chez Saxo, elle n'est pas nommée, mais est également enjambée par un pont. L'étymologie de Hel nous met en relation avec le vieux-haut-allemand *helan :* « cacher » et le vieil-irlandais *cuile :* « cave », racine indo-européenne **kel-,* suggérant par là que le mort est dérobé à la vue des vivants.

Hubert Le Bourdellès relève fort judicieusement d'ailleurs les concordances avec d'une part la tradition gréco-latine, où le royaume des ombres est, comme le dit Virgile, dissimulé et obscur (il parle de « nuit et brouillard, de plaines brumeuses », *Cf. L'Énéide,* chant 6, 268/266/887, et cite plusieurs rivières comme le Styx, l'Achéron et le Cocyte), d'autre part avec les mythes celtiques, qui se représentent « l'enfer comme séjour souterrain, dissimulé derrière un brouillard s'étendant sur des eaux ». Il en conclut à une tradition indo-européenne des représentations du séjour des morts (*Cf.* bibliographie). Snorri relate la mort de Baldr en y insérant l'assentiment de Hermóðr à la mission que lui propose Frigg, achève la description des funérailles et entame le récit de la chevauchée de Hermóðr. Il nous faut nous interroger maintenant sur les raisons de l'échec de la chevauchée de Hermóðr *:* celui-ci s'acquitte convenablement de sa mission, mais cette tentative de la part des dieux pour ramener Baldr de chez Hel est vouée à l'échec. En effet, la voyante de la *Völuspá* a déjà prédit la mort de Baldr (str. 31-33) et son retour qui n'interviendra qu'après les *ragnarök,* le Destin des Puissances (str. 62). Le

Destin des dieux est scellé et le Destin est le dieu suprême de la mythologie germanique. Il apparaît sous de nombreuses formes et dénominations et il est le dieu caché des anciens Scandinaves. Même les dieux s'y soumettent, leur sort est scellé d'avance. Óðinn sait parfaitement qu'aux *ragnarök,* il devra affronter les forces de l'au-delà et qu'il lui faudra périr. C'est la raison pour laquelle il rassemble un grand nombre de guerriers dans sa *valhöll* afin d'assumer son Destin.

Dans ces conditions, la chevauchée de Hermóðr au séjour de Hel ne serait d'après certains chercheurs que l'expression d'un mythe naturaliste (James George Frazer, « Balder the Beautiful » dans *The Golden Bough. A Study in Magic and Religion,* Part 1-7, Londres 3e éd. 1911-1935, Londres 1913. Alfred Ebenbauer, « Ursprungsglaube » dans *Gedenkschrift f. H. Güntert,* Innsbruck 1974, p. 233-249) : la tristesse de la Création après la disparition du soleil (Baldr possède des traits solaires évidents : il est blond et de lui émane un rayonnement) expliquerait cette quête éperdue. La douleur provoquée par la disparition d'une divinité aimée est à l'origine au moins de deux voyages dans l'au-delà dans la mythologie classique : dans le mythe d'Orphée et d'Eurydice et dans le mythe de Coré-Perséphone.

Dans le premier cas, il y a rupture (certes, involontaire) du pacte scellé par Orphée avec Hadès, alors que dans le Nord, la condition énoncée par Hel pour libérer Baldr n'est pas remplie, par la faute de Loki.

Dans le second cas, la différence n'est pas d'ordre moral, mais quantitatif : Coré demeurera dans les sombres demeures, mais seulement une moitié de l'année.

Par ailleurs, le caractère solaire de Baldr se trouve fortement accrédité par le mythe d'Héraklès, type du héros classique : en effet, Héraklès entreprend, comme Hermóðr (qui est lui aussi un héros divinisé), un voyage aux enfers pour en ramener Cerbère. Ce que je retiendrai de ces parallèles, c'est que la tentative de faire sortir des enfers l'être aimé est vouée à l'échec (Orphée), au moins sur le plan qantitatif : dans le mythe de Coré et dans celui d'Héraklès, il s'agit d'une moitié de l'année ou de la moitié de la journée. Or, chez Baldr, c'est la disparition totale. Cependant, on sait que Baldr reviendra après les *ragnarök* et que sur les champs qui n'ont pas été ensemencés la moisson mûrira (*Völuspá*, strophe 62) et que les troupes fidèles connaîtront le bonheur éternel (*ibidem*, strophe 64). On peut voir là une coloration chrétienne, mais ce n'est pas sûr. Or faire de Baldr un dieu de la végétation (qui disparaît, puis revient) équivaudrait, selon Rudolf Simek, à accepter l'hypothèse d'une représentation cyclique, ce qui ne correspondrait pas aux croyances germaniques (Rudolf Simek, *Dictionnaire de la Mythologie Germano-Scandinave*, éd. du Porte-Glaive, Paris, 1996, p. 55). Je n'en suis pas du tout certain, car le retour de Baldr à la fin des temps me paraît au contraire plaider pour ce qu'on appelle « l'éternel retour ».

Lors du Symposium sur Snorri (*Snorrastefna)*, qui s'est tenu du 25 au 27 juillet 1990 à l'Université d'Islande de Reykjavík[2], François-Xavier Dillmann (Paris), dans sa contribution intitulée « Textafraeði og goðafraedi: Um þörfina á betri útgáfu á *Snorra-*

2.– Úlfur Bragason éditeur, Rit Stofnunar Sigurdar Nordals 1, Stofnun Sigurdar Nordals, 1992, 283 pages. Compte-rendu de Gerd Wolfgang Weber (Freie Universität Berlin, version html du fichier http://userpage.fu-berlin.de/~alvismal/3ulfar.pdf. Les actes de ce symposium recueillent les articles d'une vingtaine de scandinavistes qui présentent les résultats de leurs recherches les plus récentes quant à la mythologie nordique, la poésie nordique ancienne, l'Edda en prose de Snorri Sturluson (1179-1241), rédigée vers 1230, et la réception de celle-ci.

Eddu » (« Intertextualité et mythologie : de la nécessité d'avoir une meilleure édition de *l'Edda de Snorri* »), attire l'attention sur un point capital : « Nous ne possédons pas encore une édition critique vraiment fiable de l'*Edda* de Snorri, ce qui ne laisse pas d'avoir de fâcheuses conséquences sur l'étude des mythes et la compréhension de la mythologie (p. 9-18) ». F.-X. Dillmann cite en exemple le chapitre 23 de *l'Edda de Snorri*. Toutes les éditions et traductions récentes, à l'exception de celle en allemand de Ernst Wilken (1877), suivent soit l'édition de Jón Sigurdsson de 1848 (réalisée à Copenhague), soit celle, critique, de Finnur Jónsson (1931). Toutes deux se fondent sur le la version du *Codex Regius* (l'un des principaux manuscrits) qui contient la leçon suivante : « ... qu'ils demeureraient neuf nuits à Þrymheimr et les neuf autres à Nóatún ». Or la leçon des trois autres manuscrits principaux (*Codex Trajectinus, Codex Wormiamus, Codex Upsaliensis*) dit qu'ils « demeureraient neuf nuits à Þrymheimr et ensuite trois autres à Nóatún ». Georges Dumézil et Franz Rolf Schröder n'ont eu connaissance que de l'édition courante et par conséquent ont ignoré cette leçon. On sait toutefois que Perséphone séjourne neuf mois chez Déméter et trois chez Hadès. Dillmann interprète les neuf nuits à Þrymheimr comme suit : elles symbolisent les neuf mois d'hiver de l'année des Hyperboréens et correspondent aux trois mois d'hiver passés chez Hadès, dieu de l'hiver et des morts. Ceci s'explique par les durées inverses de l'hiver et de l'été dans le Nord et sur le pourtour méditerranéen : dans le sud, neuf mois d'été et seulement trois mois d'hiver.[3] La remarque de F.-X. Dillmann revient à confirmer la prééminence des déesses chthoniennes « qui se cachent derrière les filles de géants Skaði et Gerdr, mais aussi Gefjon », car Skaði est la Terre-Mère qui reste

3.– À propos de l'alternance des séjours de Njördr et Skadi, cf. F.-X. Dillmann, *L'Edda. Récits de mythologie nordique par Snorri Sturluson*. Traduit du vieil-islandais, introduit et annoté par François-Xavier Dillmann, Paris, Gallimard, nrf, L'aube des peuples, 1991, note 10, p.165 (Chapitre XXIII de l'*Edda* de Snorri, p. 55-56).

gelée pendant les neuf mois d'hiver (ce qu'indique le nom de sa demeure, Þrymheimr, le « monde du vacarme », c'est-à-dire des géants, donc les montagnes).

C'est en fait tout le problème de la signification du mythe de Baldr qui est ainsi posé. Le rôle de Loki serait aussi à analyser (*Cf.* les études de Georges Dumézil, qui a découvert des parallèles avec d'autres mythes indo-européens, chez les Ossètes par exemple et dans la mort de Lemminkäinen, dans l'épopée finnoise du *Kalevala*). Deux théories apparemment inconciliables, semblent s'affronter par étymologie interposée : celle qui voit en Baldr un dieu solaire, qui a pour elle la version de Snorri, et celle, qui voit en Baldr un dieu guerrier, seigneur, qui périt au cours d'un combat avec son rival.

Or c'est la version de Saxo du mythe de Baldr, qui semble présenter de nombreux traits anciens (*Gesta Danorum* III, 63-70). La voici :

Hotherus (Höðr, chez Snorri), natif de Suède, est le fils de Hothbrodus. Nanna, fille du roi de Norvège, Gevarus, tombe amoureuse de lui. Or Balderus (= Baldr), fils d'Óðinn, qui l'a aperçue au bain, conçoit pour elle une passion si forte qu'il décide de tuer Hotherus. Ce dernier est averti par trois sylphides qui lui révèlent que Baldr est un demi-dieu. Lorsque Hotherus présente sa demande en mariage à Gevarus, celui-ci refuse, par peur de Balderus, dont le corps est invulnérable aux coups. Il conseille à Hotherus de s'approprier l'épée de Mimingus, démon sylvestre, épée susceptible de tuer Balderus. Hotherus parvient à acquérir cette épée ainsi qu'un anneau qui accroît sa richesse. Après qu'Hotherus a triomphé d'un certain Gelderus et que Balderus a essuyé un refus de Nanna, qui juge peu prudent d'épouser un demi-dieu, Hotherus et Balderus se battent en combat singulier. Balderus est contraint de fuir et Hotherus épouse Nanna. Or, Balderus envahit le royaume d'Hotherus, lequel se réfugie chez son beau-père. Balderus fait jaillir une source pour désaltérer son armée. La guerre reprend entre Balderus et Hotherus.

Finalement, Hotherus réussit à goûter en secret du met magique duquel Balderus tire sa force et lorsqu'il rencontrera son rival, il le transpercera avec son épée. Une nouvelle bataille s'engage. Balderus apprend dans un rêve angoissant qu'il ira bientôt chez Proserpine. Trois jours plus tard, il meurt. Son cadavre est inhumé dans un tumulus. Saxo raconte ensuite comment Óðinn parvient à venger son fils.

Ce qui fait dire à Jan de Vries (*Altgermanische Religionsgeschichte* § 204) que Loki a vraisemblablement été rajouté par Snorri, car Höðr suffit à tuer Baldr. Höðr apparaît même comme plus ancien que Hermóðr.

Ceci m'incline à penser que la chevauchée de Hermóðr est l'élaboration littéraire d'un mythe ancien, élaboration due à l'imagination de Snorri. Il reste néanmoins que ce voyage représente une tentative vaine et vouée à l'échec de s'opposer au Destin des dieux. Car nous voilà bien ramenés à la question initiale, à savoir : pourquoi Loki tue-t-il Baldr, pourquoi le monde des dieux est-il soumis à la mort et voué à disparaître dans un cataclysme final, purificateur ? La réponse est peut-être à rechercher dans les accents dantesques de la *Völuspá*, qui sous les ruines encore fumantes du vieux monde, laisse poindre la terre nouvelle et le ciel nouveau de l'*Apocalypse*, prélude au retour glorieux du Christ. La christianisation du monde nordique apparaît ainsi comme inéluctable et la quête de Hermóðr n'a dès lors plus guère de sens. Elle ne fait qu'illustrer le désarroi des dieux et sert de motivation à l'intervention maléfique de Loki et au châtiment de celui-ci dans la version de Snorri. Elle administre une preuve de plus, s'il en fallait une, que le monde germanique est régi par le Destin, dieu suprême, auquel même les dieux sont soumis, jusqu'au fameux « Crépuscule des dieux », dont la leçon correcte est « Destin des Puissances ». N'oublions pas que les écrivains médiévaux islandais en général, et Snorri en particulier, s'efforcent dans leurs écrits historiques ou littéraires (la frontière étant mal définie, notamment pour toute une série de sagas, les *konungasögur* ou sagas des rois de Norvège) de rationaliser les mythes païens et de présenter les hommes et les faits dans une perspective augustinienne de l'Histoire du Salut. C'est pourquoi je n'hésite pas à considérer l'épisode de la chevauchée de Hermóðr jusqu'au domaine de Hel comme une affabulation littéraire chrétienne d'un vieux mythe par ce conteur passionné et passionnant qu'est Snorri Sturluson. Les sagas et les autres chefs-d'œuvre de la littérature nordique ancienne ne sont-ils pas nés de la plume d'auteurs qui écrivaient *til gamans* : « pour le plaisir », c'est-à-dire pour le leur propre, mais aussi pour le nôtre ?

d) TÝR

Ce dieu nous est connu par un seul mythe très célèbre :

• L'enchaînement du loup Fenrir (*Gylfaginning* 34)

Tout comme la sinistre déesse Hel et le terrible serpent de Miðgarðr, le loup Fenrir a été engendré par Loki et la géante Angrboða (« celle qui cause de l'affliction »). Óðinn apprend que ces enfants sont élevés aux Jötunheimar (« mondes des géants ») et découvre que les dieux auront à subir grand dommage de leur part. Il décide de s'emparer d'eux et jette le serpent dans la mer. Désormais, le Miðgarðsormr (« serpent de Miðgarðr »), encore appelé « Jörmungandr » (« énorme baguette magique ») entoure les terres et se mord la queue. Óðinn précipite Hel dans le Niflheimr et lui donne pouvoir sur neuf mondes afin qu'elle loge ceux qui lui seraient envoyés (ceux qui meurent de maladie ou de vieillesse). Les Ases élèvent le loup. Týr est le seul qui ose lui donner à manger. Mais comme il grandit très vite et que les prophéties disent qu'il mènera les dieux à leur perte, ces derniers l'enchaînent avec Loeðing (étymologie obscure), lien extrêmement solide, mais que le loup rompt avec une grande facilité. Le même épisode se déroule avec une seconde chaîne, Drómi (étymologie obscure). Alors Alfaðir (Óðinn) demande à Skírnir (« le brillant »), messager de Freyr, de descendre chez les alfes noirs, c'est-à-dire les nains, et de leur faire fabriquer un lien impossible à briser : c'est Gleipnir (étymologie obscure), fabriqué avec de la soie et les ingrédients suivants : du bruit de pas de chats, de la barbe de femmes, des racines de montagnes, des tendons d'ours, du souffle de poisson et de la salive d'oiseaux (toutes choses qui n'existent pas, observe Snorri). Les Ases emmènent alors le loup dans un îlot appelé Lyngvi (« bruyère ») situé dans le lac Ámsvartnir (« entièrement noir »). Mais Fenrir se méfie. Il exige que l'un des dieux mette sa main dans sa gueule en gage que tout est fait sans tromperie. Aucun ne veut mettre sa main en gage sauf Týr qui tend sa main droite et la met dans la gueule du loup. Le loup a beau s'arc-bouter, il ne parvient pas à rompre cette chaîne. Tous les dieux éclatent de rire, sauf Týr : il vient de perdre la dextre. Les dieux attachent ensuite le loup à une grande pierre plate appelée Gjöll et qu'ils enfoncent profondément dans la terre. Pour renforcer ce dispositif, ils ajoutent un grand rocher, Þviti, fiché encore plus profondément en terre. Puis ils fixent une épée dans la gueule du loup, lequel pousse des rugissements épouvantables. De sa gueule s'écoule un fleuve de bave, Ván. Le loup Fenrir demeurera ainsi enchaîné jusqu'à la fin du monde, le crépuscule des dieux, la consommation du Destin des Puissances.

Týr est très effacé dans les Eddas. Snorri le cite souvent, mais nous ne savons que très peu de choses sur lui, si ce n'est qu'il est le dieu de la guerre et des batailles (*Gylfaginning* 25, *Skáldskaparmál* 9), qu'il se battra lors des *ragnarök* contre le loup Garmr (ou Fenrir, *Gylfaginning* 50) et qu'il a perdu la main droite quand le monstrueux loup Fenrir fut enchaîné.

Týr est donc un dieu du droit garant de la paix qui relève de la fonction de souveraineté sous son aspect juridique. Il est garant de la paix du monde jusqu'aux *ragnarök*.

• Ancien dieu du ciel, de la guerre et du þing

C'est l'ancien dieu germanique du ciel, de la guerre et du *þing*, (rappelons que le *þing* est l'assemblée législative et judiciaire des hommes libres chez les Germains) le seul dieu dont on puisse déceler la grande importance dès l'époque indo-européenne. L'indo-européen **Tiwaz*, le vieux-haut-allemand *Ziu*, le sanskrit *Dyaus*, le grec *Zeus* et le latin *Jupiter* sont à l'origine du nom de Dieu. L'ancien-irlandais *dia*, le latin *dei*, le sanskrit *deva* et le vieux-norrois *tívar* (qui est le pluriel de *týr*) signifient tous dieux. Le *dies Martii* latin a été traduit par *týsdagr* (« jour de Týr ») en vieux-norrois et par *Ziostag* en vieux-haut-allemand, qui avait une variante, *Mars þingsus* (« le dieu du *þing* »), de laquelle vient le moyen-haut-allemand *dingsdach*, d'où l'allemand moderne *Dienstag*. Dans l'*interpretation romana*, **Tiwaz/Ziu (« Tiuz » !)/Tyr*, passant de la première fonction, celle de souveraineté (dieu du ciel et de la lumière, trônant sur les nuées), à la seconde, devenant ainsi un dieu de la guerre, a été comparé à Mars par les Romains. Cela nous donne pour *Eresberg* (= « Mont d'Arès » ; en germanique, la métaphonie par *i*, anticipation de fermeture, transforme *a* en *e* : *Ares* est devenu *Eris*, puis *Eres*. Nous avons donc « Mont d'Ares », c'est-à-dire de Mars. Rappelons que le nom du mardi en Bavière est *Ertag* = « jour d'Arès » et qu'en nouveau-haut-allemand, *id est* en allemand moderne, c'est *Dienstag* = « jour de Tyr », dont le nom subsiste aussi dans l'anglais moderne *Tuesday*. (*Cf.* P. Guelpa, « Irminsul, l'Arbre du monde des Saxons », *infra*).

e) Bragi et Iðunn

Bragi est un Ase renommé pour sa sagesse et son éloquence. Seuls Snorri (*Gylfaginning* 26, *Skáldskaparmál* 1) et la *Lokasenna* (8-14) le donnent pour l'un des dieux. Il s'agirait en fait de la divinisation progressive du poète norvégien Bragi inn gamli Boddason (Bragi l'Ancien, fils de Boddi), qui a vécu au IXe siècle et dont déjà les auteurs des *Hákonarmál* et des *Eiríksmál* (fin du IXe s.) font saluer l'entrée à la *valhöll*. Le mot *bragr* signifie « parangon » et aussi « poésie ».

Son épouse, Iðunn (« toujours jeune »), conserve dans son coffre les pommes de jouvence des dieux. Gangleri, dans la

Gylfaginning 26 (le mythe d'Iðunn est rapporté également par les Skáldskaparmál 1), s'étonne de la responsabilité confiée par les dieux à Iðunn. Le Très-Haut lui répond qu'une fois la catastrophe fut évitée de justesse. Il commente les noms de quelques autres Ases, puis conte un autre mythe :

• L'enlèvement d'Iðunn par le géant Þjazi

Lors d'un banquet à Ásgarðr, Bragi raconte à Ægir le magicien qu'Óðinn, Loki et Hoenir voulaient un jour faire cuire un bœuf afin de le manger. Or le bœuf ne voulait pas cuire. Un aigle qui se tenait perché au-dessus de la fosse à cuisson leur réclame sa part du bœuf en les assurant qu'une fois cette condition remplie le bœuf cuira normalement. Mais comme l'aigle se taille la part du lion, Loki s'en irrite et se met à le frapper avec une longue perche. L'aigle s'envole, mais la perche reste collée à son dos, si bien que Loki est entraîné dans les airs. Loki le supplie de lui faire grâce et n'obtient la vie sauve qu'en jurant de faire sortir Iðunn d'Ásgarðr avec ses pommes. Loki attire donc Iðunn en dehors de la demeure des Ases, prétextant avoir trouvé des pommes intéressantes dans une forêt. Alors, le géant Þjazi, sous la forme d'un aigle, s'empare d'Iðunn et la conduit chez lui à Þrymheimr (« monde du vacarme »). Privés d'Iðunn et de ses pommes, les Ases commencent à vieillir. Ils se consultent et attribuent à Loki la responsabilité de ce malheur. Menacé de mort, celui-ci s'engage à partir à la recherche d'Iðunn si Freyja lui prête sa forme de faucon. Cette condition remplie, il s'en va chez Þjazi. Iðunn est seule au foyer, car Þjazi est parti pêcher. Loki la métamorphose en noix et l'emmène avec lui. Une fois rentré, Þjazi, ne trouvant pas Iðunn, prend sa forme d'aigle et se lance à la poursuite de Loki. Lorsque les Ases aperçoivent le faucon qui tient la noix et l'aigle qui les poursuit, ils allument un grand feu dans l'enceinte d''Ásgarðr. L'aigle s'y brûle les ailes et est contraint de se poser. C'est alors qu'il est tué par les dieux.

Þjazi était le fils d'Ölvaldi (« maître de la bière »). Ölvaldi avait trois fils : Þjazi (« bedaine »), Iði (« labeur ») et Gangr (« voyageur »). Chacun reçoit comme part d'héritage autant d'or que peut en contenir sa bouche, jusqu'à l'épuisement de l'or de leur père. C'est pourquoi, explique Snorri, on appelle l'or « la bouchée de Þjazi ou d'Iði ou de Gangr », « la parole ou les mots ou encore les discours des géants » (*Skáldskaparmál* 1).

f) Heimdallr

Heimdallr nous est connu par un poème de l'*Edda :*

• La Rígsþula

La *Rígsþula* (« Poème mnémotechnique de Rígr »), qui est un poème didactique de 48 strophes en *málaháttr*, d'une venue toute aristocratique (mépris des non-libres, exaltation de l'élite et du roi, ainsi que le note R. Boyer, *op. cit.*, p. 142). Le dieu Rígr (Heimdallr) rend visite à trois couples qui n'ont pas encore d'enfants. De sa visite au premier couple, il advient un fils, Þræll (« esclave »), le deuxième couple engendre un fils nommé Karl (« homme, paysan ») et le troisième couple obtient un fils appelé Jarl (« guerrier, prince »), ce qui justifie la division tripartite de la société. Rígr signifie « roi » en irlandais.

Mais il semblerait que la prose introductive, qui identifie Rígr à Heimdallr, soit entachée d'erreur, car Óðinn serait bien mieux à son affaire dans ce rôle : le jeune roi Konr (*konr :* « garçon, descendant, progéniture » *; ungr :* « jeune » *;* jeu de mot sur *konungr :* « roi »), engendré par Jarl, est initié aux runes et à la magie *!* D'autre part, l'appellation de « père des dieux » paraîtrait alors tout à fait banale.

• Un dieu énigmatique

Toujours est-il que Heimdallr reste un dieu énigmatique : son nom signifie : « celui qui éclaire le monde ». C'est l'« Ase blanc » (entendons : blond), grand et sacré. Il fut engendré par neuf sœurs. On l'appelle Gullintanni (« dents d'or », *Gylfaginning* 27) et Hallinskíði (« cornes recourbées » *:* bélier *;* Glúmr Geirason, *Gráfeldardrápa,* aux alentours de 970, Snorri, *Gylfaginning* 27). Georges Dumézil voit dans ses neuf mères les neufs vagues que sont les filles d'Ægir, mais le *Hyndluljóð* 35-37 dit que ce sont des géantes. La *Húsdrápa* 10 fait mention de lui.

Sa demeure est Himinbjörg (« mont du ciel, rocher du ciel »), près du pont Bifröst (« chemin qui tremble ») qui mène à Ásgarðr. C'est le veilleur des dieux. Il se tient constamment sur le pont, au bout du ciel, pour prévenir une éventuelle invasion des géants. Il a besoin de moins de sommeil qu'un oiseau et voit de jour comme de nuit à cent lieues à la ronde. Il entend pousser l'herbe sur le sol et la laine sur le dos des moutons et tout ce qui fait plus de bruit.

Ses attributs sont *:*

- Son cheval Gulltoppr (« toupet d'or »)
- Son cor Gjallarhorn (« cor tonitruant ») qu'on peut entendre de par le monde entier. Il retentira pour avertir les dieux des *ragnarök* (*Gylfaginning* 51).
- Son épée, Höfuð (« tête d'homme »).

Comme l'un de ses surnoms l'atteste, Heimdallr serait associé au bélier. On sait que cet animal était beaucoup sacrifié par les Germains (gotique *sauþs :* « sacrifice », vn *sauðr :* « mouton »).

Heimdallr se bat contre Loki pour la possession du collier des Brísingar (collier de Freyja). Pour ce combat, tous deux prennent la forme d'un phoque (*Skáldskaparmál* 8). Snorri appelle Heimdallr « pourvoyeur du collier de Freyja » (*Skáldskaparmál* 8). Encore plus étrange est le fait que la *Völuspá*1 l'appelle « père des dieux ». Une autre interprétation de son nom en ferait le pilier qui soutient le monde, ce qui n'est pas impossible. Il a dû jouer un rôle important, mais nous en sommes réduits aux conjectures. *Cf.* Jan de Vries : « Heimdallr, dieu énigmatique », in : *Études germaniques* (octobre-décembre), Paris, 1955, p. 257-268, et Georges Dumézil, « Remarques comparatives sur le dieu scandinave Heimdallr », in *Études Celtiques* 8, Paris, 1959, p. 263-283.

g) Ullr

Ullr est un dieu mal connu. Son nom serait en rapport avec le gotique (rappelons que ce mot ne prend pas d'*h* quand il s'agit de la langue des Goths) *wulþus* : « gloire ». Il est le fils de Sif et donc beau-fils de Þórr (*Gylfaginning* 31, *Skáldskaparmál* 4,14). Il est habile au tir à l'arc, au patinage et au combat (*Gylfaginning* 31, *Skáldskaparmál* 14). Sa fière allure, sa noble prestance et son air martial font qu'on l'invoque volontiers en cas de duel.

Sa demeure s'appelle Ýdalir (« vallée des ifs », les arcs étant faits de ce bois). Les scaldes utilisent souvent son noms dans les *kenningar* désignant un guerrier.

Ses attributs sont :

- Un anneau sur lequel on prête serment (*Atlakviða* 30, sagas). La prestation de serment sur un anneau est abondammen attestée chez les Germains. Ce devait être un geste religieux, car on pense instinctivement à l'anneau d'Óðinn, Draupnir. Óðinn prête d'ailleurs lui-même serment sur l'anneau dans les *Hávamál* 110. Dans l'*Atlakviða* 32, le serment est prêté par Atli à Gunnarr sur l'anneau d'Ullr. Dans le *Landnámabók*, c'est sur Freyr, Njörðr et l'«Ase tout-puissant» qu'on jure.
- Un bateau, souvent mentionné dans les *kenningar*. Ainsi, le bateau d'Ullr est une *kenning* qui désigne le bouclier.

De nombreux toponymes théophores sont attestés pour Ullr en Suède, ce qui constitue une preuve de sa popularité. Chez Saxo (*Gesta Danorum* III, 81), Ollerus (Ullr) prend le pouvoir pendant l'absence d'Óðinn (*Cf.* Óðinn). Ce que nous savons nous permet cependant de considérer Ullr comme un dieu solaire.

h) Víðarr et Váli : Des combattants

Víðarr est l'Ase silencieux (*Gylfaginning* 30). Il possède un puissant brodequin. Il est presqu'aussi fort que Þórr et aide beaucoup les dieux. Les *þulur* disent qu'il est fils d'Óðinn et Snorri qu'il est fils de la géante Gríðr (*Skáldskaparmál* 18). Son nom signifie : « celui qui règne sur un grand territoire ».

Váli est fils d'Óðinn et de Rindr. Il vengera Baldr en tuant Höðr (*Gylfaginning* 51).

i) Les déesses ases

• Frigg et les autres déesses

La plus éminente est Frigg. Elle demeure à Fensalir (« salles des marécages »). Les autres déesses sont toutes des divinités tutélaires protectrices de la famille, de l'amour, de la fertilité et de la fécondité : Sága demeure à Sökkvabekkr (« banc qui s'affaisse »), Eir (« aide ») est un bon médecin, Gefjon (« abondance ») est une vierge servie par celles qui demeurent vierges. Fulla (« abondance ») est la confidente de Frigg. Elle porte son coffret et garde ses chaussures. Sjöfn est une déesse de l'amour. Lofn (« permission » ou bien « louange ») est clémente et obtient la permission d'unir en mariage les hommes et les femmes même quand le mariage est interdit. De son nom vient le mot *lof* : « permission » et aussi le fait qu'elle soit tant louée par les hommes (*Gylfaginning* 35). Vár préside à tous les serments entre hommes et femmes et punit les parjures. Vör est au courant de tout et Syn (« refus ») est la gardienne des portes. Hlín (« protection ») veille sur tous ceux que Frigg veut protéger et Snotra (« avisée ») est sage, aimable et intelligente. Gná (« qui procure les biens en quantité suffisante ») est envoyée en mission dans divers mondes sur son cheval Hófvarpnir (« qui lance des ruades ») qui franchit les mers.

• Les Valkyries

Les valkyries, chargées par Óðinn d'aller chercher les guerriers qui doivent mourir sur le champ de bataille, sont un peu des personnifications du Destin. En tant que servantes de la *valhöll*, où elles apportent la bière et l'hydromel, elles participent aussi à la troisième fonction. Les *Grímnismál* 36 nous livrent une *þula* (liste figurant dans un poème) des valkyries : Hrist (« celle qui secoue ou bouleverse »), Mist (« brume »), Skeggjöld (« temps des haches » : combat), Skögul (« qui se porte en avant »), Hildr (« combat »), Þrúðr (« vigueur »), Hlökk (« éclat »), Herfjötur (« qui paralyse l'armée ou le guerrier » : « Il existe, dans les sagas, un substantif masculin, *herfjöturr*, qui s'applique au combattant soudain saisi de paralysie ou incapable de fuir, de se défendre, voir de faire le geste qui le sauverait. On disait qu'il venait d'être choisi par les valkyries et ne pouvait plus alors opposer aucune résistance. » R. Boyer, *op. cit.* p. 643), Göll (« vacarme »), Geirölul (« lance pointée vers l'avant »), Randgríð (« ravage des boucliers »), Ráðgríð (« avide de commander ») et Reginleif (« héritière des dieux »).

À cheval, Gunn (« combat », dont on retrouve le nom dans le vn *gunnfáni* : « gonfanon »), Róta (« bataille ») et Skuld (« futur », la plus jeune des nornes) vont sur le champ de bataille désigner les guerriers qui vont mourir. Jörð, mère de Þórr, et Rindr, mère de Váli, sont aussi des déesses ases. Les valkyries sont avant tout des divinités fatidiques, qui manifestent le Destin, puisqu'elles exécutent les arrêts d'Óðinn, qui est lui même une des figurations, un des instruments du Destin.

j) Loki

Loki est un peu le diable nordique. Il intervient dans de nombreux épisodes des *Eddas*

• Loki et le géant Þjazi

Nous avons déjà parlé de ce récit (*Cf.* les pommes d'Iðunn) qui nous est transmis par le *Skáldskaparmál* 1, la *Haustlöng*, poème (qui comporte une description) de bouclier (strophes 1-13, où la seule différence avec la version de Snorri est que la métamorphose d'Iðunn en noix n'est pas mentionnée) et par la *Lokasenna* 50, où Loki dit à Skaði, la fille de Þjazi : « J'ai été le premier et le plus ardent à sa mort quand nous attaquâmes Þjazi ! » La *Haustlöng* nous le dépeint comme étant le voleur du collier de Freyja (strophe 9), celui qui joue de mauvais tours aux Ases (strophe 12), l'ami d'Óðinn et de Þórr (strophe 4).

• La construction du château d'Ásgarðr par le géant maître-bâtisseur (*Gylfaginning* 42 ; je traduis ci-après le texte islandais édité par E.V. Gordon, p.5-6 ; *Cf.* bibliographie).

> « C'était au tout début, quand les dieux eurent institué Miðgarðr et construit la valhöll, qu'un artisan-forgeron se présenta et leur proposa de leur construire en trois semestres une citadelle tellement solide et tellement sûre que les géants des montagnes et les géants des frimas ne pourraient l'investir, même s'ils venaient à pénétrer dans Miðgarðr. Il demanda pour salaire à obtenir Freyja pour femme et en outre il voulait le soleil et la lune. Alors les Ases se réunirent et se concertèrent. Ils passèrent marché avec l'artisan-forgeron. Celui-ci obtiendrait ce qu'il demandait s'il parvenait à construire la citadelle en un hiver. Et le premier jour de l'été, s'il se trouvait encore quelque chose d'inachevé à la citadelle, il serait privé de son salaire ; en outre, il ne devait recevoir l'aide d'aucun homme lors de ce travail. Lorsqu'ils lui dirent ces conditions, il leur demanda de lui permettre de se faire aider par son cheval qui s'appelait Svaðilfari (« celui qui entreprend un voyage périlleux »). C'est Loki qui donna ce conseil et on lui laissa en prendre la responsabilité.
> Il (le géant) commença la construction de la citadelle le premier jour de l'hiver et la nuit, il transportait des blocs de rochers sur son cheval. Cela sembla merveille aux Ases que le cheval pût transporter de si gros blocs de rochers et qu'il accomplît deux fois plus de prouesses que son

maître. Or, lors de leur marché, il y avait eu force témoins et de nombreux serments, car le géant n'était pas rassuré de se trouver sans sauf-conduit chez les Ases au cas où Þórr reviendrait. Il (Þórr) était en effet parti sur la route de l'est occire des géants. L'hiver s'écoulait et la construction avançait de façon impressionnante ; elle était si haute et si solide qu'on ne pouvait l'attaquer. Et lorsqu'il ne resta plus que trois jours avant l'été, on en était à la porte. Alors les dieux s'assirent sur leurs sièges et débattirent la question, se demandant l'un l'autre qui avait conseillé de marier Freyja dans le monde des géants, de détériorer l'air et le ciel en en enlevant le soleil et la lune pour les donner aux géants. Ils furent tous d'accord pour dirent que c'était sans doute celui d'entre eux qui faisait le plus de mal qui avait donné ce conseil, à savoir, Loki Laufeyjarson, et ils dirent qu'il méritait male mort s'il ne trouvait pas une solution pour priver l'artisan-forgeron de son salaire et ils attaquèrent Loki. Celui-ci prit peur et fit des serments, jurant qu'il s'arrangerait pour que l'artisan-forgeron fût privé de son salaire, quoi qu'il lui en coûtât.
Et le soir même, lorsque l'artisan-forgeron s'en alla chercher des blocs de rochers avec le cheval Svaðilfari, une jument sortit au galop d'une forêt et se dirigea vers l'étalon en poussant des hennissements de rut. Et lorsque l'étalon se rendit compte de quel genre de cheval il s'agissait, il devint fou, rompit les attaches et se mit à galoper vers la jument qui disparut dans la forêt. L'artisan-forgeron les poursuivit, voulant s'emparer du cheval, mais les chevaux galopèrent toute la nuit et l'ouvrage demeura au point-mort cette nuit là. Et

> le lendemain, le travail ne fut pas accompli comme il l'avait été auparavant. Lorsque l'artisan-forgeron vit qu'il ne pourrait sans doute pas terminer l'ouvrage, il entra dans une ire de géant. Et lorsque les Ases eurent la certitude qu'ils se trouvaient en présence d'un géant des montagnes, ils ne respectèrent plus leurs serments, firent appel à Þórr, lequel arriva immédiatement et à l'instant suivant, le marteau Mjöllnir vola à travers les airs. Il versa alors (au géant) le salaire de la construction et ce n'était ni le soleil, ni la lune. Il lui refusa plutôt d'aller habiter le monde des géants et, du premier coup, lui fracassa le crâne, l'expédiant en bas dans le Niflheimr (monde des brumes).
> C'est Loki qui était allé galoper avec Svaðilfari et peu après il mit bas un poulain qui était gris et avait huit jambes. C'est le meilleur cheval qui soit chez les dieux et chez les hommes. »

La *Völuspá* 25-26 fait très laconiquement allusion à cette histoire de la naissance de Sleipnir, tandis que le *Hyndluljóð* 42 se contente d'énumérer la progéniture de Loki.

- Loki, Þórr et le géant Geirrøðr (*Skáldskaparmál* 4)

> « Une fois qu'il s'amusait à voler dans le plumage de faucon de Frigg, il était arrivé à Loki de voler par curiosité jusqu'à la demeure de Geirrøðr, où il vit une grande salle. Il se posa et regarda à l'intérieur par la lucarne (du toit). Geirrøðr le remarqua et dit de prendre l'oiseau et de le lui apporter. Mais celui qu'il envoya atteignit à grand effort le (faîte du) mur de la salle, tant il était haut. Loki s'amusa de le voir prendre tant de peine pour l'atteindre et se dit qu'il serait temps de s'envoler quand l'homme aurait fait le plus difficile du

> passage. Au moment où l'homme allait l'atteindre, le voilà qui déploie ses ailes et prend son élan sur ses pattes, mais ses pattes restent collées... Loki fut pris et apporté au géant Geirrøðr. Celui-ci, en voyant ses yeux, soupçonna que ce devait être un homme et lui ordonna de répondre, mais Loki se tut. Geirrøðr l'enferma alors dans un coffre et l'y laissa à jeûn pendant trois mois. Quand il l'en tira et lui ordonna de parler, Loki dit qui il était et, pour racheter sa vie, jura qu'il ferait venir Þórr à la demeure de Geirrøðr, mais sans son marteau et sans sa ceinture de force. »
> (G. Dumézil, *Loki*, Paris, Maisonneuve, 1948, p. 22- 23).

À ce moment, Þórr entre en scène (*Cf.* Þórr). Snorri cite ici 19 strophes de la *Þórsdrápa* d'Eilífr Goðrúnarson, poème difficile, qui présente quelques différences avec ce récit. Loki y est qualifié de « prompt à mentir » (str. 1).

• Loki, Þórr et le géant Þrymr (*Cf.* Þórr : le recouvrement de Mjöllnir)

• Loki et l'or d'Andvari (*Skáldskaparmál* 6)

Óðinn, Loki et Hoenir arrivent à une cascade. Une loutre avait capturé un saumon. Loki tue la loutre et s'empare du saumon. Ensuite, les trois dieux demandent l'hospitalité au paysan Hreiðmarr, un magicien. Quand il voit la loutre (vn *otr*, qui est aussi un prénom masculin : Otr), le paysan appelle ses fils, Fáfnir et Reginn, et leur dit qu'Otr, leur frère, a été tué par ces hommes. Aussitôt, les Ases sont faits prisonniers. En rançon, ils doivent verser autant d'or que peut en contenir la peau de la loutre. Alors, ils envoient Loki au pays des alfes noirs (les nains). Loki va trouver le nain Andvari (« le prudent »), lequel est métamorphosé en poisson. Loki le capture et exige de lui, comme rançon, tout l'or que le nain possède et qui est caché dans un rocher sous l'eau. Le nain veut garder pour lui un anneau qui lui permet de reconstituer son trésor. Loki lui arrache l'anneau magique et s'en va. Alors le nain profère à l'encontre de l'anneau une terrible malédiction : il apportera la mort à quiconque le possède. Loki a entendu et informera celui qui prendra possession de l'anneau. De retour chez Hreiðmarr, Loki remet tout à Óðinn. Or, le trésor ne suffit pas à remplir la peau de loutre et à la recouvrir d'or. Un poil de la barbe n'étant pas recouvert, Hreiðmarr exige alors l'anneau. Óðinn le lui donne. Loki déclare alors que ce qu'a dit Andvari va se réaliser. La malédiction va en effet devenir opérante sur le champ : Reginn et Fáfnir réclament le trésor à leur père, mais celui-ci refuse. Les deux frères tuent leur père pendant son sommeil. Puis Fáfnir, ayant tué son frère, Reginn, se métamorphose en effroyable dragon et se couche sur son or afin d'être seul à en jouir. C'est le début du cycle héroïque de Sigurðr (Siegfried), thème majeur de la Tétralogie de Richard Wagner (1813-1883). Voilà pourquoi l'or est appelé « rançon de la loutre », « rançon imposée aux Ases » ou « métal des discordes ». Dans de nombreuses kenningar scaldiques, l'or est dit « feu du Rhin », « tison du Rhin », « feu de la mer », etc.

• Loki et les objets précieux des dieux (*Skáldskaparmál* 5)

Un jour, Loki coupe pour s'amuser les cheveux de Sif. L'époux de celle-ci, Þórr, s'empare de Loki, menaçant de lui broyer tous les os. Mais Loki lui jure qu'il fera faire par les alfes noirs (les nains) des cheveux d'or pour Sif qui pousseront comme des vrais. Il va donc trouver les fils d'Ívaldi, qui lui fabriquent trois objets précieux, à savoir la lance Gungnir, qui ne manque jamais son but, pour Óðinn, les cheveux d'or pour Sif, qui pousseront dès qu'ils seront sur sa tête, et le bateau Skíðblaðnir, pour Freyr, bateau qui a toujours bon vent et qui peut se replier pour tenir comme un mouchoir dans la poche.

Ensuite, avec un autre nain, Brokkr, il parie sa propre tête que Sindri, frère de Brokkr, n'est pas aussi habile que les fils d'Ívaldi. Bien que Loki fasse tout pour gêner Brokkr qui manie le soufflet et Sindri qui travaille la forge, ce dernier réussit à fabriquer l'anneau d'or Draupnir, qui toutes les neufs nuits dégoutte huit autres anneaux de même poids que lui, pour Óðinn, le marteau Mjöllnir, qui frappe n'importe quoi, atteint toujours son but et revient toujours dans la main, pour Þórr, et le sanglier Gullinborsti (« soie d'or »), dont les soies sont en or et qui éclaire le jour et la nuit, courant à travers les airs et à travers les eaux, pour Freyr.

Brokkr et Loki s'en retournent chez les Ases avec chacun leur lot d'objets. Óðinn, Þórr et Freyr jugent que le marteau est la meilleure défense contre les géants des frimas et déclarent Brokkr vainqueur. Aussitôt, Loki offre de racheter sa tête. Comme Brokkr refuse, Loki s'échappe grâce à des chaussures qui lui permettent de courir dans les airs et dans l'eau. Le nain demande à Þórr d'attraper Loki, ce qui est fait sur le champ. Brokkr veut alors trancher la tête de Loki, mais celui-ci prétend avoir engagé sa tête, mais pas son cou ! Brokkr lui coud finalement la bouche avec une courroie et une alène.

- Loki et Logi (*Cf.* Le voyage de Þórr chez Útgarðaloki)

- Loki et le vol du Brísingamen (« collier des Brísingar »)

Loki a volé le collier de Freyja (*Haustlöng* 9, *Húsdrápa* 34) : Loki est appelé *þjófr Brísings girði* (« voleur de la ceinture de Brísingr », *Haustlöng* 9), *þjófr Brísingamens* (« voleur du collier des Brísingar », *Skáldskaparmál* 17). Le collier de Freyja s'appelle *Brísingamen* (*Þrymskviða* 13,19, *Gylfaginning* 35, *Skáldskaparmál* 20). Dans le *Sörla þáttr* (« Dit de Sörli », fin du XIVe s.), Loki vole pour le compte d'Óðinn le collier de Freyja. Heimdallr et Loki se battent pour cet objet, tous deux ayant pris la forme d'un phoque, pour acquérir le *Brísingamen* (*Skáldskaparmál* 8, passage qui provient sans doute d'un fragment aujourd'hui perdu de la *Húsdrápa*). Chez Snorri, Heimdallr est le « pourvoyeur du collier de Freyja ».

Le *Sörla þáttr* raconte que quatre nains ont forgé le Brísingamen et que Freyja, pour le posséder, dut passer une nuit avec chacun d'entre eux. Lorsque Loki apprit cela à Óðinn, ce dernier obligea Loki à lui procurer ce collier. Loki ne put pénétrer dans la chambre de Freyja que sous la forme d'une mouche. Mais comme Freyja était couchée sur le collier, Loki fut obligé de la piquer afin de la faire bouger et de lui subtiliser le collier. Lorsque Freyja réclama son bien à Óðinn, celui-ci exigea qu'elle provoque une guerre éternelle entre deux rois, tâche qu'elle mena à bien. C'est le mythe du *Hjaðningavíg* (« combat perpétuel », combat des guerriers de Heðinn, d'où le nom de *Hjaðningar,* contre Högni).

- Loki et le meurtre de Baldr (*Cf.* Mort de Baldr)

- Le châtiment de Loki (*Gylfaginning* 50 ; prose finale de la *Lokasenna* ; *Völuspá* 35)

On se souvient que Loki a été l'instigateur du meurtre de Baldr. Les dieux sont furieux et Loki estime plus prudent de s'enfuir dans la montagne. Pendant la journée, il prend la forme d'un saumon et se tient sous la cascade de Franangr. Dans sa maison sur la terre ferme, il invente un filet en lin qu'il confectionne avec soin. Lorsqu'il aperçoit les Ases (qui se sont mis à sa recherche, Óðinn l'ayant repéré grâce à son trône, Hliðskjálf), il jette son filet au feu et plonge dans l'eau. Kvasir, le plus savant de tous les Ases, entre dans la maison et comprend, grâce à la cendre blanche que produit le filet en se consumant, l'intérêt de cette invention (ce qui fait dire que Loki est un « héros civilisateur »). Les Ases confectionnent donc un filet sur le même modèle et le jettent dans la rivière sous la cascade. Mais Loki leur échappe. Alors les Ases s'organisent mieux et c'est Þórr qui parvient à le saisir, mais comme le corps du poisson est visqueux, il le serre au niveau de la queue, ce qui fait que désormais le corps du saumon est mou à l'arrière. Enfin, Loki est pris ! On l'emmène dans une caverne où on dispose trois pierres plates qui ont été percées d'un trou. Puis les dieux capturent les fils de Loki, Váli (prologue de l'*Edda, Gylfaginnig* 50) et Narfi (ou Nari, ou Nörfi, Prologue de l'*Edda, Gylfaginning* 32, 50, *Skáldskaparmál* 16). Ils métamorphosent Váli en loup, lequel déchire son frère. Les Ases prennent alors les boyaux de Narfi et s'en servent de liens pour attacher Loki aux trois pierres. Les liens deviennent de fer. Skaði attache au-dessus de Loki un serpent venimeux dont le venin lui dégoutte sur le visage. Sigyn, épouse de Loki, maintient une coupe au-dessous du serpent, recueillant ainsi le venin. Mais quand la coupe est pleine, elle est obligée de la vider et le venin tombe alors sur le visage de Loki, qui se met à tressaillir violemment. C'est là l'origine des tremblements de terre... Loki demeurera enchaîné et soumis à ce supplice jusqu'aux *ragnarök*.

• La *Lokasenna* (« Esclandre de Loki »)

Ce poème eddique comporte 65 strophes en *ljóðaháttr* encadrées par deux passages en prose. La prose introductive raconte que les dieux sont réunis pour une beuverie dans la grande salle du géant Ægir.

Alors que tous font l'éloge des serviteurs d'Ægir, Loki occit l'un d'eux, Fimafengr, et est chassé de la grande salle. Le poème décrit les diverses tentatives de Loki pour rentrer. Il essuie tout d'abord un refus de la part du serviteur Eldir, puis se targue d'être le frère de sang d'Óðinn jusqu'à ce que, finalement, de mauvaise grâce, on le laisse rentrer. Il ne salue pas Bragi et lorsqu'Iðunn prend la défense de son mari, elle devient la cible des sarcasmes de Loki. Dès lors, celui-ci se met à agonir d'injures les dieux. Quand l'un d'eux vient en aide à un autre, il devient automatiquement la victime d'une tirade railleuse et blessante de Loki. Finalement, Þórr, qui rentre d'une expédition à l'est contre les géants, chasse l'impudent Loki en le menaçant de le frapper avec

Mjöllnir, non sans avoir auparavant essuyé de copieuses railleries de la part de Loki.

Bragi est accusé de lâcheté, de nature efféminée (Loki le traite de « parure du banc », *kenning* fort conventionnelle pour « femme » ; c'est là, on l'a vu, une injure inexpiable ; précisons que cela n'implique absolument aucun mépris pour la femme, mais flétrit par contre l'homme qui n'assume pas sa nature !). Iðunn, qui veut modérer Bragi, se voit accusée d'être la plus libidineuse des femmes et d'avoir couché avec le meurtrier de son frère. Gefjon intervient pour défendre Iðunn. Loki accuse Gefjon de s'être donnée à Heimdallr. C'est alors que Óðinn traite Loki de fou furieux, mais ce dernier se met immédiatement à invectiver Óðinn, lui reprochant d'être injuste quand il confère la victoire et de pratiquer la magie, art réservé aux femmes. Frigg tente de modérer les deux adversaires, mais Loki la rabroue et dit qu'elle est volage et a commis l'adultère avec ses beaux-frères, les frères d'Óðinn. Frigg lui rétorque que si elle avait ici un fils semblable à Baldr Loki ne se permettrait pas une telle insolence. Alors Loki se vante d'être le responsable de la mort de Baldr. À son tour, Freyja subit les accusations de nymphomanie de la part de Loki. Njörðr vient au secours de sa fille en faisant grossièrement allusion à la naissance de Sleipnir, donc au caractère efféminé de Loki. Loki se répand alors en propos venimeux. On est en pleine facétie quand Loki déclare à Njörðr que « les filles de *Hymir* (le) prirent pour pissoir et (lui) urinèrent en gueule » (strophe 34). Loki l'accuse aussi d'inceste (Njörðr, avec sa sœur, aurait engendré Freyr : on sait que les Vanes pratiquaient couramment l'inceste). Týr entre alors en scène et se voit reprocher de ne jamais avoir su rétablir la paix et de ne jamais avoir obtenu compensation pour le fils que sa femme aurait conçu avec Loki. Freyr prédit alors à Loki qu'il finira par être enchaîné comme le loup Fenrir. Loki lui représente que lui, Freyr, a obtenu l'amour de Gerðr grâce à son or et qu'il a vendu son épée, qui lui fera cruellement défaut à la fin des temps. Byggvir (serviteur de Freyr) se voit accuser de pusillanimité, Heimdallr d'être obligé de se tenir constamment le dos raide sur le pont Bifröst. Skaði prédit à Loki ce qui l'attend : « Sur l'arête d'un rocher les dieux t'enchaîneront avec les intestins du fils froid comme givre »(allusion à l'étymologie du nom de Narfi ; strophe 49). Loki lui réplique qu'il tua Þjazi, père de Skaði, et se vante d'avoir couché avec elle. Aux paroles apaisantes de Sif, il oppose le fait que celui qui cocufia Þórr n'est autre que lui-même, Loki. Survient Þórr, qui menace tout simplement de le décapiter. Loki l'apostrophe aussitôt et dit qu'il ne montrera aucun courage devant Fenrir. Il se gausse de Þórr, qui s'est tapi dans le pouce de la moufle de Skrýmir (Útgarðaloki) et qui n'a pas su défaire les cordons de son sac à provisions que le même Skrýmir avait serrés. Finalement, devant les menaces de Þórr, Loki déclare qu'il sortira : « Mais devant toi seul je sortirai, car je sais que tu frappes ». Auparavant, Loki maudit Ægir. La finale en prose résume le châtiment que les dieux infligent à Loki

• La parentèle de Loki

L'étymologie, obscure, convoie sans doute l'idée de fermer, de conclure, *Cf.* vn *ljúka*.

> « Il y a encore, compté avec les Ases, celui que certains appellent 'calomniateur des Ases' et 'premier auteur des tromperies' et 'honte de tous les dieux et des hommes'. Il se nomme Loki ou Loptr, fils du géant Farbauti, sa mère est Laufey ou Nál ; ses frères sont Byleistr et Helblindi. Loki est beau et bien fait, mauvais de naturel, très changeant dans sa conduite. Il avait, de cette sagesse qu'on nomme astuce, plus que tous les autres hommes, et des tromperies pour toutes choses. Il mettait toujours les Ases dans de grandes difficultés et souvent les tirait d'affaire avec des tours rusés. Sa femme s'appelle Sigyn, leur fils Nari ou Narfi.

Loki eut encore d'autres enfants. Il y avait, au pays des géants, une géante nommée Angrboða. Loki eut d'elle trois enfants. L'un était le loup Fenrir, le second Jörmungandr, c'est-à-dire le serpent de Miðgarðr, le troisième Hel... »
(*Gylfaginning* 19, citée par G. Dumézil, *Loki*, Paris, Maisonneuve 1948, p. 51).

Loki et sa parentèle

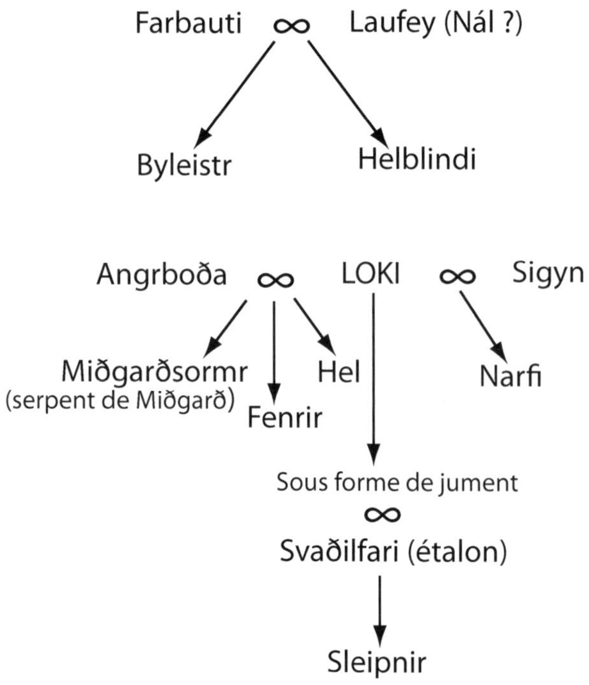

4) Les dieux Vanes

Le culte des Vanes remonte fort loin *:* la déesse Nerþus, qui équivaut étymologiquement à Njörðr, est déjà mentionnée chez Tacite et les dieux de la fécondité qui apparaissent sur les gravures rupestres de l'âge du bronze sont certainement des Vanes. Il faut remarquer également qu'en Scandinavie, les toponymes formés avec les noms de dieux Vanes dépassent en nombre ceux de tous les autres dieux sauf Ullr.

Ainsi que nous l'avons vu supra, l'étymologie du mot *Vanes*, en vieux-norrois *Vanir* remonte à une racine indo-européenne **wen-* qui convoie l'idée de désir. Les Vanes sont les dieux de la troisième fonction dumézilienne, celle de la fertilité/fécondité. Ils sont invoqués par la population agraire pour obtenir une bonne récolte, le soleil, la pluie, un bon vent, par les navigateurs et les pêcheurs afin d'avoir de bonnes conditions atmosphériques. Ils pratiquent également une forme de magie incantatoire appelée *seiðr* (verbe *: síða*) que Freyja leur apprise. L'inceste fait partie de leurs mœurs.

a) Njörðr et Skaði

• Njörðr

Tacite (*Germania* 40) parle de la déesse Nerþus, dont le correspondant vieux-norrois est Njörðr, lequel est masculin. Sans doute s'agit-il d'une divinité hermaphrodite comme on en trouve dans le couple Freyr/Freyja (*Cf. infra*). Il domine les vents, il calme la mer et le feu. On l'invoque pour obtenir une navigation sûre et une bonne pêche. Il est riche et peut procurer à ceux qui les lui demandent l'abondance de terres et autres biens. Lors de la guerre entre les Ases et les Vanes, il fut livré en otage contre Hoenir. Il est à l'origine de l'accord de paix. Ses enfants sont Freyr et Freyja (*Grímnismál* 43, *Skáldskaparmál* 37, *Þrymskviða* 22) et il est essentiellement le dieu de la navigation.

Sa demeure est Nóatún (« clos des nefs », *Grímnismál* 16, *Gylfaginning* 23, *Skáldskaparmál* 1) et son épouse est *Skaði* la fille du géant Þjazi (*Skáldskaparmál* 1).

Cf. Georges Dumézil, « Njördhr, Nerthus et le folklore scandinave des génies de la mer » in *Revue d'histoire des religions* CXLVII, 1955, Paris, p. 210-226.

- Skaði

> « *Skaði*, par contraste avec la terre humide et germinante du printemps, serait la terre glacée hivernale, source de grandes détresses et stérilité, bref, de torts ou de dommages, substantif *Skaði* (« tort »), masculin, dont il faut peut-être déceler la présence dans le nom Scandinavie lui-même, de **Skaþin-auio*, île (ou terre humide : **auio, Cf.* allemand *Aue*) dangereuse (**Skaþin*, voyez allemand *Schaden*), le danger en question pouvant, assurément, être imputé aux récifs et bancs de sable qui encombrent la mer entre l'actuel Danemark et la Scanie (dont le nom lui-même, Skáney, peut très bien supporter la même étymologie que Scandinavie : il en serait, en quelque sorte, le prototype) ou tenant tout autant à la fatale déesse ! Fille du géant Þjazi, habitant Þrymheimr, elle a quelque chose de farouche et de laid et tient à l'obscurité qu'elle hante en chasseresse armée de son arc et de ses flèches : autre renvoi possible à la saison d'hiver dans le Nord. Il n'empêche qu'elle relève bien de la fertilité-fécondité puisqu'elle est *öndurdís*, la dise aux raquettes, les dises étant des divinités de la troisième fonction. »
>
> (R. Boyer, *Yggdrasill. La Religion des Anciens Scandinaves*, p. 167-168, *Cf.* bibliographie).

Après le meurtre de son père, elle se dirige vers la demeure des Ases pour le venger. Naturellement, elle est armée. Les Ases lui proposent de se réconcilier par le moyen de compensations. Ils lui accordent le droit de se choisir un mari parmi eux, sans en voir autre chose que les pieds. C'est alors qu'elle voit des pieds extrêmement beaux et dit : « Je choisis celui-ci, il y a sans doute peu de choses laides en Baldr ! » (*Skáldskaparmál* 1). Or ce n'était pas Baldr, mais Njörðr de Nóatún ! Elle avait également obtenu des Ases une condition : qu'ils la fassent rire, ce dont elle les croit tout à fait incapables. Loki attache alors le bout d'une ficelle à la barbe d'une chèvre et l'autre bout à ses testicules. Chacun tire et cède tour à tour en criant bien fort. Puis Loki se laisse tomber sur les genoux de *Skaði* qui se met à rire. Après cette facétie grossière, le contrat est considéré comme rempli. En compensation du meurtre de son père, Óðinn prit les yeux de Þjazi, les lança dans le ciel et en fit deux étoiles (*Skáldskaparmál* 1).

• Un couple mal assorti

La *Gylfaginning* 23 raconte que *Skaði* voulut habiter là où avait habité son père : dans les montagnes qui s'appellent Þrymheimr (« monde tonitruant »), tandis que Njörðr voulait habiter au bord de la mer. Ils se mirent d'accord tous les deux pour demeurer alternativement neuf nuits à Þrymheimr et neuf nuits à Nóatún. Mais lorsque Njörðr retourne de la montagne à Nóatún, il déclame :

> « Je suis las des montagnes, je n'y fus pas
> longtemps,
> seulement neuf nuits.
> Le hurlement du loup me parut mauvais
> à côté du chant du cygne ».

Alors *Skaði* déclame :

> « Dormir ne peux sur les rivages de la mer
> à cause du bruit de l'oiseau ;
> Me réveille, venant du bois,
> chaque matin la mouette ».
> (*Gylfaginning* 23)

Ensuite, *Skaði* s'en va dans la montagne habiter à Þrymheimr. Elle fait beaucoup de ski et elle tire à l'arc, tuant des animaux. Elle s'appelle « la dise de la raquette » (*Gylfaginning* 23). *Cf.* P. Guelpa, « Le couple Njördr-Skaði dans la mythologie nordique », in *europe*, revue littéraire mensuelle, N° 928-929 *: Mythe et Mythologie du Nord Ancien*, Paris, août-septembre 2006, p. 84-109.

b) Freyr, dieu de la fertilité-fécondité

• Résumé des *Skírnismál*

Il nous est connu par un poème de l'*Edda*, les *Skrnisímál* (« Dits de Skírnir » ou *Skírnisför :* « Voyage de Skírnir »), qui relatent en 42 strophes en *ljóðaháttr* la demande en mariage de Gerðr, fille de géant, par Freyr. Regardant de par le monde, du haut de Hliðskjálf, Freyr aperçoit à Jötunheimr une belle jeune fille. Depuis lors, il languit après elle. Il dépêche son serviteur Skírnir (« l'éclatant »), auquel il confie son cheval et son épée afin qu'il demande la main de Gerðr en son nom. Or la réponse de Gerðr est négative, les cadeaux (onze pommes d'or et l'anneau Draupnir) ne donnent aucun résultat. Freyr contraint alors Gerðr à donner son consentement en la menaçant de lui graver des runes magiques : « Je te graverai un *þurs* (rune þ : q) et trois bâtons qui signifient : honte, folie et agitation » (Skírnismál 36). Elle accepte finalement de rencontrer Freyr dans un délai de neuf jours dans le bosquet Barri (soit « champ de blé », soit « bois de conifères »). Lorsqu'il apprend la nouvelle, Freyr se lamente de ce long délai. Gerðr tient sa promesse. On considère les *Skírnismál* comme la mise en forme poétique de la hiérogamie au cours de laquelle Freyr, dieu du soleil et de la fécondité, s'unit à Gerðr, déesse de la terre (elle est fille de géant et les géants sont des êtres telluriques).

• Parentèle, demeure et attributs

C'est le fils de Njörðr. Il est le plus glorieux. « Il commande à la pluie et à l'éclat du soleil, et en outre aussi à la végétation, et il est bon de l'invoquer pour une année féconde et pour la paix. » (R. Boyer, *op. cit.* p. 460-461. C'est le dieu de la fertilité et de la fécondité. Il est très populaire aux temps vikings. Ses animaux « totems » sont le porc (verrat) et le cheval. Dans *Hrafnkelssaga Freysgoða* (« La Saga de Hrafnkell, goði de Freyr »), le héros, Hrafnkell, tue un domestique qui a osé chevaucher sans sa permission le cheval qu'il a spécialement consacré à Freyr. Le culte voué à Freyr comporte un aspect phallique très net, par exemple dans le *Völsa þáttr,* récit inséré dans la « Saga de St Óláfr », on nous décrit la visite du roi Óláfr dans une famille de paysans arriérés qui vénèrent un pénis de cheval (*völsi*). Le *völsi* passe de main en main et chacun doit dire une incantation magique. Naturellement, le roi Óláfr met fin à cette superstition, qui constitue un élément important du culte de Freyr.

Sa demeure est Álfheimr (« le monde des alfes », *Grímnismál* 5).

Ses attributs sont :

- Le bateau Skíðblaðnir (*Gylfaginning* 41, 44, *Skáldskaparmál* 5, 35), fabriquépar des nains, les fils d'Ívaldi.
- Le sanglier Gullinborsti (*Gylfaginning* 49), dont le nom signifie « soie d'or » et qui tire son char. Ce sanglier luit nuit et jour et traverse les airs et les eaux à toute vitesse. Il a été fabriqué par les nains Brokkr et Sindri.

Un autre nom de Freyr est Yngvi (*Ynglingasaga* 10, 11, 16) ou Ing, nom qu'il faut sans doute comparer aux *Ingvaeones* de Tacite. On dit Freyr ou Yngvi-Freyr (dont descendent les Ynglingar), mais il s'agit du même dieu.

- Fróði

Fróði est un roi légendaire du Danemark issu de la famille des Skjöldungar et pendant le règne duquel se situe la célèbre « paix de Fróði » (*Fróðafriðr*). Cette paix était caractérisée par une longue série de bonnes récoltes, qui permirent aux paysans de s'enrichir, et par l'absence de conflits (le roi germanique était garant personnellement de la bonne récolte et de la paix, il était *til konungs tekinn til árs ok friðar :* « choisi comme roi pour l'année, [c'est-à-dire la bonne année] et pour la paix ») intérieurs et extérieurs, de sorte que les gens vivaient dans une totale sécurité, au point que personne ne déroba jamais l'anneau d'or qui avait été déposé sur la lande de Jelling (entre Viborg et Ribe, au Danemark). La *Vellekla* mentionne la « paix de Fróði ». Snorri (*Ynglingasaga* 10 sq. et *Skáldskaparmál* 7, 43) et Saxo (*Gesta Danorum* V) y font allusion. Snorri identifie Fróði à Freyr, auquel cet âge d'or est attribué.

Mais pourquoi appelle-t-on l'or « farine de Fróði » ? Un poème de l'*Edda* nous donne la réponse :

• Le *Gróttasöngr* (« Chant de Grótti »)

C'est un poème de 24 strophes en *málaháttr* et en *ljóðaháttr* qui raconte l'histoire de Fenja (« habitante des marais ») et Menja (« celle qui porte un collier »), deux géantes que le roi Fróði a achetées comme esclaves pour faire tourner son moulin magique, Grótti, qui est capable de moudre tout ce que demande le meunier. Les deux servantes se plaignent de leur sort, parlent de leur origine et de ce qu'elles ont fait, mais aussi de la ruine prochaine de la résidence royale de Fróði à Hleiðr (aujourd'hui Lejre).

Le roi Fróði ordonna aux servantes de moudre de l'or. Elles moulurent d'abord de l'or, et la paix et le bonheur pour Fróði. Puis il les fit travailler de plus en plus. À la fin, elles se mirent dans une fureur de géantes et détruisirent le moulin et la maison en moulant ce qu'elles voulaient : du feu, des armes et une armée ennemie.

L'introduction en prose est tirée des *Skáldskaparmál* 43 de Snorri : un viking du nom de Mýsingr arrive avec l'armée ennemie, tue Fróði et détruit sa résidence royale. C'est la fin de la « paix de Fróði ». Or Mýsingr emmène avec lui Fenja et Menja ainsi que le moulin. Il fait moudre du sel tant et si bien que son bateau en sombre. C'est pourquoi, désormais, la mer est salée.

En sombrant, le moulin en mouvement a provoqué un énorme tourbillon dans la mer. Le nom du Maelström des îles Lofoten en Norvège vient du norvégien *male :* « moudre » *!* Il existe aussi un Maelström entre le nord de l'Écosse et les Orcades. Les Orcadiens se souviennet encore aujourd'hui de « Grotti-Fenni » et de « Grotti Menni » *!* (B. Collinder, *Den poetiska Eddan*, Stockholm, Forum, 1964, p. 303-304, cité par R. Boyer, *Yggdrasill...*, Paris, Payot 1981/1992 p. 24).

c) Freyja, déesse de l'amour

Plusieurs poèmes de l'Edda lui sont consacrés *:*

• Le *Grógaldr*

Le *Grógaldr* (« Incantation de Gróa ») est un poème de 16 strophes en *ljóðaháttr.* Svipdagr (« jour qui point brusquement »), le héros, qui descend d'Óðinn (prologue de l'*Edda*), demande conseil à sa défunte mère, Gróa (« croissance, végétation »), car il veut accomplir un voyage périlleux afin de demander la main de la belle Menglöð (« celle qui se réjouit du collier », sans doute Freyja elle-même). Gróa lui énonce neuf formules magiques censées le protéger et lui donner la chance. Nous sommes en pleine atmosphère magique, si tant est qu'il faille le préciser, vu que la mythologie nordique baigne toute entière dans la magie.

• Les Fjölsvinnsmál

Les *Fjölsvinnsmál* (« Dits de Fjölsvinnr ou de Fjölsviðr ») comprennent 50 strophes en *ljóðaháttr*. Ils racontent le voyage qu'effectue Svipdagr pour aller chercher sa fiancée, Menglöð (Freyja), qui habite une montagne entourée d'une muraille de flammes. Ce thème se retrouve dans le cycle héroïque de Sigurðr *;* il s'agit là d'un motif de la littérature savante du Moyen Age dans laquelle le paradis est entouré d'une infranchissable murailles de flammes, *Cf.* Isidore de Séville au début du VIIe siècle, *Étymologies*, PL

82, 496 ; l'œuvre d'Isidore est l'une des plus populaires au Moyen Age et il se pourrait que ce motif lui soit directement emprunté). Sous le pseudonyme de Vindkaldr (« froid comme le vent »), il pose de nombreuses questions au géant qui la garde, Fjölsviðr ou encore Fjölsvinnr (dans les deux cas = « celui qui sait beaucoup de choses »). Il est tout d'abord question de la suite de Menglöð et de sa demeure, puis de sujets mythologiques et en fin de compte, Fjölsviðr annonce que Menglöð n'appartiendra à aucun autre que Svipdagr. Là-dessus, Svipdagr révèle sa véritable identité et Menglöð et lui se saluent mutuellement en se déclarant leur amour réciproque. Le *Grógaldr* et les *Fjölsvinnsmál* sont réunis sous l'appellation de *Svipdagsmál* (« Dits de Svipdagr »).

- Le Hyndluljóð

Le *Hyndluljóð* (« Lai de Hyndla », dont les strophes 29 à 50 sont parfois appelées *Völuspá in skamma* : « *Völuspá* brève »). Ce poème de 50 strophes en *málaháttr* restitue essentiellement des rapports de parenté entre les dieux et les géants. Freyja exhorte la géante devineresse Hyndla à la suivre à la *valhöll*. Elle lui fait dire toute la généalogie d'Óttarr le simple, qu'elle a transformé en sanglier (animal favori de Freyr ; mais comme Freyr et Freyja forment un couple de parèdres, cette confusion ne tire pas à conséquence) et qui est son amant. Hyndla cite de nombreux noms de dieux ou leurs descendants et aussi de nombreux personnages du cycle héroïque (Sigurðr, Gunnarr, Högni, Gjúki, Guðrún...). Puis, les strophes 29 à 50 se mettent à évoquer fortement la *Völuspá* (d'où le surnom occasionnel mentionné *supra*) : elles décrivent rapidement les dieux et les principaux événements du monde des dieux. Hyndla accuse Freyja de nymphomanie (strophe 47) et celle-ci veut faire périr Hyndla. Hyndla veut faire boire à Óttarr de la bière empoisonnée, mais grâce à une formule magique, Freyja ôte le poison de la bière, qui sera finalement bue sans dommages par Óttarr.

• Parentèle, demeure et attributs

C'est la Vénus nordique et la plus célèbre des déesses. Son culte revêt un caractère nettement érotique. Elle est fille de Njörðr et sœur de Freyr.

Sa demeure est Folkvangr (« champ du peuple »), où elle possède une salle, Sessrúmnir (« salle qui contient beaucoup de sièges »). Elle se partage avec Óðinn les guerriers morts aux combat, nous dit Snorri (*Gylfaginning* 24).

Ses attributs sont :

- Un char tiré par deux chats (*Gylfaginning* 49)
- Le collier des Brísingar (*Gylfaginning* 35)
- Une forme de faucon (*Skáldskaparmál* 1)
- Le sanglier Hildisvíni (« sanglier du combat », *Hyndlulóð* 7).

Freyja s'appelle aussi Mardöll (« éclat de la mer » ; c'est une *kenning* pour « or »), Hörn (« le lin »), Gefn (doublet de Gefjon ; ce mot convoie l'idée de don, d'abondance), Sýr (« truie », le verrat étant l'animal fétiche de Freyr) ou Vanadís (« dise des Vanes »).

À propos de *Gefjon*, nous avons vu *supra* (*Cf.* Óðinn) qu'elle épouse Skjöldr et est à l'origine de la province danoise de Sjælland.

L'époux de Freyja est Óðr, sans doute une figure d'Óðinn. Leurs filles sont Hnoss et Gersimi (ces deux noms signifient « bijou »).

Óðr est parti au loin en voyage et ne revient pas. Freyja le pleure en versant des larmes d'or rouge. Elle voyage dans de nombreux pays à la recherche d'Óðr. Elle possède la science magique du *seiðr* (magie incantatoire) et l'a enseignée à Óðinn. Le nom de Freyja a été associé au nom du vendredi, car le *dies Veneris* a été traduit par *Fríjadagr,* « jour de Frigg ». La forme sud germanique Frija pour Frigg a permis d'établir la confusion avec Freyja, qui de ce fait mérite bien son surnom de *Vénus nordique.* *Cf.* P. Guelpa, « Les déesses germaniques Frigg et Freyja », in : *Cahiers de la Maison de la Recherche,* Université Charles-de-Gaulle

– Lille 3 à Villeneuve d'Ascq (59653), Collection *Ateliers*, 37/2007, *Représentations mythologiques du sentiment familial : autour de la haine et de l'amour*, actes du Séminaire intensif sur les représentations mythologiques des rapports familiaux organisé par l'axe 3 « Systèmes de représentations des mondes anciens » de HALMA-UMR 8142 et « Figures et Formes des Imaginaires Antiques » du centre de recherche « Les imaginaires » de l'Université Catholique de Louvain-la-Neuve, qui s'est tenu le mercredi 26 mai 2004 à l'Université Charles-de-Gaulle de Lille 3, p. 109-123.

Or voici une interprétation nouvelle : Dans son récent ouvrage : Ingunn Ásdísardóttir, *Frigg og Freyja. Kvenleg goðmögn í heiðnum sið*, Reykjavík, Hið íslenska bókmenntafélag og ReykjavíkurAkademían 2007, ISBN : 978-9979-66-199-3, 355 pages. Le titre islandais signifie : « Frigg et Freyja. Divinités féminines dans la religion païenne ») vient de mettre brillamment en lumière l'origine sud-germanique de Frigg (l'épouse d'Óðinn) et la nature uniquement scandinave de Freyja, autochtone depuis très longtemps dans le nord de la Germanie. Ingunn Ásdísardóttir se distingue de ses collègues en refusant, avec des arguments pertinents, la thèse traditionnelle selon laquelle les deux déesses seraient deux manifestations complémentaires d'un seul culte, celui de la « Grande Déesse » mère, protectrice du foyer et de la fécondité.

Elle note qu'au cours des dernières décennies on a accordé une attention plus soutenue qu'auparavant aux divinités féminines, ce qui peut se comprendre dans une société où le féminisme (pas toujours de bon aloi, selon moi !) gagne du terrain et où il est question de l'égalité des droits entre hommes et femmes. Mais elle regrette que simultanément on ait fait fi des caractéristiques individuelles de ces deux déesses si proches l'une de l'autre et qu'on les ait décrites comme des avatars d'une seule et même grande déesse-mère supposée avoir existé aux temps préhistoriques. A priori, nombre de choses semblent accréditer l'idée selon laquelle Frigg et Freyja auraient pour racine et origine la même déesse. En effet, la similitude de leurs noms et d'un certain nombre de traits dans leurs descriptions et leurs attributs invitent à opérer des recoupements. Toutes deux semblent être en relation étroite avec Óðinn (elles sont comme lui en contact avec les autres mondes, elles sont toutes deux amoureuse d'Óðinn, le mari ou l'amant de Freyja, Óðr, peut être associé à Óðinn), toutes deux passent pour posséder un habit d'oiseau, toutes deux sont liées au deuil et à la déploration.

Elle conclut que même si Frigg et Freyja semblent avoir été des déesses de la fertilité-fécondité, leurs figures d'origine remontent sans doute à des époques différentes en divers endroits du monde. Et chacune d'elle a des traits bien différents. Le témoignage de l'archéologie et des textes ainsi que l'étymologie de leurs noms (Frigg serait davantage en rapport avec la liberté, la noblesse et l'amour sexuel tandis que Freyja convoierait l'idée de dame, de souveraine, ce qui fournit une explication recevable à notre perplexité devant le terme islandais moderne *húsfreyja,* qui désigne la maîtresse de maison *!*) et les toponymes dans lesquels elles apparaissent indiquent que le nom du vendredi, d*ies Veneris* (« jour de Vénus »), dans l'*interpretatio germanica* des IIIe et IVe siècles, soit invariablement le jour de Frigg (vieux-haut-allemand *frîjatac,* vieil-anglais *frîgedaeg,* vieux-norrois ou islandais *fríjadagr)* vu que cette déesse était très connue dans toute l'aire sud-germanique *:* en gros l'Allemagne), alors que Freyja, seule connue en Scandinavie, était complètement inconnue en dehors. En opposition à Georges Dumézil (*Les Dieux des Germains*, Paris, PUF, 1959), Ingunn Ásdísardóttir affirme que lorsque la croyance en Óðinn, enracinée dans la tradition indo-européenne, est parvenue dans les pays scandinaves (probablement durant le premier millénaire après J.-C.) en même temps que celle en Frigg, elle a rencontré un autre système de croyances dans lequel les Vanes (les dieux de la fécondité, donc de la 3e fonction dumézilienne) tenaient la place centrale (c'est d'ailleurs l'opinion d'Ólafur Briem, *Cf. :* Briem, Ólafur *:* 1945 *Heiðinn siður á Íslandi*, Reykjavík et 1963 : *Æsir og Vanir*, Reykjavík, *Studia Islandica* 21, résumé en anglais p. 75-80). Par la suite, les images des deux déesses ont commencé à se fondre, surtout dans les sources écrites après la christianisation (Saxo, Snorri). Il semble cependant qu'en dépit d'un certain effort, Frigg l'étrangère (dominée davantage par l'élément masculin) n'ait jamais réussi à supplanter la déesse nordique Freyja, plus ancienne, laquelle à cette époque avait acquis son nom définitif (Freyja), au moins en certains endroits. Un tel processus pourrait expliquer pourquoi les fonctions des deux déesses en sont venues à se recouper ainsi qu'il apparaît dans les sources qui sont encore à notre disposition.

Avec cet ouvrage de 350 pages paru en 2007, Ingunn Ásdísardóttir nous livre non seulement la contribution la plus détaillée à la fois par son ampleur et par son caractère pluridisciplinaire, à l'étude des deux déesses, mais encore une vue originale qui prend résolument le contre-pied de la théorie communément admise par les spécialistes depuis des lustres, à savoir que Frigg et Freyja seraient deux manifestations d'une seule et même déesse. Les idées reçues au sujet des dieux nordiques doivent en effet beaucoup à Snorri Sturluson dans son *Edda*. Selon lui, la déesse suprême est naturellement Frigg, l'épouse d'Óðinn, et les autres déesses lui sont subordonnées. Ingunn démontre au contraire que Frigg et Freyja sont bien deux déesses distinctes dont le culte est apparu à des époques distinctes et que l'assimilation de l'une à l'autre ne s'est réalisée qu'après la christianisation des pays scandinaves, soit après l'an 1000, plus probablement aux XIIe et XIIIe siècles, époque de la rédaction de l'*Edda* de Snorri. Le culte de Freyja, déesse de l'amour sexuel débridé et de la fécondité, était sans doute bien plus développé (en cela, l'auteur s'appuie sur le témoignage de l'archéologie, des toponymes et des sources écrites disponibles) que celui de Frigg, déesse de l'amour et du mariage ; cette dernière convenait évidemment bien davantage à l'idéal chrétien, ce qui explique qu'elle ait supplanté Freyja dans la présentation du chrétien qu'était Snorri.

C'est pourquoi il est impossible de passer sous silence ce très important ouvrage.

Pour nos lecteurs peu familiers de l'univers mythologique nordique, voici quelques précisions :

On peut dire qu'il y a deux familles de dieux chez les Anciens Scandinaves :

Les Vanes

Ce sont les dieux de la 3e fonction dumézilienne. Ils sont :

- dieux de la fécondité/fertilité et de la prospérité agricole,
- liés à l'eau et à la puissance de la terre ;
- leur culte est bien plus ancien en Scandinavie que celui des Ases ;
- ils sont en relation avec la terre, la nature sauvage, non domestiquée ;
- ils assurent la fécondité des hommes, mais aussi des animaux et celle de la végétation ;
- ils sont beaucoup plus libres en amour (sexualité débridée, vagabondage sexuel, l'inceste est courant et admis).

Les Ases

Ce sont les dieux de la 1re et de la 2e fonction dumézilienne. Ils sont :

- dieux du ciel, de la guerre, de la connaissance et des couches supérieures, opposés aux Vanes ;
- ils représentent la civilisation, la nature domestiquée, l'organisation de la société ;
- ils sont venus du sud et de l'est de l'Europe, ce sont des nouveaux venus (*Cf.* le rôle du cheval chez les Indo-Européens et chez Óðinn).

Quant aux déesses Frigg et Freyja, nous pouvons les comparer schématiquement ainsi : étymologie de leur nom : Jan de Vries, *Altnordisches etymologisches Wörterbuch*, Leiden (Leyde)2e éd., 1977.

Frigg	Freyja
priyâ (sanskrit) : épouse, bien-aimée	reine, souveraine, latin Domina
Merseburger Zauberspruch	titre plus qu'un nom
aucun pouvoir,	
ne voyage que très peu	habit d'oiseau (plumage de faucon)
aucun lien avec la mort	reine des valkyries ou la + digne
	réside à Folkvangr (Cf. Grímnismál ,bataille)
	a la moitié des guerriers morts avec Odin
	valkyries : esprits féminins
	culte des valkyries, dises et nornes bien plus ancien que celui des ases
	Vanadís, Hörn (lin), Sýr (truie)
	constamment en voyage
	liée à la mort de diverses façons
	Destin, magie, divination (seiðr)
	puissante et indépendante, active
	pleure son époux Óðr
	érotique
	liée à l'or (Brisingamen, Hnoss, Gersemi), amour acheté (or)
	Hdl 10 : sacrifices à elle offerts
Snorri : .épouse, mère, la + digne des déesses	
amour maternel (Baldr)	amour sponsal et sensuel (Óðr)
convient mieux à la mentalité chrétienne	

Ingunn Ásdisardóttir en conclut que Frigg et Freyja sont, et ce dès l'origine, deux déesses indépendantes qui ne remontent pas à une source commune.

Elles sont toutes deux à l'origine des déesses de la fécondité/ fertilité (courant dans toutes les civilisations). Frigg appartient aux Ases (1re et 2e fonctions duméziliennes), Freyja aux Vanes (3e fonction). Cette dernière va cependant être admise chez les Ases et enseigner à Óðinn la magie divinatoire (*seiðr*).

- Nous en savons bien plus sur Freyja, autochtone en Scandinavie (archéologie, toponymes, statut) que sur Frigg, qui vient du sud de la Germanie.
- Lors de la venue en Scandinavie des Ases, dieux indo-européens, Frigg est arrivée en même temps dans le nord. Les images de Freyja et de Frigg ont commencé à se mélanger (fonction, attributs), mais Frigg n'a jamais réussi à supplanter Freyja, fermement enracinée. Les écrivains et scaldes chrétiens n'y purent rien changer.

Seul Snorri Sturluson, chrétien et mythographe, source principale de notre connaissance de la mythologie nordique (XIIIe siècle), hisse Frigg sur le pavois, parce qu'elle convient mieux à l'idéal chrétien comme souveraine. Il en fait donc très logiquement l'épouse d'Odin, le dieu suprême.

Les jours de la semaine chez les Germains ont été empruntés aux Romains. Toutefois, ceux qui comportaient le nom d'un dieu de la mythologie gréco-latine ont été transposés dans la mythologie germanique. C'est ce que nous allons voir maintenant.

• L'origine des noms des jours de la semaine chez les Germains

Il faut tout d'abord dire que les noms latins ont été traduits au IVe siècle après J.-C. et ont fait l'objet d'une *interpretatio germanica :* Mars est identifié à Týr, Mercure à Óðinn (en raison des attributs, davantage que de la fonction), Jupiter (qui devrait correspondre à Óðinn) se voit identifié à Þórr (toujours en vertu de ses attributs), lequel pour un Romain aurait plutôt correspondu à Hercule... Et Vénus a été identifiée à Frigg, puis à Freyja. Ajoutons que les Égyptiens, les Chinois et les Grecs comptèrent d'abord les jours par décades. Ce sont les Hébreux, qui, les premiers, firent usage de la semaine de 7 jours, durée apparentée aux phases de la lune. À Babylone, le nombre 7 était considéré comme néfaste. Cette superstition arithmétique imposait de ne rien entreprendre le 7e, le 14e, le 21e ni le 28e jour du mois. Ce fait serait à l'origine du repos hebdomadaire chez les Juifs, Dieu ayant créé le monde en 6 jours et s'étant reposé le 7e : le Sabbat. Le Sabbat est depuis lors le jour du Seigneur chez les Juifs (Genèse 2, $_{2\text{-}3}$). Il se trouve aussi que le nombre 7 correspond au nombre de planètes que les Babyloniens croyaient connaître : le soleil (!), la lune, Mars, Mercure, Jupiter, Vénus et Saturne. Les Chrétiens, en souvenir de la résurrection du Christ le troisième jour après sa mort, ont appelé le jour du soleil *dies Domini* : « le jour du Seigneur », notre dimanche (*Cf.* Paul Couderc, *Le calendrier*, Paris, PUF, 1946, 4e éd. 1970, p. 43-46).

Le « jour du soleil » est cependant resté dans les traductions faites dans les langues germaniques (allemand moderne *Sonntag*) probablement grâce à une métaphore de Saint Jérôme (347-420) qui désigne le Christ comme le « soleil de justice » (« In die dominica paschae homilia »).

Les noms latins des jours de la semaine ont été traduits dans les langues germaniques de la façon suivante (on notera que seuls quatre jours au maximum font référence à un dieu) :

- *Dies Martii*, vieux-norrois *týsdagr*, islandais moderne *þriðjudagur* (« troisième jour »), allemand *Dienstag*, anglais *tuesday*, néerlandais *dingsdag*, danois et norvégien *tirsdag*, suédois *tisdag*.
- *Dies Mercurii*, vieux-norrois *óðinsdagr*, islandais moderne *miðvikudagur*, allemand *Mittwoch* (même sens qu'en islandais moderne : « milieu de la semaine »), anglais *wednesday*, néerlandais *woensdag*, danois/norvégien/suédois *onsdag*.

– *Dies Jovi*, vieux-norrois *þórsdagr*, islandais moderne *fimmtudagur* (« 5e jour »), allemand *Donnerstag*, anglais *thursday*, néerlandais *donderdag*, danois/norvégien/suédois *torsdag*.
– *Dies Veneris*, vieux-norrois *fríadagr* (variante sud-germanique de Frigg, mais Freyja et Frigg ont tendance à être confondues), islandais moderne *föstudagur* (« jour du jeûne »), allemand *Freitag*, anglais *friday*, néerlandais *vrijdag*, danois/norvégien/suédois *fredag*.

Les autres jours ne comportent pas de noms de dieux païens :
– *Dies lunae* : islandais moderne *mánudagur*, allemand *Montag*, anglais *monday*, néerlandais *maandag*, danois/norvégien *mandag*, suédois *måndag*.
– *Dies Saturni* : islandais moderne *laugardagur* (« jour de lessive »), allemand *Samstag* (ou *Sonnabend* dans le nord), anglais *saturday*, néerlandais *zaterdag*, danois/norvégien *lørdag*, suédois *lördag*.
– *Dies solis* : islandais moderne *sunnudagur*, allemand *Sonntag*, anglais *sunday*, néerlandais *zondag*, danois/norvégien *søndag*, suédois *söndag*.

On constate que le nom d'Óðinn a disparu en islandais et en allemand, et que Týr, Þórr et Frigg également en islandais, sous l'influence de l'Église, qui s'est cependant montrée souvent perspicace lors de la christianisation des peuples germaniques. Certaines références au paganisme ont semblé à l'époque intolérables dans certains pays, dans d'autres cela ne posait pas (c'est-à-dire plus) de problème particulier, car le paganisme n'était plus qu'une façade.

Les astres et planètes correspondantes dans le système de l'ancienne Babylone :
Soleil / Lune / Mars / Mercure / Jupiter / Vénus / Saturne

Remarques :
– Aucun nom islandais actuel ne rappelle un dieu païen. Cela est dû à l'initiative isolée d'un des premiers évêques

Les noms des jours de la semaine dans les langues germaniques actuelles

français	allemand	anglais	islandais	norvégien	danois	suédois	féroïen (1)	néerlandais	afrikaans	yiddisch (2)
dimanche	Sonntag	sunday	sunnudagur	søndag	søndag	söndag	sunnudagur	zondag	sondag	zuntik
lundi	Montag	monday	mánudagur	mandag	mandag	måndag	mánadagur	maandag	maandag	montik
mardi	Dienstag	tuesday	þriðjudagur (týsdagur)	tirsdag	tirsdag	tisdag	týsdagur	dinsdag	dinsdag	dinstik
mercredi	Mittwoch	wednesday	miðvikudagur (óðinsdagur)	onsdag	onsdag	onsdag	mikudagur	woensdag	woensdag	mitwokh
jeudi	Donnerstag	thursday	fimmtudagur (þórsdagur)	torsdag	torsdag	torsdag	hósdagur	donderdag	donderdag	donershtik
vendredi	Freitag	friday	föstudagur (*friggjardagur)	fredag	fredag	fredag	friggjadagur	vrijdag	vrydag	fraytik
samedi	Samstag/ Sonnabend	saturday	laugardagur	lørdag	lørdag	lördag	leygardagur	zaterdag	saterdag	shabes

(1) ou féringien, ou férugien= langue des îles Féroés - (2) judéo-allemand

d'Islande, le prestigieux Jón Ögmundarson à Hólar (1106-1121).

– Le mot « samedi » dans les cinq langues langues scandinaves signifie « jour de lessive ».

– Le mot allemand *Sonnabend* (« samedi »), utilisé en Allemagne du Nord, est un nom chrétien : c'est la veille du dimanche, qu'on a ensuite étendue à la journée entière. Il y a sans doute là l'influence de la mission anglo-saxonne de Saint Boniface (Bonifatius/Winfrid), apôtre de la Germanie (mort martyr dans le Nord de la Frise en 754). *Samstag*, utilisé dans le sud et en général au plan international, fait référence au Sabbat des Juifs.

– Les noms du mardi, du mercredi, du jeudi et du vendredi ont conservé, dans la plupart des langues germaniques, le souvenir du dieu païen correspondant (Týr, ancien dieu du ciel), Óðinn (Wotan/Wodan/Wôden), dieu suprême, Þór (Thor/Donar/Donner) et Frigg ou Freyja. Les autres noms de jours sont empruntés au latin à la fin du IVe siècle après J.-C.

IV – Les héros

La mythologie donne évidemment la priorité aux dieux, mais traite aussi de ces demi-dieux que sont les héros. Nous allons donc exposer le contenu des **chants héroïques de l'Edda.**

Ceux-ci sont au nombre de dix-huit et la plupart traitent de Sigurðr (allemand : Siegfried), son enfance, sa mort et sa descendance. Deux concernent la fin des Burgondes et la mort d'Attila, trois ont pour thème le héros solaire Helgi et un narre l'histoire du forgeron merveilleux Völundr. En fait, Sigurðr, les Burgondes et Attila ressortissent à la légende des Nibelungen, rendue célèbre par le *Nibelungenlied* (« Chanson des Nibelungen ») et la Tétralogie de Richard Wagner intitulée *Der Ring des Nibelungen* (« L'Anneau du Nibelung »). Or le *Nibelungenlied* a des prédécesseurs scandinaves parmi les chants héroïques de l'*Edda* et Richard Wagner s'est inspiré de la *Völsungasaga*, œuvre en prose composée vers 1260 et qui permet de restituer l'un des chants de l'*Edda* disparu. Nous distinguerons donc trois groupes thématiques de poèmes eddiques héroïques. Le premier aura pour centre la légende des *Nibelungen* avec Sigurðr comme protagoniste, le second celui de Helgi, apparenté à Sigurðr, le troisième celui de Völundr.

1) La légende des Niflungar (Nibelungen)

On a parfois tendance à croire, en France, que les origines du *Nibelungenlied*, poème moyen-haut-allemand rédigé vers 1200 et épopée nationale allemande, sont scandinaves et qu'elles ont constitué la source et le modèle de la célèbre épopée allemande. Qu'en est-il exactement ? Que nous disent les textes, et, au fait, quels textes ? Nous avons également tendance à voir dans Siegfried l'archétype du héros, une sorte de surhomme nietzschéen ou wagnérien suivant l'idée qu'on s'en fait. Quelle image nous est-elle transmise par la tradition scandinave ? En quoi le *Nibelungenlied* diffère-t-il profondément de ses sources ?

L'abondante matière traitée dans les légendes des Nibelungen ressortit clairement à quatre cycles :

1/ Le cycle des enfances de Sigurðr (Siegfried) ;
2/ Le cycle de la mort de Sigurðr ;
3/ Le cycle de la fin des Burgondes ;
4/ Le cycle de la fin d'Atli (allemand : Etzel, la forme *Atli* devenant *Etzel* par suite de la métaphonie en *-i* et de la seconde mutation consonantique ; français : Attila).

2 et 3 constituent les deux parties principales du *Nibelungenlied*. Celui-ci est sans conteste l'œuvre la plus célèbre et la plus importante de toute la poésie courtoise allemande du Moyen Âge. Voici ce qu'en disent deux éminents germanistes, Maurice Colleville et Ernest Tonnelat :

> « Le contenu de ce poème, c'est essentiellement l'histoire d'une femme, Kriemhild. Ce n'est pas, comme l'imaginent beaucoup de Français, qui croient pouvoir juger de l'époque médiévale d'après les souvenirs que leur ont laissés les drames musicaux de Richard Wagner, l'histoire d'un peuple mystérieux, à demi étranger à l'humanité ordinaire. Le titre habituellement donné à ce poème risque d'égarer le lecteur non averti. Les Nibelungen n'ont qu'un rôle très effacé dans l'épopée allemande. Ce nom d'ailleurs ne désigne pas toujours les mêmes personnages. Dans la première partie du poème il s'applique à des guerriers que

Siegfried a soumis à son autorité au cours d'une période antérieure à celle qui nous est contée ; dans la seconde moitié il est porté par les guerriers burgondes, sujets du roi Gunther. Nous aurons plus loin à expliquer ce glissement du nom d'une collectivité à une autre. Mais ce n'est là qu'une question secondaire, qui ne doit pas nous arrêter.

Comment Kriemhild, princesse burgonde, sœur du roi Gunther, qui règne à Worms, devient l'épouse de S, fils du roi de Néerlande, comment, après avoir longtemps vécu heureuse auprès de son époux, elle a un jour la douleur de le voir traîtreusement assassiné par l'un des barons de la cour burgonde, Hagen, comment elle prépare sa vengeance et finit par l'exécuter en faisant périr Hagen et, avec lui, tous ceux des Burgondes qui ont pris la défense du meurtrier, c'est-à-dire ses propres frères et nombre d'autres guerriers, comment enfin elle reçoit elle-même le châtiment dû à la démesure dont elle a fait preuve dans l'accomplissement de sa vengeance, voilà le fond de l'intrigue que nous conte l'épopée allemande.

C'est à dessein que, dans ce bref relevé des faits essentiels, nous n'avons nommé ni Brünhild, épouse du roi Gunther, ni Etzel, second époux de Kriemhild. Non que leur rôle soit indifférent. Mais ce sont des personnages qui ne figurent que dans une partie du poème. Ils ne sont pas, comme Kriemhild, Gunther et Hagen, mêlés à l'action du commencement à la fin.

Ce n'est donc pas sans raison qu'un remanieur du XVe siècle a cru pouvoir donner au poème ce titre : Le Livre de Kriemhild. La première « aventure » présente Kriemhild au temps de sa jeunesse ; la

> dernière « aventure » conte sa mort. Dans l'intervalle Kriemhild est toujours présente. Il n'est pas d'épisode qui n'agisse directement ou indirectement sur sa Destinée. »
> (La Chanson des Nibelungen, Paris, Aubier-Montaigne, 1944, p. 7-8).

Or il existe des textes qui nous parlent de Siegfried, de Kriemhild, Gunther, Hagen et Brünhild. Mais dans quelle mesure sommes nous habilités à parler de sources scandinaves du *Nibelungenlied ?* Nous possédons des légendes des Nibelungen en provenance d'Allemagne et de Scandinavie. On estime que le *Nibelungenlied* a été rédigé très probablement aux alentours de 1200, mais plusieurs légendes héroïques germaniques l'ont précédé depuis le VIe siècle. La Scandinavie a conservé des versions plus anciennes de la matière du *Nibelungenlied.* Quelle est la différence entre la tradition nordique et la tradition allemande ?

Il faut tout d'abord dire que le recueil de poèmes (trente cinq) en vieil-islandais que constitue l'Edda poétique est apparu vers 1250, que ses chants mythologiques et héroïques ont été consignés par écrit entre 1150 et 1200, mais qu'ils remontent à des traditions orales qui les ont vu naître entre 800 et 1200. Une part importante de l'*Edda* poétique est constituée de chants héroïques qui tournent autour de la légende des Nibelungen.

Nous possédons en outre deux ouvrages en prose du XIIIe siècle qui traitent en vieil-islandais le même sujet ; il s'agit de la Völsungasaga (« Saga des Völsungar », équivalent des Wälsungen allemands), rédigée vers 1260 par un auteur inconnu, et l'Edda en prose (*Skáldskaparmál* 6) rédigée vers 1220 par Snorri Sturluson (1178-1241), qui traite brièvement de la légende des Nibelungen dans le but d'expliquer les tournures, métaphores et expressions imagées employées par les scaldes (poètes de cour norvégiens).

Les plus anciennes versions du *Nibelungenlied* ne nous ont pas été conservées. On peut sans craindre de se tromper affirmer qu'il s'agissait de poèmes héroïques, car nous savons que la poésie héroïque enchaîne immédiatement sur l'Histoire. La littérature n'est pas l'historiographie. Ce n'est donc pas la pure consignation de faits et la conservation de documents, mais transformation, remaniement des événements historiques. Je ne ferai donc pas de révélation en affirmant que les chants héroïques ne sont pas des chants historiques, mais tout simplement de la littérature, de la fiction.

La tradition nordique traite des enfances de Sigurðr et de la fin d'Atli, mais sépare mort de Sigurðr et fin des Burgondes en liant la fin d'Atli à celle des Burgondes. Nous avons donc d'une part Sigurðr, d'autre part les Burgondes et Atli. Nous allons commencer par ces derniers.

a) Les Burgondes et Atli (Attila)

Du point de vue historique, les Burgondes étaient des Germains de la mer Baltique qui étaient vraisemblablement originaires de l'île de Bornholm (ou : Borgundarholm) au sud de la Suède ou de la ville de Borgund en Norvège. Au IVe siècle, ils s'établirent en Allemagne et se fixèrent dans la région de Worms, sur les bords du Rhin. En 437, ils furent chassés avec leur roi Gundicarius (Gunther) par les Huns et refluèrent vers l'ouest et trouvèrent refuge en Sapaudia (« pays des sapins » : Savoie ; ce terme se trouve chez Ammien Marcellin, 2e moitié du IVe s., et englobe aussi une partie de l'Helvétie). C'est Ætius qui transfère les Burgondes en 443 en Sapaudia et leur accorde des terres. De Gundicarius nous ne savons rien sinon que ses proches parents apparaisent avec lui dans une loi du futur royaume burgonde : Gibica (dans le Nord : Gjúki, d'où ses descendants appelés Gjúkungar ; en Allemagne, Gibich fonde la lignée des Gibichungen), Godomarus (norrois : Gutormr), Gislaharius (allemand : Giselher), Gundicarius (norrois : Gunnarr, allemand : Gunther). Grâce aux efforts d'Ætius, Attila et ses Huns sont définitivement vaincus en 451 aux Champs Catalauniques (entre Châlons-sur-Marne et Reims, aux Campi Mauriaci, peut-être à

Moirey, dans la commune de Dierrey-St-Julien). Attila se retire en Pannonie. De nombreux chefs germaniques trouvent refuge auprès de lui. Il meurt finalement d'un saignement de nez (selon Priskos, général byzantin mort en 613), en 453, aux côtés d'une concubine au nom germanique, Hildico (diminutif de Hilde), probablement une femme de la tribu des Gots.

Mentionnons brièvement, car ils ne concernent que deux poèmes traitant de la descendance de Sigurðr, les Gots, tribus germaniques originaires de Scandinavie. En 375, les Huns qui déferlent sur l'Occident dévastent leur puissant empire, dont le roi Ermanarich (gotique : Airmanareiks, vieil-islandais : Jörmunrekr), se donne la mort pour ne pas être obligé d'assister à l'écrasement de son peuple. C'est du moins le témoignage de l'historien romain Ammien Marcellin (Ammianus Marcellinus, qui vécut d'environ 335 à 400). Nous apprenons par Jordanès (qui écrivit en 551 une histoire des Gots) que le peuple des Rosomons se détache au moment critique des Gots (*Jordanès : Histoire des Goths*, introduction, traduction et notes par Olivier Devillers, Paris, Les Belles Lettres, 2004, § 152) et que Ermanarich se venge en faisant piétiner par ses chevaux Sonilda (Svanhild), l'épouse de l'un des princes félons. Les frères de celle-ci, Sarus (Sörli) et Ammius (Hamðir), attaquent Ermanarich et le blessent.

Ensuite, la légende prend le relais. Environ trois siècles et demi plus tard, Paul Diacre (environ 720-799, Historia Langobardorum, vers 790) dit de Gundicarius qu'il serait allé à la rencontre d'Attila et aurait été vaincu par lui ; ce qui n'est pas exact, car nous savons qu'à l'époque (entre 443 et 453), Attila ne se trouvait pas au bord du Rhin. Nous sommes donc en présence d'une première affabulation légendaire.

Ensuite l'histoire subit un autre remaniement : on raconte qu'Attila aurait été assassiné par une femme (selon Marcellin : Marcellinus, général byzantin, mort en 467. Il fut compagnon d'armes d'Ætius), laquelle aurait ainsi voulu venger son père (selon Poeta Saxo, Germain du IXe siècle, qui a écrit des annales et des poésies. On le trouve à Corvey en 888).

Une rumeur attribue à Attila la responsabilité de la chute du royaume burgonde situé sur les bords du Rhin et explique que la mort du roi des Huns en est la vengeance. Naturellement, dans la légende, Hildico devient la femme légitime d'Attila (elle ne demeure pas sa concubine), et de fille de Gundicarius elle devient sa sœur, etc.

Intervient finalement le remaniement littéraire. Un poète s'empare de ces rumeurs et légendes et c'est ainsi que la « Chanson des Burgondes » (Burgundenlied) voit le jour, ouvrage non attesté et reconstitué à partir de témoignages divers. Les rois burgondes y figurent déjà en tant que Nibelungen. Ils furent ainsi appelés parce qu'ils étaient détenteurs d'un fabuleux trésor que des nains, donc des êtres des ténèbres, des brumes (allemand Nebel, qui donne Nibelungen ; norrois nifl, qui donne Niflungar), auraient tenu caché. Les Nibelungen sont assimilés aux rois burgondes. La poésie dépolitise également le sujet : ce ne sont pas les Burgondes qui combattent contre les Huns, mais Gundicarius contre Attila ; ce sont donc des hommes, des personnes. Les motifs politiques cèdent le pas aux motifs personnels. Attila n'entre pas en guerre contre les frères de son épouse pour des motifs politiques, mais par jalousie, car il veut s'emparer de leur trésor.

Ce chant a probablement vu le jour au Ve ou au VIe siècle. Il trouva ensuite le chemin du Nord au VIIe ou au VIIIe et la version norvégienne que nous en possédons est ordinairement datée du IXe siècle. Il s'agit de l'Atlakviða (« Chant d'Atli », puisqu'Atli est le nom d'Attila en vieil-islandais ou norrois).

• Le « Chant d'Atli » (*Atlakviða*)

Ce poème comporte 43 strophes et le mètre en est le *málaháttr* (« ton des dits » : 2 temps forts, c'est-à-dire 2 syllabes accentuées par vers court, chaque vers court comportant au moins 5 syllabes. C'est une variante du *fornyrðislag*, le « mètre des anciens récits », qui domine dans la poésie de *l'Edda ;* une strophe en *fornyrðislag* compte 8 vers courts à deux temps forts. À la différence du *málaháttr,* le vers court du *fornyrðislag* compte 4 syllabes. Aussi bien dans le fornyrðislag que dans le *málaháttr,* le premier vers court est relié au second par une seule allitération). Une seconde variante du fornyrðislag est le ljóðaháttr, qui comporte deux vers courts à deux temps forts chacun et en plus un vers à trois temps forts avec son propre système d'allitérations. Une troisième variante du fornyrðislag est le galdralag (« ton des incantations magiques »), très proche du ljóðaháttr (mais le vers long y est répété quasi littéralement. Quelques strophes des Hávamál, des Grímnismál, des Skírnismál et des Sigrdrífumál sont en galdralag, mais je n'en ai pas tenu compte dans ce qui suit et je les ai comptabilisées dans les strophes en ljóðaháttr). Mais revenons à l'Atlakviða ; en voici la première strophe (je sépare les vers par une barre oblique et je souligne les allitérations) :

> Atli sendi/ár til Gunnars
> kunnan segg at ríða,/Knefröðr var sá heitinn ;
> at görðum kom hann Gjúka/ok at Gunnars höllu,
> bekkjum aringreypum/ok at bjóri svásum.

Traduction :

> « Atli envoya/autrefois à Gunnar
> un homme sage chevauchant/Knéfröðr était
> appelé ;
> Arriva à l'enclos de Gjúki/et à la halle de Gunnar,
> Aux bancs entourant l'âtre/pour boire la noble
> bière. »
> (R. Boyer, *op. cit.*, p. 365-366)

Atli, qui a épousé la sœur de Gunnar, Guðrún, invite ce dernier à sa cour dans l'intention de s'emparer de son trésor, le trésor des Niflungar (Burgondes). Guðrún remet au messager un anneau autour duquel elle a entortillé un poil de loup, signe d'hostilité. Le messager, Knefröðr, transmet l'invitation ; l'avertissement de la sœur est perçu et évalué et on demande son avis à Högni

(Hagen). Il est défavorable, mais Gunnarr passe outre, sans pour autant se moquer de lui. C'est que dans le Nord Högni n'est pas un bâtard, mais un frère authentique de Gunnarr. Sa mise en garde n'a rien de celle d'un voyant. Ici, Gunnarr n'a que lui comme frère. Les deux héros se rendent seuls dans le pays d'Atli. La sœur de Gunnarr (dans le Nord c'est toujours Guðrún ; l'allitération marque la parenté) les reçoit avec force lamentations. Atli est à table. Les deux héros sont vite maîtrisés, non sans que Högni n'abatte auparavant un grand nombre d'ennemis. À Gunnarr attaché on pose la question du trésor, qui n'a pas été mentionné jusque là. Gunnarr déclare qu'il doit d'abord tenir dans sa main le cœur de Högni. On apporte à Gunnarr le cœur du couard Hjalli. Gunnarr le refuse, car le cœur de Högni ne tremble pas autant.

Y-a-t-il là une ruse de Guðrún qui veut gagner du temps pour son frère ou bien faut-il y voir le motif courant du cœur du couard et de celui du héros ? Högni rit quand on lui arrache le cœur et son cœur ne tremble pas quand il se trouve sur le plateau devant Gunnarr. C'est alors que Gunnarr prononce ses célèbres paroles :

> « De moi seul dépend, /De moi seul est le secret,
> Tout le trésor des Niflungar :/ Högni maintenant ne vit plus ;
> Toujours je gardais doute /Tant que nous deux vivions,
> À présent que je suis seul à vivre,/ Je ne doute plus !
> Le Rhin seul gardera /Le métal de discorde,
> L'or venu des Ases, /L'héritage des Niflungar,
> Dans l'eau tourbillonnante/ Luisent les anneaux welches –
> Plutôt que brille l'or /Sur les bras des enfants des Huns. »
> (Strophes 28-29 ; cf. Régis Boyer, *op. cit.*, p. 372)

Gunnarr est conduit à la mort par Atli lui-même et jeté dans une fosse à serpents ; en mourant, il joue de la harpe. Guðrún reçoit son époux avec un breuvage et une salutation équivoque ; il se met à table, mais lorsqu'il a fini de manger, Guðrún lui révèle qu'elle lui a servi les cœurs de leurs fils Erp et Eitill. Atli est trop ivre pour songer à se venger et Guðrún apaise la suite d'Atli en distribuant de l'or à pleines mains. Lorsque tous dorment, elle met le feu au palais et elle périt elle aussi dans les flammes.

L'Atlakviða ne parle pas de Sigurðr. Il s'agit sans doute d'une très ancienne forme de légende des Nibelungen. L'Atlakviða est cependant dédoublée par un poème écrit sensiblement à la même époque, les Atlamál (« Dits d'Atli »), qui nous plongent dans le monde paysan.

• Les « Dits d'Atli » (*Atlamál*)

C'est un poème de 105 strophes en *málaháttr*. Atli envoie un messager, Vingi, à ses beaux-frères qu'il veut inviter. Guðrún a remis à Vingi un avertissement pour ses frères sous la forme de signes runiques gravés sur un bâton, mais Vingi efface les runes. Gunnarr est pour le voyage, Högni est contre, mais il finit par se ranger à l'avis de Gunnarr. Pendant la nuit, Kostbera et Glaumvör, les épouses de Högni et Gunnarr, font des rêves prémonitoires que leurs maris interprètent le lendemain de façon purement rationaliste. Ils se mettent en route à 5 : deux fils et un beau-frère de Gunnarr sont du voyage. La ferme d'Atli est située au-delà d'un fjord et ils souquent si ferme pour traverser que les tourillons s'arrachent et les tolets se brisent (on atteint là un point de non retour : le Destin doit s'accomplir). Bientôt le château d'Atli est en vue. Vingi persifle les Burgondes en les avertissant que s'ils pénètrent dans le château d'Atli, ils sont perdus. Le traître est immédiatement abattu. C'est le signal du combat. Guðrún se précipite à la rencontre des combattants et tente une médiation, mais en vain. Alors elle revêt elle-même la broigne et combat au côtés de ses frères. Elle tue même l'un des frères de son époux. Le combat dure jusqu'à l'aube, dix-huit Huns trouvent la mort ainsi que les trois accompagnateurs des deux frères. Ces derniers sont faits prisonniers. Ensuite Gunnarr se retrouve dans la fosse aux serpents. Il joue de la harpe avec les doigts de pieds, car il est attaché. On va arracher le cœur de Högni. Mais l'écuyer d'Atli, dans sa bienveillance, voudrait épargner le héros et propose d'arracher le cœur à Hjalli, le couard ; or, celui-ci se comporte de façon si lamentable que Högni intercède pour lui et demande de mourir à sa place. Högni meurt donc en riant ainsi que Gunnarr dans la fosse aux serpents. Guðrún prépare le repas d'héritage, attire ses enfants à elle, les tue et donne leurs cœurs à manger à leur père. Elle lui donne aussi leurs crânes comme coupe pour boire la bière, à laquelle elle mêle du sang de ses enfants. Le texte nous livre ces détails abjects. Atli menace de la tuer, mais elle est plus rapide : Hniflungr, fils de Högni, (surgi ici pour les besoins de la cause) aide Guðrún à accomplir sa vengeance. Il transperce Atli dans son sommeil, avec l'aide de Guðrún. Un long dialogue précède la mort d'Atli et Guðrún lui promet des funérailles solennelles. Elle ne meurt pas.

Deux faits sont à retenir : tout d'abord, Guðrún prépare à Atli un festin d'Atrée. Dans la légende grecque, Atrée est roi de Mycène, père d'Agamemnon ; il sert à son frère Thyeste les fils de ce dernier dans du ragoût. Après avoir mangé, Thyestes découvre les membres coupés de ses fils. On peut penser que l'auteur de l'*Atlakviða* veut accentuer le caractère monstrueux de la vengeance de Guðrún, mais on peut aussi estimer que le châtiment du barbare Attila se doit d'être exemplaire et à la mesure de la mort atroce qu'il a infligée aux frères de sa femme. Deuxièmement, Gunnarr, jeté dans la fosse aux serpents, joue de la harpe avant de mourir. Il s'agit là d'un vieux thème orphique.

On peut voir dans ces deux éléments (le meurtre des enfants avec festin d'Atrée et le fait de jouer de la harpe) des reflets de l'époque viking (environ 800-1066).

Si nous comparons *Atlamál* et *Atlakviða,* nous constatons les différences suivantes :

- L'*Atlakviða* est un poème aristocratique et raffiné tandis que les *Atlamál,* nous présentent personnages et événements sous un éclairage réaliste et campagnard.
- Dans les *Atlamál,* Guðrún fait montre d'une fureur beaucoup plus véhémente que dans l'*Atlakviða*..
- Dans les *Atlamál,* le meurtre des enfants d'Atli nous est décrit dans le détail.
- Les *Atlamál* complètent les données laconiques de l'*Atlakviða*. L'appellation de « *Groen*landais » pour l'*Atlakviða* est fallacieuse : elle a été rajoutée après coup, en référence aux *Atlamál,* qui eux, ont probablement été écrits par un colon qui a sans doute connu Eiríkr hinn rauði (Éric le Rouge, découvreur du *Groen*land en 986 environ). Mais on s'interroge encore aujourd'hui sur cette dénomination : en effet, une province de Norvège s'appelle Grenland !
- Dans les *Atlamál,* il n'y a pas de question à propos du trésor et il n'y a pas non plus de paroles de défi. Par conséquent, l'arrachage du cœur et la fosse aux serpents sont deux motifs qui n'y ont absolument aucune fonction !
- Dans les *Atlamál,* Högni accède au rang de personnage principal. Est-ce dû à l'influence du « Chant d'Attila » saxon écrit en bas-allemand (sans nuance péjorative ! Il s'agit de l'allemand du nord) qui date des XIe et XIIe siècles ? Gunnar disparaît très vite et c'est Högni qui a engendré le vengeur.
- Les *Atlamál* sont seuls à nous livrer le nom de Hniflungr (Nibelung), qui après l'anéantissement des Burgondes est le seul Nibelung.
- Les *Atlamál* nous fournissent des rêves prémonitoires de la part des femmes, la destruction du bateau une fois la traversée accomplie et l'avertissement devant le château, autant de signes fatidiques qui nous indiquent la marche

inexorable du Destin et son accomplissement actif par les protagonistes. Ces éléments sont vraisemblablement des emprunts au sud de l'aire germanique.

- Très souvent, l'auteur des *Atlamál* insiste sur le caractère inéluctable des arrêts du Destin et nous livre sa propre interprétation des faits qu'il nous narre. Le récit abonde de réflexions et de considérations personnelles, d'appréciations qui nous laissent entrevoir la christianisation du sentiment et l'importance des facteurs psychologiques. L'auteur s'éloigne de l'esprit originel de la poésie héroïque et tente d'effectuer la synthèse avec ses propres vues. Un mot comme *iðra :* « regretter » témoigne de l'arrière-plan chrétien du texte et nous montre que la poésie héroïque franchit une étape importante : celle de l'appréciation morale des actes humains.

Nous avons maintenant fait le tour des prédécesseurs du *Nibelungenlied* en ce qui concerne la fin des Burgondes et celle d'Attila. Il nous faut nous tourner maintenant vers le héros germanique par excellence, Sigurðr-Siegfried.

b) Sigurðr-Siegfried

En ce qui concerne l'Histoire, il faut d'abord trancher : s'agit-il d'Arminius, Hermann le Chérusque qui, en l'an 9 après J.-C., anéantit trois légions romaines dans le Teutoburger Wald, ou bien de Sigebert, le roi mérovingien ? Je me décide pour le Mérovingien, car je ne crois pas à l'explication de la popularité de Sigurðr fournie par Régis Boyer dans l'étude qui prélude à sa traduction de la *Völsungasaga*, p. 94. Il voit dans Arminius l'un des candidats le mieux placés pour expliquer « pourquoi et comment un héros ou roi de ce nom (Sigurðr) ... en est venu à passer pour le parangon du héros. » Arguments utilisés :

- le combat contre un dragon dont il est crédité peut reposer sur une réalité différente transposée au plan du mythe. Prendre en considération l'étalement dans le temps ;

- le père d'Arminius s'appelait Sigimerus, son beau-père Segestes, qui avait un fils nommé Sigimundus ;
- Arminius serait formé sur un nom germanique avec la racine *Ermin-, Irmin-* (« gigantesque ») qu'on retrouve dans *Irminsûl* et dans *Jörmungandr,* induisant l'idée de « colonne, pilier gigantesque », d'où l'Arbre du monde, Yggdrasill, l'arbre cosmique de la mythologie germanique ; *Cf.* « Irminsul, l'Arbre du monde des Saxons », *in : L'Arbre : Symbole et réalité,* Actes des journées universitaires de Hérisson (Allier) organisées par les Cahiers Kubaba (Université de Paris I) et la ville de Hérisson, Paris, L'Harmattan, 2003, 21-22 juin 2002, p. 135-157. Consultable en ligne : *kubaba.univ-paris1.fr/2000/arbre/guelpa.pdf*
- Arminius serait alors un synonyme de héros, comme Mannus dans la *Germania* de Tacite ;
- Si Arminius est un mot latin, on pourrait y voir un sobriquet d'un hypothétique Sigifridus en raison de la triade allitérée mentionnée ci-dessus.

Ce dernier argument ne me paraît pas convaincant.

Le premier demande à être vérifié, mais par quel tour de passe-passe en arrive-t-on à Siegfried-Sigurðr ? Même en faisant jouer l'étalement dans le temps, je ne vois pas. La consonance *Armin-/Irmin-* est séduisante, mais n'est-ce pas là le jeu de Snorri, qui faisait venir les Ases d'Asie et celui des moines du moyen-âge férus d'étymologies bon marché ?

Je préfère Sigebert, même si le dragon et d'autres éléments ont pu venir s'y ajouter, car nous avons ainsi le nom du héros, du moins le premier élément, *Sig-*, qui fait allusion sans aucun doute possible à la victoire. Le second élément *-urðr,* est plus discutable. Il peut renvoyer à la norne Urðr : « celui à qui est Destinée la victoire », on peut aussi, comme le fait R. Boyer, voir dans *Sigurðr* une forme syncopée de *Sigfrøðr :* « celui qui connaît la victoire », dont la modification est motivée par la règle dite des « trois consonnes » et qui veut que la seconde tombe, soit :

Sigrøðr. Ajoutons la métathèse (inversion fréquente de phonèmes) et nous obtenons *Sigørðr*, le *ø* se transcrivant *-u*. Le sens ne change pas notablement. Je préfère cette interprétation mérovingienne à celle qui part d'Arminius, en raisons des données historiques exposées *infra* :

Les Mérovingiens comptent de nombreux rois dont le nom commence par *Sig-*. Ainsi le roi Sigebert qui s'établit à Cologne et est éliminé par Clovis. Mais il y a un autre Sigebert, roi des Francs ripuaires (des bords du Rhin), qui épousa la fille du roi wisigoth Brunehilde ou Brunehaut. Ce mariage a dû impressionner les contemporains car il est déjà célèbre dans les chroniques de l'époque. Attaqué dès son arrivée sur le trône par son demi-frère Chilpéric Ier, il reprend Reims et s'empare de Soissons. Son mariage, célébré en 566 à Metz avec Brunehild, fille d'Athanagild, roi des Wisigoths, ne suscite que jalousie chez Chilpéric. Immédiatement après, celui-ci épouse Galswinthe, autre fille d'Athanagild, mais il tolère que sa maîtresse Frédégonde fasse assassiner son épouse. Sigebert est dans l'obligation de venger le meurtre de sa belle-sœur. Il trouve pour cela l'appui de Gontrand (Gunther), roi des Burgondes, et reçoit en dédommagement un vaste territoire en Aquitaine. De nouveau attaqué par Chilpéric, Sigebert appelle à l'aide les barbares d'outre-Rhin et extorque la restitution de ses conquêtes en Aquitaine. Nous sommes en 574. Chilpéric rompt le traité et Sigebert s'empare de son royaume et est reconnu pour roi. Mais avant d'être élevé sur le pavois, il est assassiné en 575 par deux sbires au service de Frédégonde à Chelles (20 km à l'est de Paris).

Il est sûr que Sigebert Ier a entrepris des campagnes victorieuses contre les Avars, les Danois et les Saxons et qu'il est censé avoir découvert un fabuleux trésor caché. Après son meurtre un conflit inexpiable éclate entre Brunehaut et Frédégonde. Brunehaut semble en 612 rétablir l'unité du Regnum Francorum, mais la mort prématurée de Thierry II (Dietrich), son petit-fils, remet tout en question. La noblesse la livre à Clotaire II, lequel la fait martyriser à mort : elle est attachée nue à la queue d'un cheval. Quant à Chilpéric, il est assassiné lors d'une chasse.

Naturellement, ces données historiques sont déformées et remaniées, ce qui nous donne la légende et l'élaboration littéraire. C'est à partir de ces données que s'élabore l'« Ancien Chant de Sigurðr » (*Sigurðarkviða hin forna*, encore appelé *Brot af Sigurðarkviðu* : « Fragment du Chant de Sigurðr »), rédigé pendant la période viking et dont nous ne possédons que la moitié (d'où l'appellation de « Fragment »). Le personnage principal n'y est pas Sigurðr, mais Brynhildr.

• Le « Fragment du Chant de Sigurðr » (*Brot af Sigurðakviðu*)

Il ne contient que 19 strophes en *málaháttr*. Brynhildr demeure derrière une muraille de flammes et seul celui qui peut franchir cet obstacle peut devenir son époux. Le coursier de Gunnarr renâcle devant les flammes et celui de Sigurðr ne veut pas porter Gunnar. C'est donc Sigurðr qui doit s'y risquer ; il change de forme avec Gunnar, pénètre dans l'enceinte de Brynhildr et repose trois nuits auprès d'elle, mais l'épée nue est posée entre eux. Brynhildr est la sœur d'Atli. Ce trait qui insère Brynhildr dans des liens de parenté est de toute évidence récent, c'est-à-dire norvégien. Le fait que l'anéantissement des Burgondes par Atli et ses Huns soit envisagé comme vengeance pour le meurtre de Sigurðr va dans le même sens et témoigne d'une influence du *Burgundenlied*. Pour le reste, le « Fragment » suit son modèle franconien. Guðrún et Brynhildr sont belles-sœurs, car cette dernière est la sœur du mari de la première. Mais Brynhildr subodore la supercherie dont elle est victime, puisqu'amoureuse de Sigurðr, elle a épousé Gunnar qui a pris pour la séduire les traits de Sigurðr. Il est fatal que les deux belles-sœurs en viennent à une explication « franche » qui dégénère en une féroce dispute. La dispute des belles-sœurs se baignant dans la rivière est sans doute un motif ancien. Les paroles de Brynhildr : « Je ne veux pas avoir deux maris dans la même salle » viennent compléter et clore la scène de dispute. Elles signifient sans doute aussi la mort de Sigurðr, laquelle est relaté de façon très laconique. La conclusion prolixe, à savoir la révélation de Brynhildr et son suicide, provient probablement aussi d'Allemagne. Dans ces conditions, Brynhildr ne peut survivre.

Le « Fragment » suit donc un modèle allemand : Sigurðr est assassiné non pas dans son lit, mais dans la forêt. La strophe 5 nous dit d'ailleurs que le meurtre a lieu « au sud du Rhin ». Par contre, un motif tout à fait scandinave est la conclusion d'une fraternité jurée dans laquelle Gunnar et Sigurðr deviennent frères de sang par le truchement du passage sous un collier de terre (norrois : *ganga undir jarðarmen*). Ce passage sous un collier de terre est attesté clairement par plusieurs Sagas d'Islandais (*Gísla saga* 6, *Fóstbræðra saga, Þorsteins saga Víkingssonar*) comme scellant la fraternité jurée entre deux hommes qui deviennent frères de sang. La fraternité ainsi contractée est très contraignante : en cas de mort de l'un, c'est à l'autre d'accomplir la vengeance et l'on connaît un cas où le survivant doit aller jusqu'au *Groen*land venger la mort de l'autre (Fóstbræðra saga : Þormóðr Kolbrúnarskáld venge Þorgeirr avant de revenir mourir en Norvège avec le roi saint Óláfr à la bataille de Stiklastaðir en 1030). Lors du passage sous un collier de terre on procédait comme suit : on levait une bande de terre (collier de terre) de façon à ce que les extrémités demeurent fichées en terre et que la partie médiane soit soutenue par une lance. Sous l'arc ainsi formé par le gazon les deux hommes passaient en rampant en ayant mélangé leurs sangs. Le passage sous le collier de terre signifie la mort, le mélange des sang la fraternité et la nouvelle parenté sous les auspices de la Terre-Mère, le fait de se relever une nouvelle naissance à partir de la terre.

D'autre part certaines kenningar (métaphores des scaldes), assez rares certes, mais relativement « typées » permettent d'établir des comparaisons avec certains scaldes (strophes 13 et 15 :

herglötuðr : « destructeur de l'armée » : Sigurðr ; strophe 11 : *Sigurðar götvuðr* : « fossoyeur de Sigurðr » : Guttormr), ce qui nous autoriseraient à dater le « Fragment » autour de l'an 1100. Mais à côté de cela, on trouve d'autres traits qui mettent le chant en relation avec une couche plus récente de chants de l'Edda. On suppose que ces éléments ont transité par le Danemark et remontent à un original allemand. Il s'agit de la place des mots et de l'usage de certains vocables. Pour la métrique également, on peut parler d'appartenance aux poèmes récents de l'Edda. Il y a aussi des motifs qui seraient plutôt de facture récente, tel celui de Grani, le cheval de Sigurðr, qui pleure son maître sur sa tombe ou celui des rêves prémonitoires, qu'on retrouve dans le *Nibelungenlied*. Autre élément récent : le rôle éminent joué par Brynhildr. L'intérêt pour les personnages féminins est justement l'une des caractéristiques des chants récents de l'Edda. C'est elle, Brynhildr, qui a encouragé les Niflungar (Nibelungen) à assassiner Sigurðr, et lorsque son plan a réussi, elle éclate de rire. Mais la nuit, sa morgue disparaît et elle reconnaît sa faute : elle a accusé Sigurðr à tort d'avoir rompu ses serments. Comment expliquer ce revirement ? Le tragique de l'âme humaine, ici du cœur de la femme, capable du meilleur comme du pire ? Le poème exprime bien cette dualité, ce déchirement intérieur dans la strophe 15 :

> « Se turent tous
> À ces paroles,
> Peu pouvaient
> Comprendre la femme
> Qui en pleurant
> Trouvait à redire
> Ce qu'en riant
> Avait requis des fils. »
> (R. Boyer, *op. cit.*, p. 222)

Ceci est un trait des chants récents de l'Edda ainsi que d'ailleurs des sagas (rédigées entre 1170 et 1350) : ce sont les femmes qui sont les instigatrices du malheur et la douleur qu'elles s'infligent elles-mêmes les conduit à une crise que le poète aime dépeindre.

Au XIIe siècle, deux autres chants ont traité de manière nouvelle la mort de Sigurðr : le « Chant Bref de Sigurðr » (*Sigurðarkviða hin skamma*), qui, malgré son nom, ne compte pas moins de 70 strophes, et le « Long Chant de Sigurðr » (*Sigurðarkviða hin meiri*), qui ne nous est pas conservé et qui se trouve, par bonheur, dédoublé par la *Völsungasaga*, qui permet de le restituer. Ce chant devait comprendre entre 160 et 200 strophes, d'où son nom.

• Le « Chant Bref de Sigurðr » (*Sigurðarkviða hin skamma*)

Il comprend 70 strophes en *málaháttr*. Brynhildr est une vierge guerrière. Lorsque les Gjúkungar (Gibichungen : les fils de Gibich) demandent sa main, son frère Atli veut la contraindre au mariage ; mais elle a aperçu Sigurðr qui chevauche avec eux et forme le vœux secret de n'appartenir qu'à lui.

Telle est la première nouveauté introduite à l'apogée tardive sentimentale de la poésie islandaise : l'amour malheureux de Brynhildr pour Sigurðr. C'est cet amour malheureux qui pousse l'héroïne du chant à la mort, mais tout d'abord, c'est Sigurðr qui doit mourir. Ici, il n'y pas de place pour le changement d'apparence, la traversée de la muraille de flammes, les trois nuits passées à côté de Brynhildr en respectant sa virginité, la querelle des femmes, la calomnie. Brynhildr, jalouse, contraint Gunnar à assassiner Sigurðr en le menaçant de le quitter. C'est Guttormr le meurtrier. Mais le meurtre se déroule dans de tout autres conditions ; c'est la deuxième innovation du Nord : au lieu de trouver la mort dans la forêt (tradition allemande), Sigurðr meurt dans son lit ! Sigurðr dort auprès de Guðrún et c'est ainsi qu'il est assassiné. Ses dernières paroles sont pour son épouse, non pour son meurtrier. Il a occis ce dernier avec son épée. C'est alors seulement que Brynhildr révèle dans une longue tirade tout son passé, son amour pour Sigurðr, son mariage avec Gunnar, puis elle révèle l'avenir. Elle se suicide.

Ce chant a un caractère éminemment narratif. Malgré ses inégalités, qui proviennent des différents auteurs et des époques correspondantes, le « Chant bref de Sigurðr » s'attache de façon remarquable à la description des conflits psychologiques qui déchirent Brynhildr et Gunnar (*Cf.* strophes 8 et 20).

Str. 8 :

> « Souvent elle (= Brynhildr) sort/D'amertume
> remplie,
> Par glaces et glaciers/Au soir de chaque jour,
> Quand lui et Guðrún/S'en vont au lit,
> Que sous les draps de lin/Sigurðr l'enlace,
> Le roi hunnique faisant/L'amour à sa femme. »
> (R. Boyer, *op. cit.*, p. 334)

Str. 20 :

> « Guttormr devrions/ entraîner au meurtre,
> Notre jeune frère/Qui n'est point averti ;
> Il est resté en dehors/Des serments jurés,
> Des serments jurés,/De la foi professée. »
> (R. Boyer, *op. cit.*, p. 337)

• Le « Long Chant de Sigurðr » *(Sigurðarkviða hin meiri) : la Völsungasaga*

Comme nous l'avons dit, il est perdu, mais largement démarqué par la *Völsungasaga*, ce qui nous permet de le restituer :

Brynhildr aime Sigurðr, qui répond à son amour. Mais leur amour est malheureux, car il éclate trop tard, lorsque Brynhildr est mariée à Gunnar et Sigurðr à Guðrún. Or Brynhildr et Sigurðr ont été autrefois fiancés. Grimhildr, la mère des frères burgondes et l'épouse de Gjúki (qui vit encore) donne à Sigurðr un philtre d'oubli et il épouse Guðrún et non Brynhildr, et même, il accompagne Gunnar lorsque celui-ci va demander la main de Brynhildr. La vierge guerrière est contrainte au mariage par son père Buðli et c'est alors qu'elle pose une condition que seul Sigurðr peut remplir : traverser la muraille de flammes. Lorsque le prétendant approche et qu'apparemment ce n'est pas Sigurðr (Grimhildr lui a appris à prendre l'apparence de Gunnar), elle est bouleversée, mais se résigne. Elle est mariée à Gunnar. C'est alors que le philtre perd son effet. Les sentiments de Sigurðr renaissent. Dans un premier dialogue entre les belles-sœurs, Guðrún cherche à présenter à Brynhildr, qui se plaint sans cesse, son mariage avec Gunnar sous un jour favorable. Mais Brynhildr est par trop courroucée de la supercherie de Grimhildr. Un deuxième dialogue amène la querelle entre les deux belles-sœurs et révèle la supercherie du changement d'apparence. Brynhildr s'explique avec Gunnar. Mais cette supercherie ne l'empêchera pas d'avoir Sigurðr pour époux, déclare-t-elle. Sa fureur est telle que Gunnar craint pour sa propre vie et c'est Högni qui réussit à la maîtriser en l'attachant. Enfin, Sigurðr apparaît et lui parle. C'est en vain qu'il tente d'abord de lui faire envisager favorablement son mariage avec Gunnar ; leur ancien amour s'enflamme puissamment et Sigurðr exige de Brynhildr qu'elle lui appartienne. C'est ce qui déclenche la réponse traditionnelle de Brynhildr : « Je ne veux pas avoir deux maris dans la même salle ». Sigurðr la quitte, profondément ému, sa poitrine se gonfle et sa broigne éclate. Il sait déjà le chemin que choisira Brynhildr : lui, Sigurðr, doit mourir, ensuite elle. Ils seront réunis dans l'autre monde. La décision du meurtre n'apporte pas d'élément nouveau. Mais la scène du meurtre (au lit) est rallongée : Guttormr hésite à trois reprises avant de s'approcher du lit.

Après la mort, voyons les enfances de Sigurðr. C'est ici que la mythologie nordique de l'*Edda* entre en scène et réunit histoire, légende et poésie héroïque.

• La « Prédiction de Grípir » (*Grípisspá*)

C'est un poème de 53 strophes en *fornyrðislag*. Il raconte, sous la forme d'un dialogue, comment Grípir prédit l'avenir à son neveu, le jeune Sigurðr, descendant d'Óðinn. Nous obtenons un *curriculum vitæ* complet de Sigurðr qui repose sans aucun doute sur les autres poèmes de l'*Edda*.

Sigurðr apprend en effet

- qu'il sera l'homme le plus magnifique et le plus glorieux sous le soleil (str.7),
- qu'il vengera son père et abattra les fils de Hundingr (str. 9),
- qu'il tuera le dragon Fáfnir et le forgeron Reginn (str. 11),
- qu'il conquerra le trésor du dragon et ira trouver le roi Gjúki (str. 13),
- qu'il éveillera la belle qui dort sur la montagne (str. 15),
- que Brynhildr lui enseignera les runes et l'art de guérir (str. 17),
- qu'il s'éprendra d'elle (str. 29),
- qu'il lui fera des serments et qu'il les rompra (str. 31),
- qu'il oubliera Brynhildr (str. 31),
- qu'un autre le trahira,
- qu'il sera victime de Grimhildr,
- que Grimhildr lui donnera sa propre fille pour femme,
- que Grimhildr le circonviendra (str. 33),
- que Grimhildr lui demandera au nom de Gunnarr, son fils, de briguer la main de la belle Brynhildr (str. 35),
- qu'ils se prêteront tous serments, eux, Sigurðr, Gunnarr et Högni,
- qu'ils échangeront leurs apparences, Gunnarr et lui (str. 37),
- que sous l'apparence de Gunnarr il se fiancera Brynhildr (str. 39),
- qu'il reposera auprès de la vierge comme si elle était sa mère (str. 41),
- qu'il célébrera son mariage avec Guðrún, tandis que Gunnarr épousera Brynhildr (str. 42),

– que Brynhildr se plaindra, découvrira la supercherie et cherchera à se venger (str. 45),
– qu'elle l'accusera de trahison auprès de Gunnarr (str. 47),
– que c'est par dépit que Brynhildr manigancera tout cela (str. 49),
– que le cœur de Guðrún deviendra cruel après que Sigurðr aura été assassiné par les frères de celle-ci,
– que c'est Grimhildr qui sera la cause de tout cela (str. 51),
– qu'il n'y aura jamais homme plus noble que Sigurðr sur la terre (str. 52).

La prédiction est exhaustive. Sigurðr sait donc par le menu ce qui l'attend. Il incarne le type même du héros germanique qui, instruit de son Destin l'accomplira consciemment et activement. Son honneur consiste à connaître, accepter et surtout à assumer ce Destin. Ensuite, Sigurðr fait la connaissance du forgeron Reginn.

• **Les « Dits de Reginn » *(Reginsmál)***

C'est un poème de 26 strophes en *ljóðaháttr* (« ton des lais » ; la strophe se compose de 2 fois 2 vers de 2 temps forts suivis d'un vers à 3 temps forts ayant son propre système d'allitérations ; il s'agit des str. 1-4, 6-10, 12, 19-22, 24-25) et en *málaháttr* (str. 5, 11, 13-18, 23).

Lors d'un voyage, les trois dieux, Óðinn, Hœnir et Loki parviennent jusqu'à une cascade près de laquelle habite le nain Andvari. C'est près de cette cascade que Loki tue une loutre qui est train de manger un poisson. Selon un jeu de mots, cette loutre (en vieil-islandais : *otr)* était Otr (voir *supra*), l'un des fils du roi Hreiðmarr, qui appartient à la famille des géants ; Otr s'était métamorphosé en loutre pour aller à la pêche. Les dieux passent la nuit chez le roi Hreiðmarr. Lorsque celui-ci apprend ce qui vient de se passer, il réclame compensation pour Otr. Loki s'en va alors à la cascade, pêche Andvari qui s'était métamorphosé en brochet et exige de lui le fabuleux trésor dont il est le gardien. Andvari est forcé de s'exécuter, mais auparavant il prononce une malédiction à l'encontre de l'or, malédiction qui y restera attachée. Cette malédiction est transmise immédiatement par Loki au moment du versement de l'or à Hreiðmarr. Après le départ des dieux, les deux fils de Hreiðmarr, Reginn et Fáfnir, exigent de leur père le trésor en compensation de la perte de leur frère Otr. Hreiðmarr refuse et est transpercé avec une épée par Fáfnir pendant son sommeil. Forfait inexpiable, vu que l'éthique nordique ancienne repose sur la lignée. Le meurtre de parents proches, par surcroît pendant leur sommeil, représente une telle tare, qu'elle en devient héréditaire. C'est une sorte de péché originel du monde germanique ancien. Après avoir assassiné son père, Fáfnir s'empare du trésor, se transforme en dragon et se couche sur l'or pour le garder en sûreté. Ensuite Reginn forge pour Sigurðr Gramr, épée extraordinaire, et il conseille à Sigurðr d'abattre Fáfnir avec cette épée. Mais avant de se précipiter dans cette aventure, Sigurðr sait qu'il doit d'abord venger son père Sigmundr et se met en route pour occire les fils de Hundingr. Il faut remarquer la présence constante d'Óðinn. D'ailleurs, Sigurðr incise à Lyngvi, fils de Hundingr, l'« aigle de sang » sur le dos et l'offre ainsi à Óðinn en sacrifice pour la victoire. Certains témoignages laisse supposer dans cette mise à mort une manière spécifique de venger la mort du père.

Ensuite, Reginn exhorte Sigurðr pour qu'il tue Fáfnir. Les « Dits de Fáfnir » prennent ici le relais :

- **Les « Dits de Fáfnir »** ***(Fáfnismál)***

C'est un poème de 44 strophes en *ljóðaháttr* (str. 1-31) et en *málaháttr* (str. 32-44).

Son devoir accompli, Sigurðr se dirige maintenant en compagnie de Reginn vers Gnitaheiðr où sévit Fáfnir. Sigurðr creuse une profonde fosse sur le chemin du dragon et lorsque celui-ci passe au-dessus de la fosse, Sigurðr le navre de sa lance. Avant de mourir, Fáfnir évoque la malédiction qui pèse sur le trésor dont il a la garde. Reginn conseille à Sigurðr de faire rôtir le cœur de Fáfnir et de le manger (appropriation de force). C'est alors qu'une goutte du sang brûlant du dragon tombe sur le doigt de Sigurðr. Celui-ci suce son doigt et comprend dès lors le langage des oiseaux. Dans les branches au-dessus de sa tête sont perchées des mésanges. Celles-ci reprennent le thème de l'or maudit et l'avertissent de ce que Reginn envisage de l'assassiner afin de s'emparer du trésor et elles lui conseillent de le tuer, ce que Sigurðr fait. Ensuite, il charge l'or sur son cheval Grani et s'en va.

Le fait d'avoir tué le dragon vaudra à Sigurðr son surnom de Sigurðr Fáfnisbani : « Sigurðr, meurtrier de Fáfnir ».

• **Les « Dits de Sigrdrífa »** ***(Sigrdrífumál)***

C'est un poème de 37 strophes en *fornyrðislag* (str. 1, 5, 14-17, 35) et en *ljóðaháttr* (2-4, 6-13, 18-34, 36-37).

Suivant le conseil des mésanges, Sigurðr gravit les Hindarfjöll (Monts de la biche) et s'en va aux Pays des Francs (non pas la France, mais le cours moyen du Rhin). Il y découvre une forteresse entourée de feu. Avec l'aide de Grani, il franchit, d'un bond gigantesque, les douves du château-fort et découvre Sigrdrífa (Brynhildr), qui a été plongée dans un sommeil magique. Il la dévêt et c'est ainsi que Sigrdrífa, délivrée, récite une magnifique prière, unique en son genre en poésie scaldique. Ensuite, elle raconte sa vie au héros : elle a désobéi aux ordres d'Óðinn et c'est pourquoi elle a été condamnée à aimer un mortel. Là-dessus elle inculque à Sigurðr le bon usage des runes, ici conçues seulement comme signes magiques.

C'est pour ainsi dire la seconde récompense du héros pour avoir triomphé dans un rite initiatique (la chevauchée à travers la muraille de flammes). Il est clair que le premier rite initiatique, le fait de boire du sang du dragon, équivaut à une sorte de communion avec les forces telluriques représentées par les géants. Ce deuxième rite initiatique concerne le bon usage des runes.

Ensuite, Sigrdrífa lui donne de sages conseils qui rappellent les prescriptions du grand poème moral de l'*Edda*, les *Hávamál* (« Dits du Très-Haut ») et dénotent à l'évidence une influence chrétienne.

• La « Chevauchée de Brynhildr au Domaine de Hel » *(Helreið Brynhildar)*

C'est un poème de 14 strophes en *fornyrðislag*. Brynhildr, qui vient de mourir, est en route vers l'Autre Monde afin de rejoindre Sigurðr. Une préhistoire fantastique est ici révélée : envoûtée par Óðinn, Brynhildr, qui a désobéi, a dormi derrière la muraille de flammes jusqu'à ce que Sigurðr vienne la réveiller. Brynhildr fut brûlée sur un bûcher. On raconte que Brynhildr s'en alla à Hel dans son char et qu'elle passa près d'une géante qui lui fit des reproches. Brynhildr se défend et tente de se justifier. C'est ainsi qu'elle parle de la demande en mariage de Sigurðr. « Nous n'aurions jamais dû, Sigurðr et moi, cesser de vivre ensemble ! » s'écrie-t-elle à la fin.

Nous pouvons récapituler sous la forme d'un tableau ce que nous venons de dire (S = Sigurðr = Siegfried) :

Tradition allemande V^e^-IXe s.	Chants héroïques nordiques (<u>Edda</u>) IXe-XIIIe s.	Nibelungenlied vers 1200
enfances de Siegfried		I Le premier mariage de Kriemhild (avec Siegfried)
1.S élevé par le forgeron 2.S terrasse le dragon 3.S acquiert le trésor 4.S éveille la valkyrie B	Reginsmál Fáfnismál Grípisspá Sigrdrífumál	
5.la <u>supercherie</u>	Brot af Sigurðarkviðu *Sigurðarkviða hin skamma*	<u>1/supercherie</u> (légende de Brünhild)

mort de Siegfried	Helreið Brynhildar	2/mort de Siegfried (Brünhild ne meurt pas, mais passe tout à fait au second plan)
anéantissement des Burgondes		II.le second mariage de Kriemhild (Etzel = Atli)
1/invitation perfide des Burgondes par Atli	*Atlakviða* (IXe s.) Guðrún met en, garde ses frères. Elle venge leur mort en tuant Atli et périt elle-même dans les flammes	1/invitation perfide des Nibelungen par Kriemhild (motif : vengeance)
2/ fin d'Attila (= Atli = Etzel)	*Atlamál* (XIIe s.) Guðrún tente en vain une médiation, combat elle-même et tue, avec l'aide du fils de Högni, Hniflungr, le chef des Huns, Atli, pendant son sommeil. Guðrún ne meurt pas.	2/ vengeance de Kriemhild. Elle venge sur Hagen la mort de S. Elle est contrainte de provoquer la mort de ses frères, car ceux-ci ne veulent pas livrer leur homme-lige et que celui-ci ne songe pas à se livrer lui-même. Plainte au sujet de tous ces héros morts. Kriemhild est tuée par Hildebrand.

Titres des poèmes avec nombre de strophes et mètres :

- *Reginsmál* (26 str., ljóðháttr/málaháttr)
- *Fáfnismál* (44 str., ljóðháttr/málaháttr)
- *Grípisspá* (53 str., fornyrðislag)
- *Sigrdrífumál* (37 str., fornyrðislag / ljóðháttr)

- *Brot af Sigurðarkviðu* (19 str., málaháttr)
- *Sigurðarkviða hin skamma* (70 str., málaháttr)
- *Helreið Brynhildar* (14 str., fornyrðislag)
- *Atlakviða* (43 str., málaháttr)
- *Atlamál* (105 str., málaháttr)
- *Nibelungenibelungenlied* (2379 str., plus de 10 000 vers)

En fait, si nous voulons nous faire une idée des œuvres littéraires antérieures au *Nibelungenlied* (environ 10 000 vers), nous en sommes réduits aux sources nordiques. Elles nous fournissent des adaptations anciennes de la matière concernant les Nibelungen. Ce sont des poèmes héroïques allitérés. Quatorze poèmes de l'Edda entrent ainsi en ligne de compte, car ils traitent des hauts faits et du Destin des principaux personnages qu'on retrouve dans le *Nibelungenlied :* Sigurðr (Siegfried), Brynhildr (Brünhild), Gunnar (Gunther), Guðrún (Kriemhild), Högni (Hagen) et Atli (Etzel). Mais certains ne traitent qu'une partie infime de la vie du ou des héros et ne sont pas, de ce fait, intéressants pour tenter de reconstituer les antécédents allemands perdus, car tous les chercheurs, de Heusler à aujourd'hui, sont persuadés que le *Nibelungenlied* a réuni deux légendes séparées à l'origine (la légende de Brynhildr et de Sigurðr et la légende de l'anéantissement des Burgondes) et que ces deux légendes sont nées sur le sol allemand, plus exactement, chez les Francs. Il sera très utile de lire la très intéressante introduction du livre de Daniel Buschinger et Jean-Marc Pastré publié en 2001 (*Cf.* bibliographie).

c) Gúðrún après la mort de Sigurðr

Nous pouvons donc éliminer six poèmes de l'*Edda*, qui présupposent la connaissance de toute l'histoire de Sigurðr et Brynhildr *:*

– Le « Premier Chant de Guðrún » (*Guðrúnarkviða hin fyrsta*), qui avec ses 27 strophes en *fornyrðislag* constitue une élégie de Guðrún auprès du cadavre de Sigurðr. Guðrún s'exile au Danemark, tandis que Brynhildr, inconsolable, fait tuer huit esclaves et cinq servantes avant de se navrer la poitrine de son épée.

– Le « Second Chant de Guðrún » (*Guðrúnarkviða hin önnur*), où Guðrún apparaît chez Atli. Le roi Þjóðrekr (Dietrich von Bern : Théodoric de Vérone) a perdu la plupart de ses hommes. Guðrún et lui se lamentent sur leur sort. Nous voyons Guðrún à l'endroit de la forêt où Sigurðr a été tué ; Grimhildr, sa mère, lui verse à elle ausi un philtre d'oubli. Les rêves prémonitoires jouent un rôle important. C'est Grani, le cheval de Sigurðr, qui apporte la nouvelle de la mort de son maître. Ce chant compte 44 strophes en *fornyrðislag*.

– Le « Troisième Chant de Guðrún » (*Guðrúnarkviða hin þriðja*), qui, en 11 strophes en *fornyrðislag,* raconte comment, après la mort de Sigurðr, Guðrún épouse Atli et donne naissance à deux fils, Erpr et Eitill. Comme dans le chant précédent, la figure de Þjóðrekr est rattachée au cycle héroïque de Sigurðr, alors qu'elle ne fait pas partie à proprement parler des traditions héroïques de l'Edda. Ce poème contient d'autre part une ordalie, institution souvent attestée dans les sources islandaises et qui ne semble pas être d'origine germanique. On sait que l'Église la combattit âprement et avec succès. Il y avait une servante d'Atli qui s'appelait Herkja. Elle avait été sa concubine. Elle dit à Atli qu'elle avait vu ensemble Þjóðrekr et Guðrún, ce qui provoqua la colère d'Atli. Alors, Guðrún chanta et déclara qu'elle n'avait fait que parler de son chagrin à Þjóðrekr et n'avait rien fait d'inconvenant. Elle demanda l'ordalie. Il s'agissait de plonger la main au fond d'un chaudron plein d'eau bouillante afin d'en retirer une pierre réputée sacrée. Elle réussit à retirer la pierre sans se brûler et est donc déclarée innocente. Atli éclate de rire et ordonne à Herkja de plonger la main dans le chaudron ; celle-ci se brûle. Herkja est noyée dans un marais, conformément à la coutume germanique.

- La « Déploration d'Oddrún » (*Oddrúnargrátr*). Oddrún est un double de Guðrún ou de Brynhildr. Il y avait un roi nommé Heiðrekr, dont la fille était Borgny. Son bien-aimé était Vilmundr. Elle ne put enfanter avant qu'Oddrún, sœur d'Atli n'arrive. Oddrún avait été la bien-aimée de Gunnar. Oddrún délivre Borgny, qui met au monde une fille et un garçon. Oddrún raconte qu'elle est la fille de Budli, père d'Atli. Avant de mourir, son père lui demanda de porter de l'or à Gunnar, fils de Grimhildr. Il ordonna à Brynhildr de porter un casque et d'être une valkyrie. Sigurðr brigua la main de Brynhildr, mais la supercherie fut découverte et Brynhildr en tira vengeance avant de se donner la mort. Il fut alors donné à Oddrún d'aimer Gunnar. Des messagers d'Atli découvrirent Gunnar et Oddrún sous la même couverture, mais ceux-ci achetèrent leur silence. Or les messagers trahirent et révélèrent tout à Atli. Lorsque Gunnar et Högni pénétrèrent dans la salle d'Atli, ils furent tués : Högni eut le cœur arraché et Gunnar fut jeté dans la fosse aux serpents. Oddrún l'entendit jouer de la harpe et voulut lui venir en aide, mais trop tard : la mère d'Atli se métamorphosa en serpent et mordit mortellement Gunnar. Oddrún s'étonne ensuite de pouvoir vivre encore. Le mètre des 34 strophes de ce chant est le *málaháttr*.

Les deux chants suivants ressortissent au cycle des légendes appartenant au domaine des Gots, dont le chef est le roi Jörmunrekr (Ermanarich : Ermanaric) :

- L'« Exhortation de Guðrún » (*Guðrúnarhvöt*), qui se compose de 21 strophes en *fornyrðislag*, relate la vie de Guðrún après la mort de Sigurðr. Elle s'embarque sur la mer, veut mourir, mais accoste au pays du roi Jónakr, qui la prend pour épouse et dont elle a trois fils : Sörli, Erpr et Hamðir.

Avec eux, elle élève, Svanhildr, fille de Sigurðr. Svanhildr est donnée en mariage au roi Jörmunrekr, qui est très puissant. C'est Randvér, fils de Jörmunrekr, qui est chargé de ramener la belle Svanhildr à son père. Mais le perfide Bikki rapporte faussement à Jörmunrekr que Randvér l'aurait trompé avec Svanhildr. Le roi le croit et fait exécuter les deux jeunes gens sur le champs. Randvér est pendu et Svanhildr est piétinée par des chevaux. Lorsque Guðrún apprend ces abominables forfaits, elle exhorte ses fils à venger leur sœur Svanhildr. Elle leur rappelle leur droit, qui est aussi une obligation sacrée. Les liens du sang sont ici sacrés. Guðrún prépare ses fils en riant. Les trois frères se déclarent prêts. Hamðir prédit sa fin prochaine et celle de ses frères. C'est alors que Guðrún sort immédiatement en se lamentant sur son sort et sur ce qui lui est le plus pénible : la perte de son très cher époux, Sigurðr.

– Le deuxième chant fait suite au premier : ce sont les « Dits de Hamðir » (*Hamðismál*, 31 strophes en *fornyrðislag* et en *málaháttr*), composés au IXe siècle, l'un des plus anciens poèmes de l'*Edda*. Guðrún se plaint de son sort et Hamðir lui reproche sa passivité lors du meurtre de Sigurðr ainsi que lors de la lâche et cruelle mise à mort de ses enfants. Cela lui apportera la mort. Hamdir annonce à sa mère que lui et ses deux frères aussi sont voués à une mort prochaine. Mais Hamðir et Sörli se mettent en route, affrontant leur Destin. Chemin faisant, ils rencontrent leur frère Erpr, qui n'est que leur demi-frère, car il est d'une autre mère. Il veut les aider, mais ils refusent. Erpr paie de sa vie une réponse cinglante. Il est tué par ses frères. Sörli et Hamðir partent en guerre contre Jörmunrekr. Ils lui coupent les mains et les pieds et regrettent d'avoir tué leur frère Erpr, car ce dernier aurait tranché la tête de Jörmunrekr. Ce dernier, qui a remarqué que les épées ne mordent pas sur eux, ordonnent, sans doute inspiré par Óðinn, de lapider les deux frères, ce qui arrive aussitôt. Ainsi périssent Sörli et Hamðir. On ne peut survivre ne serait-ce qu'un soir au jugement des Nornes, constate Hamðir.

Il nous reste donc les huit poèmes que nous avons résumés supra : Atlakviða, Atlamál, Brot af Sigurðarkviðu, Sigurðarkviða hin skamma, Reginsmál, Fáfnismál, Sigrdrífumál et Helreið Brynhildar.

Pour la première partie du *Nibelungenlied,* le poème le plus important est le *Brot af Sigurðarkviðu,* poème datant vraisemblablement du début du XIIe siècle dont il ne reste plus que 19 strophes et dont tout le long début est perdu. Fort heureusement, les chapitres 25 à 32 de la *Völsungasaga,* en prose, nous permettent de reconstituer l'essentiel de la vie de Sigurðr. Ce Fragment du Chant de Sigurðr nous permet à son tour de reconstituer dans les grandes lignes une version plus ancienne du cycle des légendes tournant autour de Brynhildr et Sigurðr et qui était sans doute un poème héroïque allitéré apparu chez les Francs aux Ve-VIe siècles. C'est ce qu'on peut affirmer en se fondant sur la comparaison avec les légendes plus récentes transmises en Allemagne. Les chants de l'*Edda* qui nous fournissent le plus de renseignements sur la jeunesse de Sigurðr (contrairement au *Nibelungenlied,* qui n'en fournit pas, sinon de façon très allusive) sont les *Reginsmál* et les *Fáfnismál*. Voici la prose finale du *Brot :*

• De la mort de Sigurðr.

On raconte dans ce poème la mort de Sigurðr, et les choses sont présentées de telle sorte qu'on l'aurait tué dehors. Mais certains disent qu'ils l'ont tué dans le palais, endormi dans son lit. Mais les Allemands disent qu'ils l'ont tué dehors dans les bois. Et il est dit dans l'ancien chant de Guðrún (*Guðrúnarkviða II)* que Sigurðr et les fils de Gjúki étaient allés au *þing* quand il fut tué. Mais ils disent tous semblablement qu'ils le trahirent alors que foi était jurée et qu'ils le tuèrent gisant et à l'improviste. » (Régis Boyer, *L'Edda poétique,* p. 223-224).

L'*Edda* est donc un témoin de premier ordre pour la poésie héroïque des Francs de l'époque mérovingienne.
En ce qui concerne la deuxième partie du *Nibelungenlied,* la mort de Sigurðr, à savoir le fameux « Chant des Burgondes », poème héroïque allitéré composé par un auteur franc en Allemagne et dont nous n'avons aucune trace, la plus ancienne et la plus importante version nordique de l'anéantissement des Burgondes est celle de l'*Atlakviða,* poème héroïque de l'*Edda* datant vraisemblablement du IXe siècle. La *Þiðrekssaga,* rédigée vers 1250, dit clairement qu'elle procède d'une source allemande, source qui était sans doute apparentée d'assez près au récit allemand qui a fourni, directement ou indirectement, à l'auteur du *Nibelungenlied* le canevas de son poème, ainsi que le disent M. Coleville et E. Tonnelat (p. 63). Il faut naturellement être prudent, car nous ignorons beaucoup trop de choses pour pouvoir affirmer en toute assurance quoi que ce soit sur la genèse du *Nibelungenlied.* Une chose est sûre : tous les motifs et les personnages principaux qui devaient ensuite servir à constituer le *Nibelungenlied* étaient déjà en germe dans des œuvres poétiques antérieures, dont celles qui furent composées en Allemagne sont toutes perdues et dont le contenu ne peut être que approximativement restitué que grâce à des œuvres nordiques, à savoir les poèmes héroïques de l'*Edda,* la *Völsungasaga* et la *Þiðrekssaga.*

Au fait, en quoi ce héros est-il héroïque ? Il faut tout d'abord s'entendre sur le mot *héroïque.* En effet, selon nos catégories romantiques, le héros est un personnage hors du commun, fort, courageux, intrépide et qui accomplit des exploits. Or, si nous regardons les textes, tant nordiques qu'allemand (*Nibelungenlied*), que constatons-nous en ce qui concerne Sigurðr ?

1. Il nous est présenté comme un héros, mais nous ne le voyons pas combattre.
2. Il est doué d'une force prodigieuse, mais s'en sert pour effrayer des êtres plus faibles.

3. Ses prouesses sont réalisées à l'aide de « trucs » : c'est grâce au cheval Grani qu'il franchit la muraille de flammes. C'est grâce à un anneau ou à une chape magique qu'il se rend invisible.
4. Il tue le dragon en attendant, caché dans une fosse que celui-ci passe au-dessus de lui afin de le poignarder traîtreusement au cœur.
5. Il n'est ni sage, ni avisé, car il accepte de tromper Brynhildr pour le compte de ses amis.
6. Il n'a aucune notion de la réaction que peut susciter chez sa femme la révélation du subterfuge utilisé pour gagner Brynhildr à Gunther. Il ne prévoit pas l'avenir.
7. Averti des dangers qu'il court, il ne fait rien pour les éviter.
8. Sa stupidité sera cause de sa mort.

On pourrait en rajouter ! On est loin du surhomme nietzschéen, méprisant les faibles, ou de l'incarnation de la supériorité de la force brutale dans la tétralogie de Wagner, où il terrorise, dans une mentalité pré-fasciste, le faible et couard Reginn-Mime...

Alors ? Y-a-t-il un héros dans tout cela ? C'est que l'éthique germanique ancienne privilégie d'autres aspects : l'un des ses aspects, c'est le respect de la parole donnée, qui engage tout l'individu dans ce qu'il a de plus sacré, à savoir son honneur. Un autre est le fait de pouvoir transgresser les lois de la nature, de pouvoir communiquer avec le règne animal, d'ignorer la peur, etc. Le fait d'affronter son Destin, en sachant pertinemment que l'on court à sa perte, relève de l'acceptation consciente et volontaire de ce que les dieux ont façonné pour moi et donc d'une éthique (germanique) où la grandeur, pour être tragique, n'en est pas moins héroïque. Fatalisme actif où l'héroïsme consiste à assumer volontairement son Destin. Le savoir n'étouffe pas la volonté. La réflexion ne paralyse pas l'action. Sigurðr est bien un héros, car il incarne les valeurs fondamentales d'une culture :

- l'honneur, qui consiste à connaître, accepter et assumer sans faillir son Destin façonné par les Puissances, C'est avant tout une victoire de la volonté, plus qu'une victoire des armes. Il s'agit de pousser à l'extrême ses capacités propres.
- la loyauté, encore liée à la volonté d'accomplir ce Destin, et donc de respecter sa parole et les engagements contractés.

Pour conclure ce développement sur l'héroïsme germanique, disons que le héros Sigurðr n'est jamais présenté comme tel dans les textes. Le mot héros n'est jamais employé. On trouve des synonymes (*heiti*) comme « prince », « roi », « homme digne de louange », etc. Ses qualités vont de soi et par un art consommé de la litote, on ne les mentionne pas ouvertement. Ses exploits, sans être passés sous silence, ne sont pas l'essentiel. Le héros nordique est avant tout :

- un être exceptionnel, exemplaire, supérieur du point de vue humain, sans pour autant atteindre aux dieux. C'est un individu parfaitement humain qui a su se dépasser et aller jusqu'au bout de ses potentialités. De ce fait, il réalise ce dont rêve le commun des mortels et constitue donc un modèle ;
- un être de noble extraction, nécessairement, soit par naissance, soit par sa droiture de caractère, sa force de volonté, son sens intransigeant de l'honneur de son clan ;
- un être qui incarne les valeurs essentielles du monde nordique ancien, à savoir uns sens aigu de la dialectique honneur-Destin-vengeance et une loyauté à toute épreuve, une fidélité exemplaire aux engagements contractés, qui ont leur fondement dans le sacré.

2) Helgi

Le second cycle de poèmes héroïques à trait à Helgi, le héros solaire. L'*Edda* nous livre trois poèmes à lui consacrés :

a) Helgakviða Hjörvarðssonar

Helgakviða Hjörvarðssonar (« Chant de Helgi, Fils de Hjörvarðr »), poème de 43 strophes avec 6 passages en prose intercalés. On distingue 3 parties :

Les str.1-11, en *fornyrðislag*, qui relatent l'histoire du roi Hjörvarðr, qui épouse en quatrièmes noces la femme la plus belle du monde, Sigrlinn, qui lui donne un fils, Helgi. Or celui-ci est muet. C'est la valkyrie Sváva qui lui confère le don de parole.

Les str.12-30, en *ljóðaháttr*, narrent comment Helgi venge son grand-père assassiné. Puis une altercation entre Atli et la géante Hrímgerðr vient interrompre le cours des événements. Il fait nuit et Atli retarde tellement la géante que celle-ci est pétrifiée par la lumière du jour (*Cf. Alvíssmál*). En effet, les géants, êtres des profondeurs de la terre, ne peuvent supporter la lumière du jour et sont transformés en pierres ou rochers.

Heðinn, frère de Helgi, rencontre une géante qui chevauche un loup dans la forêt. Comme il se refuse à l'accompagner, elle menace de se venger lors des toasts que Heðinn est censé porter à la beuverie sacrificielle prévue pour le soir. Lors de la libation, Heðinn fait le serment d'épouser Sváva, mais se repend, se trompe de chemin et rencontre son frère, Helgi.

Les str. 31-43, en *fornyrðislag*, rapportent le pardon de Helgi pour les paroles téméraires de son frère, son pressentiment qui lui fait deviner sa mort prochaine, sa mort lors d'un duel et ses paroles d'amour pour Sváva, à laquelle il recommande de prendre son frère Heðinn pour époux. Heðinn promet de venger son frère. On dit que Helgi et Sváva furent réincarnés.

b) Helgakviða Hundingsbana I

Helgakviða Hundingsbana I (« Premier Chant de Helgi, Meurtier de Hundingr ») est un poème de 56 strophes en *fornyrðislag.* Helgi, descendant des Völsungar, est le héros glorieux. On trouve quelques insultes à caractère sexuel entre Sinfjötli et Guðmundr. Mais le poème est un hymne à la gloire de Helgi.

c) Helgakviða Hundingsbana II

Helgakviða Hundingsbana II (« Second Chant de Helgi, Meurtrier de Hundingr »), est un poème de 51 strophes disparates en *fornyrðislag* reliées entre elles par des fragments en prose. On assiste à divers combats de Helgi, protégé par Sigrún. Helgi épouse Sigrún, qui lui donne des enfants Helgi est enterré sous un tumulus. Il aime toujours Sigrún, qui est Sváva réincarnée. Celle-ci va le rejoindre sous son tertre pour lui dire son amour. Elle meurt peu de temps après Helgi. La réincarnation est considérée comme une fable de bonne femme, ce qui indique la coloration chrétienne du poème.

Il faut sans doute voir dans ces trois poèmes un seul et même héros Helgi, descendant des Völsungar et demi-frère de Sigurðr. Ces textes ont en commun :

- le rôle magique des valkyries, sortes de divinités du Destin, qui s'éprennent d'un être humain et dont l'amour est plus fort que la mort ;
- l'interprétation naturaliste que supportent ces poèmes : il s'agirait de la vie, de la mort et de la renaissance de divinités de la fécondité. Il y aurait l'amour, avec la hiérogamie au printemps (attestée par des gravures rupestres et par le *Skírnisför*), la mort du héros et enfin sa réincarnation sous une forme semblable ou différente ;
- L'esprit martial et viking, qui domine les nombreuses scènes de combats, rares dans les textes eddiques ;
- Les nombreuses *kenningar* très élaborées, qui donnent un ton nettement scaldique à cet ensemble.

Si on examine les rites, on remarquera que le texte du premier poème (prose figurant après la str. 30) parle du serment qui accompagne le toast lors de la libation qui suit, dans le banquet sacrificiel, la consommation de la la viande de l'animal immolé. La beuverie est conçue comme un rite communiel qui établit une relation entre les vivants et les morts (*Cf.* Maurice Cahen, *La libation. Étude sur le vocabulaire religieux du vieux scandinave*, Paris, Champion, 1921 ; P. Guelpa, « Libation et ivresse dans le Nord ancien », *in : La Fête. La rencontre des dieux et des hommes*, Actes du 2e colloque international de Paris « La fête, la rencontre du sacré et du profane » organisé par les Cahiers KUBABA (Université de Paris 1) et l'Institut catholique de Paris les 6 et 7 décembre 2002, en collaboration avec le Centre d'études et de Recherches Orientales (CERO), Antélias-Liban, p. 243-256, décembre 2004). L'accomplissement du serment, quelle que soit sa difficulté ou son caractère provocateur, constituait un acte d'adoration explicite. Dans *Helgakviða II*, nous apprenons que Dagr fait un sacrifice à Oðinn pour venger son père. Oðinn prête sa lance à Dagr, lequel va trouver Helgi, son beau-frère, à l'endroit appelé Fjöturlundr. R. Boyer déclare à ce sujet : « Le nom de ce lieu est fort intéressant : Bosquet-aux-liens. Tacite déjà (« La Germanie », XXXIX) parle d'un bois au pays des Semnons, où l'on ne pouvait pénétrer que « lié », c'est-à-dire enchaîné. Que cela concerne un rite magique en relation avec les dieux « lieurs »dont nous avons parlé, cela semble probable. D'autre part, une valkyrie porte le nom de Herfjötur (voir R. Boyer, « Herrfjötur(r) », dans *Visages du Destin dans les mythologies*, Paris, Les Belles Lettres, 1983, p. 153-168), soit : Liens-de-l'armée. Comme Dagr est le frère de Sigrún, qui est une valkyrie, il pourrait bien y avoir là une réminiscence de rite magique fort ancien. » (*L'Edda poétique*, Paris, Fayard, 1992, p. 257). Tacite mentionne expressément le fait que dans le Bosquet aux Semnons avaient lieu des sacrifices humains. Ce détail est confirmé par Procope et dix siècles plus tard par Adam de Brême (Gesta Hammaburgensis Ecclesiæ Pontificum, IV, 27 et scholie 141) et Thietmar von Merseburg (Chronicon I, 17).

3) Le forgeron merveilleux : Völundr (Wieland)

a) la Völundarkviða

Il nous reste à mentionner un texte unique en son genre, la *Völundarkviða* ou « Chant de Völundr », poème de 41 strophes en *fornyrðislag*. Il s'agit de Völundr (allemand : Wieland), le forgeron merveilleux. Le poème parle des vierges-cygnes, de la capture de Völundr par le roi Níðuðr, de sa paralysie, de sa vengeance à l'encontre des enfants du roi et de sa fuite.

Au confluent de la poésie mythologique, héroïque et magique, ce poème est sûrement le résultat d'influences diverses. La prose introductive et les quatre premiers vers narrent la fable des vierges-cygnes, le reste est consacré à Völundr. Pour se venger du roi Níðuðr, qui lui a dérobé son or, fait trancher les tendons des genoux et l'a réduit en esclavage, Völundr attire les fils du roi dans un piège, leur tranche la tête et envoie leurs crânes sertis d'or à leur père. Cet horrible épisode rappelle immanquablement la vengeance de Guðrún à l'encontre de son époux Atli, dont le modèle est le festin d'Atrée dans la mythologie grecque. Völundr attire la fille du roi, l'endort grâce à ses pouvoirs magiques, abuse d'elle et s'enfuit grâce aux ailes qu'il s'est fabriquées. On voit aisément le parallèle avec la légende grecque d'Amor et Psyche ainsi qu'avec celle de Dédale (*Völundarhús*, « maison de Dédale » en islandais, signifie « labyrinthe »). La transmission de ces légendes reste un mystère. Pourtant, le coffret runique d'Auzon (France, Haute-Loire ; « Sur le coffret d'Auzon, les scènes de l'histoire juive et de l'Évangile sont juxtaposées à celles de la légende germanique, le latin et l'anglais sont employés côte à côte, Romulus voisine avec Völundr, et les deux écritures apparaissent ensemble » L. Musset, Introduction à la runologie, *Cf.* bibliographie.), qui date du VIIIe siècle, et la mention de Völundr dans le poème vieil-anglais « La Complainte de Déor » sembleraient indiquer une filière anglaise. Par ailleurs, on trouve des vierges-cygnes et Wieland dans le roman en vers moyen-haut-allemand, *Herzog Friedrich*. De toute façon, il est important de noter que ce cycle héroïque évolue dans une atmosphère surnaturelle à forte connotation odinique, puisqu'aussi bien les valkyries que les héros dépendent de lui ou lui sont apparentés par leur façon d'agir.

V – L'eschatologie nordique : les ragnarök

C'est ainsi qu'est appelée l'eschatologie nordique dans les poèmes mythologiques de l'*Edda*, tandis que l'*Edda* de Snorri (ainsi que la *Lokasenna* 39) utilise généralement le terme de *ragnarökr :* « crépuscule des Puissances » ou « crépuscule des dieux », ce qui représente une réinterprétation ultérieure. Les sources principales pour l'idée de la fin du monde sont la *Völuspá* 44-66 et son commentaire en prose dans la *Gylfaginning* 50-52 de Snorri. Les *ragnarök* sont la fin des temps, l'eschatologie nordique. Nous avons noté que ce mot, dans l'*Edda* poétique signifie « Destin des Puissances », c'est-à-dire « accomplissement du Destin des Puissances ». Les *ragnarök* sont marqué par 5 événements (*Gylfaginning* 51, *Völuspá* 45-66) :

1) le *fimbulvetr* ou « formidable hiver ».

Il durera trois ans, sans été intermédiaire. Il y aura d'importantes chutes de neige, de grandes gelées et le vent sera glacé. Le soleil ne brillera plus. Il y aura tout d'abord trois hivers pendant lesquels surviendront de grandes guerres accompagnées d'une débauche inconnue jusqu'alors, comme le dit la *Völuspá* 45 :

> « Les frères s'entre-battront
> Et se mettront à mort,
> Les parents souilleront
> Leur propre couche;

Temps rude dans le monde,
Adultère universel,
Temps des haches, temps des épées,
Les boucliers sont fendus,
Temps des tempêtes, temps des loups,
Avant que le monde s'effondre;
Personne
N'épargnera personne. »
(R. Boyer, *op. cit.* p. 544)

2) *le soleil s'obscurcira, ciel et terre seront ébranlés.*

Le soleil sera englouti par un loup et un autre loup avalera la lune. Les étoiles disparaîtront du ciel. La terre entière tremblera, les montagnes s'écrouleront, toutes les chaînes, tous les liens se briseront et seront arrachés ;

3) *le loup Fenrir se déchaînera.*

4) *le serpent de Miðgarðr fera déferler la mer sur la terre.*

Le navire Naglfari (« nef onglée ») se détachera. Il est fait des ongles des morts. C'est pourquoi il faut couper les ongles des morts, sinon ils donnent beaucoup de matière à Naglfari. Le géant qui le dirige s'appelle Hrymr (chez Snorri, mais dans la *Völuspá*, c'est Loki) ;

5) *le combat de la fin des temps et l'incendie cosmique.*

Le loup Fenrir va gueule béante attaquer le monde des hommes et des dieux (Miðgarðr et Ásgarðr). Le serpent de Miðgarðr crache son venin. Yggdrasill tremble, le pont Bifröst s'effondre. Pour avertir les dieux, Heimdallr sonne du cor Gjallarhorn. Óðinn consulte la tête de Mímir et les dieux tiennent conseil. De toutes part affluent les Puissances de l'autre monde. Le géant Surtr (« le noir »), géant du feu qui habite le sud (Múspellsheimr), pays du feu et de la chaleur, conduit les fils de Múspell (le souverain du sud), son épée étincelante à la main et la bataille s'engage furieusement sur le champ Vígríðr (« endroit où le combat fait rage », *Gylfaginning* 51, *Vafþrúðnismál* 18). Cette bataille est décrite en détail par la *Völuspá* 53-58 et par la *Gylfaginning* 51. Tous les dieux, puissamment appuyés par la formidable armée des *einherjar*, troupes d'élite d'Óðinn, se ruent au combat. Chaque dieu prend personnellement part à la bataille, même Óðinn.

Óðinn se bat contre le loup Fenrir et se fait dévorer. C'est Víðarr (« celui qui règne sur un vaste domaine » ; chez Snorri, *Skáldskaparmál* 18, il est le fils de la géante Gríðr) qui le venge : il est le dieu taciturne, qui possède le puissant brodequin, fabriqué par les temps de toute éternité. Ce sont les lanières que l'on coupe aux chaussures aux talons et aux orteils. Il faut jeter ces languettes si l'on veut venir en aide aux Ases. Víðarr fond sur le loup et, d'un pied, lui écrase la mâchoire inférieure qui traînait jusqu'à terre. D'une main, il saisit la mâchoire supérieure et lui arrache la gueule. Óðinn est vengé.

Þórr parvient à tuer le serpent de Miðgarðr, mais, asphyxié par le souffle méphitique du monstre, fait encore neuf pas et s'écroule, mort.

Freyr, qui n'a pas son épée (car il l'a confiée à Skírnir), affronte Surtr et périt.

Týr et le chien Garmr, **Heimdallr** et **Loki** s'entretuent.

Finalement, Surtr, en lançant des flammes sur la terre, provoque l'incendie gigantesque qui détruira le monde entier.

Mais à ce cataclysme succède le paradis, à la mort la résurrection : la terre surgira de la mer et elle sera verte et belle, les champs porteront du fruit sans avoir été ensemencés. Víðarr et Váli vivront. Ils habiteront Iðavöllr (« plaine toujours jeune »), là où se trouvait jadis Ásgarðr. Les fils de Þórr, Móði et Magni seront avec eux. Reviendront de Hel Baldr et Höðr. Ils discuteront paisiblement sur le passé. Le serpent Níðhöggr disparaîtra définitivement (*Völuspá* 66). Les hommes renaîtront de Líf (« vif ») et Lífþrásir (« vivace »), Sól (« le soleil », féminin en vn) aura donné naissance à une fille aussi belle qu'elle. *Cf.* notre petite monographie à paraître prochainement chez L'Harmattan (Paris) *: Essai sur l'ancienne poésie islandaise : la Völuspá.*

La *Gylfaginning* se termine par l'invitation que fait le Très-Haut à Gangleri de mettre à profit toutes les révélations qui lui ont été faites et Gangleri se retrouve tout seul au milieu d'une vaste plaine. Le château-fort a disparu. Il a eu une vision, une extase, une hallucination, une fascination, d'où le titre de la *Gylfaginning :* La « Fascination de Gylfi ».

VI – À la recherche d'un principe d'organisation

1) Le Destin, dieu suprême

> « L'étude des Eddas et des sagas incite à considérer que les anciens scandinaves se faisaient du Destin une idée fort originale et lui assignaient une place centrale dans leur Weltanschauung et leur religion. »
> (R. Boyer, *Herfjötur(r), op. cit.* p. 153).

De fait, le Destin a, dans la mythologie nordique, d'innombrables figurations, il est le dieu caché des anciens Scandinaves. Même les dieux s'y soumettent, leur sort est scellé d'avance. Óðinn sait parfaitement qu'aux *ragnarök*, il devra affronter les forces de l'au-delà et qu'il lui faudra périr. C'est la raison pour laquelle il rassemble un grand nombre de guerriers dans sa *valhöll* afin d'assumer son Destin. Le Destin a d'ailleurs de nombreux synonymes en vieux-norrois :

- *lög* : lois (fixées à l'avance)
- *ørlög* : lois originelles
- *sköp* : ce qui a été créé, façonné ; organes génitaux.
- *mjötuðr* : ce qui a été mesuré
- *urðr* : équivalent du vieil-anglais *wyrd* : Destin ; *Urðr* est la déesse du Destin et la principale des trois nornes.
- *hlutr* : lot, ce qui échoit

– *auðna :* ce qui est accordé
– *rök :* Destin, lois originelles, savoir primitif
– *gæfa :* don
– *gifta :* cadeau, présent
– *feigð :* prémonition fatale
– *heill :* santé, bonne chance
– *tími :* prospérité qui vient à temps
– *happ :* chance, hasard, *Cf.* islandais moderne *happdrætti :* « loterie », anglais moderne *haphazard :* « hasardeux, fortuit ».
– *hlaut :* ce qui résulte de
– *hamingja :* bonheur, divinité tutélaire attachée à une famille ou à un clan.
– *lukka :* chance, *Cf.* anglais *luck*
– *slys :* malchance, accident
– *fylgja :* esprit tutélaire attaché à la personne d'un individu, qu'il suit (*Cf. fylgja :* suivre) et dont il incarne le Destin.
– *eiginn máttr ok megin :* croyance en la puissance et la capacité de réussite propres et qui ont été conférées à tout un chacun par les Puissances, les dieux. Ce n'est pas du tout une déclaration d'« athéisme », attitude qui n'a aucun sens pour les anciens Scandinaves, mais au contraire, il faut y voir l'affirmation de la foi dans les Puissances qui dotent chaque individu d'une force propre. Ce développement doit beaucoup à Régis Boyer (*Cf.* bibliographie). Il est clair que le Destin joue un rôle primordial et *eigi má sköpunum renna* (« on ne peut échapper aux destinées » *:* « nul ne peut échapper à son Destin ») est une formule qui revient souvent dans les sagas.

2) Yggdrasill

Yggdrasill, l'arbre cosmique, qui soutient tous les mondes, les demeures des dieux et des hommes, est considéré par Mircea Éliade comme « l'idéogramme de la mythologie nordique » (*Cf.*

Le chamanisme et les techniques archaïques de l'extase, Paris, Payot, 3e éd. 1974) et par Régis Boyer (*Yggdrasill, op. cit.* p. 208 sqq.) comme « l'expression la plus pure de l'esprit de la religion scandinave ancienne, Yggdrasill étant source de toute vie, de tout savoir (Óðinn y demeure suspendu neuf nuits et le puits de Mímir se trouve au pied d'Yggdrasill) et de tout Destin (source d'Urðr). » L'arbre cosmique entretient la vie et englobe même le domaine de Hel, domaine de la mort. Tout est donc soumis au Destin.

La grandeur, l'honneur de l'homme, consiste à reconnaître la part de sacré que les Puissances ont mise en lui, de connaître son Destin, de l'accepter, et surtout, de l'assumer activement, dans une sorte de grandeur tragique jusqu'à ce qu'il soit consommé. La vie est sacrée, du début à la fin, et a pour but de glorifier les Puissances qui s'y manifestent à travers le Destin qu'elles ont façonné. D'où la vénération des grandes forces cosmiques et des éléments naturels :

- le soleil et l'air, auxquels paraissent particulièrement associés Þórr, Baldr, Týr et Ullr, et peut-être aussi Heimdallr ;
- l'eau et les liquides (sang sacrificiel, eau des pratiques divinatoires, que les Germains affectionnaient, *Cf.* Tacite, hydromel poétique, sperme, humeur), qui semblent être spécifiques d'Óðinn, d'Ægir et de Rán ;
- la terre, fécondée par le dieu du ciel, est le domaine réservé aux Vanes. Il faut toutefois ajouter qu'aucun dieu n'a l'exclusivité de tel ou tel élément et que de nombreux recoupements apparaissent.

Quoi qu'il en soit, il faut tenir pour certain que le Destin est bien le dieu suprême de la mythologie nordique. L'ancien Scandinave vit dans un univers fortement sacralisé et où, en fin de compte, la seule dignité de l'homme est d'accomplir sans faillir le Destin qui lui a été façonné par les Puissances.

3) La classification impossible

a) Georges Dumézil

La mythologie nordique a fait l'objet de nombreuses investigations et depuis quelques décennies les chercheurs ont tenté d'en découvrir les structures, le schéma d'organisation d'ensemble. On sait que le grand historien français des mythologies et des religions, **Georges Dumézil** (*Les Dieux des Germains*, Paris, PUF, 1959, p. 23-24) a appliqué ses théories concernant les religions des Indo-Européens à la religion des Germains. En 1958, il développe sa célèbre théorie des trois fonctions selon lesquelles s'organise la mythologie en général et la nordique en particulier. Pour la mythologie nordique, il établit le système suivant :

- les dieux de la première fonction, celle de souveraineté (magique et juridique) : Óðinn/Týr ;
- les dieux de la deuxième fonction, celle de force : Þórr ;
- les dieux de la troisième fonction, celle de fécondité-fertilité : les Vanes (Njörðr, Freyr et Freyja). Ce domaine concerne tout ce qui touche de près ou de loin à la sexualité et au culte de la Terre-Mère.

Il s'agit là d'une vision sociologique et structuraliste de la mythologie, qui cloisonne les différents dieux en leur attribuant une sorte de « catégorie socio-professionnelle » dans la société. Or certains chants de l'*Edda* semblent effectivement accréditer l'idée d'une division tripartite de la société : Ainsi dans la *Rígsþula* et dans le *Hárbarðsljóð* nous aurions les souverains, les guerriers et les paysans auquels chaque fois correspondrait une divinité : Óðinn, Þórr, Freyr. Ceci n'est ni plus ni moins que l'application pure et simple de la grille dumézilienne à la mythologie nordique.

Si cette grille semble *a priori* et superficiellement convenir assez bien, on s'aperçoit très vite qu'Óðinn déborde largement sur les deux autres fonctions, que Þórr est une sorte de magicien (1re fonction) car il ressuscite ses boucs et que son marteau sert à bénir les mariages (3e fonction) et que lui-même est vénéré par le petit peuple (fonctions nourricières) car il revêt le caractère d'un dieu de la végétation (son marteau produit la pluie d'orage qui vient féconder le sol), que Freyr possède une épée (2e fonction) et que Sigurðr, meurtrier du dragon Fáfnir et grande figure du cycle héroïque des poèmes de l'*Edda*, est donné pour son ami, etc... On peut se demander aussi et surtout : que faire des autres dieux (Heimdallr, Ullr, Baldr, Loki...), auxquels qu'il est vraiment très difficile d'assigner une fonction précise et définitive ?

b) P. Renauld-Krantz

P. Renauld-Krantz (*Structures de la mythologie nordique,* Paris, Maisonneuve et Larose, 1972) se rallie aux thèses de G. Dumézil, mais ne traite qu'Óðinn et Þórr chez les Ases, laissant complètement de côté les dieux difficiles à classer tels que Baldr, Heimdallr, Loki, Ullr, Bragi, Iðunn...

À la page 215 de son ouvrage, il nous présente malgré tout un séduisant tableau reflétant, dans une analyse anthropologique, la triple image de l'homme, de la société et du monde, soit :

homme	société	univers
fonctions intellectuelles / tête (Óðinn)	f. administratives et religieuses	air / ciel
fonctions actives / coeur (Þórr)	f. militaires	feu / espace
fonctions appétives / ventre (Vanes)	f. économiques	terre-eau / terre

Cette tripartition est directement tirée de la théorie de l'âme chez Platon, théorie qui a fortement influencé Dumézil.

P. Renauld-Krantz suggère donc de chercher du côté des grands éléments naturels et l'on obtient alors une tripartition de ce genre :

- air-lumière-feu-soleil : Týr, Þórr (qui règne dans l'espace intermédiaire entre le ciel et la terre), Baldr, Ullr.

– eau, élément liquide : Óðinn.
– terre : géants et Vanes.

c) R. L. M. Derolez

R. L. M. Derolez (Les dieux et la religion des Germains, 1962) nous décrit les dieux selon le plan suivant : « Le dieu de l'extase : Wodan-Odin. Le dieu qui tonne : Donar-Þor. Le dieu du ciel détrôné : Tiw-Týr. Les dieux de la végétation : les Vanes. Autres dieux. » Donc, d'abord les trois principaux dieux ases (1re et 2e fonctions), puis les Vanes (3e fonction), puis les autres, inclassables.

En fait, là aussi, Óðinn peut entrer dans chacune des catégories et Þórr déborder largement de la sienne : Óðinn est un dieu aérien qui chevauche avec sa Chasse Sauvage dans les airs, il est le dieu du vent : son surnom Viðrir l'atteste suffisamment. Il féconde la Terre-Mère, dont Frigg est une hypostase et engendre des enfants à des géantes. Þórr est un dieu igné (Renauld-Krantz), son visage s'empourpre quand il entre dans sa force d'Ase et il est maître de la foudre, donc du feu du ciel, quand il lance son marteau Mjöllnir, dont l'une des étymologies possibles est « l'étincelant ». Loki est à la fois aérien, aquatique et terrestre. On ne trouve pas, là non plus, d'explication d'ensemble.

d) Jan de Vries

Jan de Vries (*L'univers mental des Germains*, Paris, éd. du Porte-Glaive, 1987, p. 214, traduit de l'allemand par Jean-Paul Allard) lui, parlant du dieu védique Varuna et d'Óðinn, déclare :

> « Ces deux personnages sont, avec l'aristocratie guerrière, les couches dirigeantes de la société. Loin en-dessous d'eux se situe le peuple des paysans et des artisans. Si bas qu'ils appartiennent presque à un autre monde. Mais si différents qu'ils soient, ils appartiennent malgré tout à un corps social. Trois groupes sociaux, dont chacun ne peut se passer des deux autres mais entend néanmoins

> affirmer ses propres lois, doivent donc être mis, chacun par rapport aux deux autres, dans un équilibre indispensable à la société considérée comme un tout. Ils représentent un ordre sacré dont le mythe explique la fondation et dont la conservation est garantie par certains actes du culte. »

Et encore (p. 216) :

> « Le Germain païen ne connaît que la tradition immémoriale qui l'insère dans la communauté de culte à laquelle il appartient par sa naissance. Mais ce culte est déterminé par les besoin pratiques du lignage ou de la tribu. Il a pour fin de sauvegarder pour la communauté les valeurs indispensables ou, pour mieux dire, de garantir la marche naturelle du monde organique. »

Pour terminer :

> « L'idée du combat incessant contre les Puissances démoniques devait nécessairement, vu le comportement de l'homme germanique préoccupé d'un devenir futur, mener à l'idée d'un affrontement définitif. Que celui-ci ne soit pas à l'origine d'une victoire mais d'une défaite des dieux est sûrement une pensée née de la situation tragique d'un monde douloureusement conscient de son déclin. On peut se demander si la réponse a toujours été aussi pessimiste. Il est en tout cas remarquable que ce 'crépuscule des dieux' ait pour cause une faute que les dieux eux-mêmes ont commise en portant atteinte à *l'ordre du monde* (c'est moi qui souligne). Ils ont en effet ourdi la première guerre du monde en tuant la géante Gullveig. Óðinn a ouvert le combat contre les Vanes en jetant son javelot dans les

> rangs de l'armée adverse et Þórr y a fait de terribles ravages en y lançant son marteau :
> se rompirent promesses paroles et serments
> tous les graves accords conclus entre eux. »
> (*Völuspá* 26, *op. cit.* p. 260-261).

Jan de Vries continue dans ce sens quand il dit :

> « Quand, à l'époque des migrations germaniques, les Francs envahirent la partie septentrionale de la Gaule, doit-on penser qu'ils plaçaient leur entreprise sous la haute protection de Wodan (Óðinn)... Dès lors, quel dieu pouvait mieux assurer la protection des guerriers porteurs de lance que le dieu à la lance, Wodan ? »

Et plus loin :

> « Elles (les tribus germaniques), dont l'histoire est mouvante et instable, comment auraient-elles laissé leurs dieux dans une quiétude ininterrompue ? » (« Sur certains glissements fonctionnels de divinités dans la religion germanique », 1960, p. 83-95).

J. de Vries voit dans l'ordre du monde un principe sacré garant de la paix et qui, une fois enfreint, cause la perte des dieux, mais qui ne permet pas d'opérer une classification quelconque.

e) Ólafur Briem

Ólafur Briem (*Op. cit.*), quant à lui, a été analysé *supra*.. Comme nous l'avons vu, il insiste sur la position spéciale des Vanes en affirmant qu'un poème de l'*Edda*, la *Þrymskviða*, compte le dieu Heimdallr parmi les Vanes, alors que celui-ci figure traditionnellement plutôt parmi les Ases (*Æsir og Vanir*, Reykjavík 1963, p. 8). Ó. Briem ne parvient pas non plus à classer les dieux, si ce n'est en plaçant en tout premier lieu les Vanes. Cela ne suffit pas, évidemment, à nous donner un tableau d'ensemble ordonné selon un principe. À la conception structuraliste et sociologique de G. Dumézil, très insuffisante comme nous venons de le voir, viennent s'ajouter celle structuraliste, naturaliste et sociologique de P. Renauld-Krantz, celle, littéraire, de R.L.M. Derolez, qui classe les dieux en trois groupes : les Ases, les Vanes et les autres, inclassables, avec toutefois une prééminence nettement marquée des Ases par rapport aux Vanes (Wodan-Odin/Donar-Þor/Tiw-Týr : p. 70-112 ; les Vanes : p.112-124 ; autres dieux : p. 124-139), celle, aristocratique, de J. de Vries, qui voit la lutte de l'aristocratie (les Ases) contre la plèbe (les Vanes) avec en toile de fond le problème de l'ordre du monde, du maintien de l'ordre face aux forces du désordre et du chaos et finalement, celle, agraire, d'Ólafur Briem, qui voit les Vanes d'abord, puis les Ases venus du sud, et dans laquelle dominent les valeurs de la terre, de la mer et de la vie.

Si les insuffisances de la théorie de G. Dumézil sont évidentes, celles des autres présentations ne peuvent pas non plus nous échapper : en effet, ces analyses ne permettent pas d'élaborer une classification satisfaisante pour l'esprit, un système cohérent.

f) Régis Boyer

D'où l'idée de **Régis Boyer** de proposer une autre manière d'appliquer les catégories duméziliennes, à savoir, suivant les différents types de magie (*Les trois fonctions duméziliennes appliquées à la magie scandinave*, 1984, p. 24-34). Il donne trois raisons de procéder autrement. La première est que diachroniquement, de l'âge du bronze (environ 1500 avant J.-C.), dont nous possédons des gravures rupestres, à l'âge du fer, on ne peut attribuer avec certitude aucune fonction déterminée aux différents dieux. Deuxièmement, en raison des glissements fonctionnels entrevus ci-dessus, on ne peut en aucun cas établir de correspondances strictes du point de vue dumézilien. Troisièmement, il n'est pas possible de faire entrer dans une catégorie plutôt qu'une autre des dieux comme Týr, ancien dieu du ciel et du droit (souveraineté) et de la guerre (force), Ullr (aérien et martial), Baldr (lumineux, bon, mais débordant sur les 2e et 3e fonctions, si l'on en croit la *Gesta Danorum*), Loki (qui se dit frère de sang d'Óðinn et met au monde, transformé en jument, l'étalon Sleipnir), Heimdallr (gardien des dieux et en même temps père des dieux dans la *Rígsþula*. Il est blanc, donc lumineux, mais son cor est martial).

• Yggdrasill

La classification de R. Boyer se fonde sur un axe vertical, symbolisant aussi l'arbre du monde, Yggdrasill, autour duquel s'organisent, par cercles concentriques, le monde des dieux, des hommes, et des géants. Verticalement, nous avons :

- le soleil, dispensateur de vie sous les latitudes nordiques, lié à une thématique aérienne, lumineuse et chaleureuse. Nous trouvons donc, parmi les dieux, Þórr, Baldr, Týr, Ullr, Heimdallr et Loki ;
- l'eau et l'élément liquide en général (humeur, sang, sperme), dispensateurs de vie, avec Óðinn comme principal protagoniste ;
- la terre, la terre-nourricière, la Terre-Mère, qui assure la vie des vivants et la communauté avec les morts, est représentée par les dieux Vanes que sont Njörðr, Freyr et Freyja, Skaði et les géants, dépositaires du savoir primitif, ainsi que les nains, esprits des morts qui résident dans les demeures souterraines, avec les alfes qui assurent la fécondité-fertilité.

L'axe transversal en est la magie sous toutes ses formes. Par conséquent, Régis Boyer constate l'impossibilité de faire entrer les dieux de la mythologie nordique dans le système trifonctionnel dumézilien. Donc, sa tentative de classification va tenir compte de deux principes :

a) les trois grandes forces naturelles :

- soleil (ciel, air, feu)
- eau (plus largement : élément liquide)
- terre.

Il regroupe « Týr-Baldr-Helgi-Sigurðr-Völundur relevant du soleil, « Óðinn régnant sur l'élément liquide et magique, les Vanes assurant la tutelle tellurique ». Mais il s'empresse d'ajouter que « là encore, les frontières restent indécises d'un domaine à l'autre », car les Vanes règnent aussi sur les eaux (Njörðr est dieu de la navigation et son domaine s'appelle le Clos des Nefs) et Frigg règne sur Fensalir (« les salles des marécages ») ainsi que sur la terre nourricière.

b) la magie sous toutes ses formes,

omniprésente dans tous les documents, archéologiques ou historiques, figurés ou écrits. Tous les dieux sont magiciens et c'est sous cet angle qu'on peut rendre compte de l'intégralité du sujet, nous dit R. Boyer.

• La magie

Disons sommairement qu'on distingue trois sortes de magie chez les anciens Scandinaves :

a) Le seiðr

Le *seiðr*, magie divinatoire et maléfique, de type intellectuel (Óðinn). Le mot supporte une étymologie convoyant l'idée de « lier », ce qui est propre aux dieux, qui régissent le Destin.

Deux aspects sont à privilégier :

– La divination qui dévoile l'avenir (le Destin étant maître de tout). Il suffit de penser au célèbre poème de l'*Edda* intitulé *Völuspá* : la « Prédiction de la Voyante ». Dans la « Saga d'Éric le Rouge », chapitre 4, nous trouvons : « Gudrið chanta alors le poème si bien et si bellement que nul ne pensa avoir jamais entendu chanter poème d'une voix plus belle, de ceux qui étaient présents. La voyante la remercia de ce poème et dit que beaucoup d'esprits leur avaient rendu visite, trouvant qu'il faisait bon l'entendre, puisque le chant avait été si bien exécuté, qui précédemment, voulaient ne nous obéir en rien. À présent, beaucoup de choses me sont claires qui m'étaient cachées auparavant, à moi et à beaucoup d'autres. » (*Yggdrasill. La Religion des Anciens Scandinaves,* Paris, Payot, 1992, p. 145). Mais Snorri Sturluson mentionne dans son *Ynglingasaga* (chapitre 7) que le *seiðr* plonge l'homme qui l'exerce dans un état qualifié d'*ergi*, c'est-à-dire d'homosexualité passive, la pire insulte qui soit. C'est pourquoi la magie était généralement réservée aux femmes, ce qui n'implique d'ailleurs aucun mépris pour la condition féminine.

– La métamorphose, qui consiste à changer de forme, s'échapper de son enveloppe corporelle, (*hamr ;* la *hamför* est le voyage qui consiste à sortir de son *hamr*) qui demeure prostrée, comme morte, pour rejoindre le monde des esprits ou agir dans d'autres lieux très éloignés. Ceci vaut en particulier d'Óðinn et nous sommes ici dans le chamanisme : « Or un autre caractère bien chamaniste s'attache encore à Óðinn : c'est son cheval Sleipnir, dont nous avons dit l'origine – il est né de Loki, métamorphosé en jument – avec ses huit pattes, relativement ancien puisque déjà présent dans la *Ragnarsdrápa* de Bragi Boddason. L'adjectif *sleipr* signifie : « qui avance en glissant », comme une créature onirique par conséquent. Óðinn sur son cheval revient souvent dans l'iconographie. Or le chaman a besoin d'un 'cheval'pour se rendre dans l'autre monde. Il l'attache symboliquement au poteau central de la yourte, lui-même incisé d'encoches qui figurent les étapes à parcourir pour accéder à l'au-delà. Est-ce un hasard si le grand arbre cosmique que je me réserve d'examiner à loisir s'appelle Yggdrasill, c'est-à-dire littéralement, le coursier (*drösull, drasill)* d'Yggr-Óðinn ? Saxo Grammaticus (1 : VI : 79) nous décrit Sleipnir traversant les airs et les eaux, tout comme le mythe de Baldr nous dépeint Hermóðr le chevauchant pour aller au royaume de Hel, les huit pattes étant sans doute ici un symbole de la prodigieuse vitesse de l'animal ? » (*Yggdrasill....* p. 151). Le *seiðr* est en tout cas un type de magie intellectuelle propre au souverain ou au prêtre, donc typique de la première fonction dumézilienne.

b) Le blót,

Le *blót,* magie régénératrice récupératrice de force (sacrifices, toasts aux ancêtres), propre à la deuxième fonction.

> « Le dieu est donc, exactement, *renforcé* par la victime qui n'est conçue, en quelque sorte, que comme un vecteur. Le complexe mental qui préside à cette opération trouve une exacte illustration dans l'emploi du verbe magna, remplir de megin, cette capacité de chance, de réussite et de victoire attachée à chaque être vivant : magna, c'est remplir de megin, de force magique le dieu envisagé, c'est accroître ses pouvoirs...N'importe, ici, que le blót ait pu recouvrir toute une série de rites beaucoup plus complexes et diversifiés : après le sacrifice proprement dit, la consultation des augures, le banquet sacrificiel et même, éventuellement, la prestation de serments ; ce qui m'arrête, c'est une tonalité d'ensemble : l'exaltation, la magnification de la force divine par amuïssement, certes, des frontières, si floues de toute manière, entre nature et surnature, mais on pourrait dire aussi, plus exactement, par transfert. » (Les trois fonctions..., p. 30).

Le blót apparaît donc comme un rite communiel (Cf. Maurice Cahen, Étude sur le vocabulaire religieux du vieux scandinave. La libation., Paris, Champion, 1921) d'appropriation de force. Il s'agit donc bien de la deuxième fonction.

c) Le níð

Le *níð,* magie diffamatoire à caractère sexuel.

C'est en fait l'attaque la plus grave qu'on puisse porter contre le caractère sacré de l'individu, une offense au sacré vivant dans chaque personne : le *níð*, dont l'étymologie renvoie à l'idée de « rabaisser, vilipender » est une injure inexpiable. Le *Grágás* (« oie grise », allusion à la longévité de cet animal, est un recueil de lois rédigé vers 1260 en Islande) stipule :

> « Si un homme raconte des histoires bizarres à propos d'un autre homme, il est passible de bannissement. Par histoire bizarre, on entend toute chose qu'un homme dit d'un autre ou de la propriété de celui-ci qui ne doit pas être dite pour le tourner en dérision. Si un homme fait un *níð* sur un autre, il est passible de la peine de bannissement et il aura besoin de douze témoins pour se disculper. Par *níð* on entend le fait qu'on sculpte à autrui une statuette ou bien qu'on grave ou érige un bâton dirigé contre lui. Il y a trois mots qui détériorent à l'extrême les relations entre les hommes et qui entraînent tous la proscription : si un homme en traite un autre de *ragr* [« couard, lâche »], de *stroðinn* [« utilisé comme une femme du point de vue sexuel »] ou de *sorðinn* [même sens que le mot précédent], il s'en suivra procès tout comme pour les autres injures de plein droit. En outre, un homme a le droit de se venger de l'un de ces trois mots. Il a le droit de se venger pour des injures qui le désignent comme femme jusqu'au prochain *alþing* et celui qui profère de telles injures peut être tué par tous ceux qui les ont entendues, car il est dès lors considéré comme proscrit »
>
> (*Grágás* II, 392, Vilhjálmur Finsen, Copenhague 1825-83, rééd. Odense 1974).

Comme le dit R. Boyer :

> « ...la liaison s'opère comme naturellement entre *níð*, homosexualité et magie, puisque cette dernière s'applique toujours à inverser la norme : le surnaturel y est conçu, sans développer ici, comme l'inverse du naturel...L'*ergi*, qui accompagne également le *seiðr*... s'oppose à l'ordre naturel masculin dans une société où la règle d'or est de rester fidèle à sa nature. »
> (Les trois fonctions..., p. 29).
> « Toute tentative d'application d'une grille dumézilienne à l'appareil mythologique scandinave ancien est révocable en doute à cause des trop nombreuses confusions dont se rendent coupables nos sources. En revanche, l'imprégnation magique profonde qu'atteste ce paganisme sous toutes ses manifestations est si intense qu'il faut y voir la coloration première et majeure de cette religion. Or, cette magie se connaît par excellence dans trois types d'opérations qui, saisies en leur probable spécificité, retrouvent admirablement, me semble-t-il le trifonctionalisme dumézilien.
> Au *seiðr* revient par excellence le domaine de l'esprit sous son acception intellectuelle et symbolique de *hamr*. Il relève assez clairement de la première fonction, intelligente et évoluée.
> Le *blót* s'inscrit dans le registre de la force active, éventuellement conquérante et contraignante. Il est, au demeurant, le fief du chef (de guerre, éventuellement) et s'applique de façon satisfaisante à la deuxième fonction.
> Le *níð* ressortit à une couche plus « primitive », à un processus moins sophistiqué, il mobilise le *hugr* à des fins dépourvues de délicatesse. Il convient au

domaine de la troisième fonction, appétitive et, au sens latin de l'épithète, libidineuse » (*Les trois fonctions...*, p. 34). *Cf.* P. Guelpa, « Le concept de *níð* à partir de la 'Saga de Björn' », *in : Études Germaniques,* Paris, Didier-Érudition, N° 151, octobre,1983, p. 442-453.

Il est donc clair que le *níð* ressortit à la troisième fonction.

4) Les valeurs de la terre ou la prééminence de la troisième fonction

L'univers religieux du Scandinave ancien est en effet très fortement imprégné de magie, comme on peut aisément s'en rendre compte à la lecture des textes de l'Edda et des sagas par exemple. La magie constitue une tentative de l'homme pour capter en sa faveur l'énergie des dieux, d'où l'abondance des rites propitiatoires (sacrifices, consultation des augures). Elle est même le trait fondamental de la religion des anciens hommes du Nord et les *völur* (singulier *: völva,* génitif *völu,* d'où *Völuspá),* ces voyantes-magiciennes jouissaient d'un grand prestige (*Cf. La Saga d'Éric le Rouge, Eiríks saga rauða,* chapitre 4) aux temps païens.

Ceci nous entraîne du côté de la religion ou plus exactement, du culte et de la manière de vivre la religion. Nous ne sommes pas loin de la mythologie, qui elle doit se concevoir plutôt comme le reflet d'une société non pas guerrière, comme le voudraient les innombrables avatars du mythe viking, mais fondamentalement agraire *:* le *bóndi* (pluriel *: bændur),* ce paysan libre et propriétaire, qui a le droit de porter les armes, de siéger au þing et d'obtenir pleine compensation en cas d'offense (*Cf.* Jean Renaud, *La Saga des Orcadiens,* Paris, Aubier 1990, p. 259), fier de son patrimoine insécable (*óðal),* puissant (*ríkr*) par sa famille *(ætt)* et par ses biens, constitue la base d'une société dans laquelle priment (déjà *!*) la valeur de l'argent et le jugement d'autrui. Le parlement islandais, l'*alþing,* fondé en 930 par des colons venus pour la plupart de

Norvège, de Grande-Bretagne et d'Irlande, loin de ressembler à une démocratie moderne, équivaut à une oligarchie ploutocratique de riches fermiers. D'où la popularité extrême dont jouissent les dieux de la troisième fonction, les Vanes, représentants de la fertilité-fécondité. Þórr lui-même, dont le caractère martial n'est plus à démontrer, ne relève-t-il pas pour une part de cette thématique tellurique propre aux divinités nourricières, riches en connotations sexuelles ? D'ailleurs, les dieux sont issus des géants, êtres chthoniens par excellence, qui vivent dans les montagnes et les rochers. Ils viennent donc de la terre (Jörð, dont le nom signifie Terre, est donnée pour mère de Þórr) et sont, comme les géants, détenteurs du savoir primitif depuis des temps immémoriaux (Þórr, dans le poème eddique des *Alvíssmál*, rivalise de sagacité avec un nain ; Óðinn, dans les *Vafþrúðnismál*, se mesure de même à un géant ; les nains sont liés eux aussi à la terre, car ils viennent du géant Ymir et habitent sous la terre). De cette nature tellurique les dieux et les hommes semblent avoir hérité une mentalité « terre-à-terre », pratique, utilitaire. Les Vikings (VIIIe-XIe siècles) étaient le plus souvent des commerçants mus par l'appât du gain et se transformant à l'occasion en redoutables pillards. Régis Boyer, face aux étymologies traditionnellement proposées pour le mot *víkingr*, fait de celui-ci un calque norrois sur le latin *vicus :* « entrepôt, lieu de déchargement », puis « marché, quartier d'une ville, comptoir » (*Les Vikings*, Paris, Plon, 1992, p.152). Il fallait s'enrichir par tous les moyens et c'était cela réussir : acquérir richesse et renom. C'est ce qui figure sur nombre de stèles runiques des temps vikings en Scandinavie :

> « X s'en est allé au-dela de la mer (dans les îles britanniques). Il s'est acquis richesse et renom. Y a gravé ces runes. »

Les *víkingar*, qui vont d'un *vík* à l'autre, se transforment donc en pirates et prédateurs pour accroître leur richesse. Les riches abbayes sont une de leurs cibles préférées. Et l'on retrouve dans la mythologie cette cupidité, cette convoitise, cette lubricité chez les géants, qui se montrent avides d'or et désirent Freyja ou Iðunn. Cette âpreté à son tour est bien révélatrice d'une société où la vie était dure (climat très rude, sol ingrat, interminables nuits d'hiver, d'où le culte de la lumière et du soleil à *jól*, ancienne fête païenne de Noël ; la vigoureuse renaissance de la fête de la Sainte Lucie en Suède, au début du XXe siècle, l'atteste bien de nos jours). Donc les valeurs de la terre sont premières et c'est sur ce point qu'il faut donner raison à Ólafur Briem quand il place les Vanes avant les Ases.

5) Ordre versus désordre

Mais l'abondance, la prospérité ne sont possibles que s'il y a la paix, s'il y a un ordre, donc une certaine cohésion sociale. D'où le caractère sacré du roi, qui garantit la paix. Le roi est élu roi pour la paix et la bonne récolte (*til árs ok friðar, Cf.* le roi Fróði). S'il se révèle incapable d'assurer ces deux conditions du bonheur de ses sujets, il est tout simplement sacrifié, comme le roi Dómaldi dans la *Ynglingasaga* 15. Cette pratique est d'ailleurs attestée chez les Burgondes au IVe siècle (Rudolf Simek, *Dictionnaire de la Mythologie Germano-Scandinave,* traduit de l'allemand, Paris, éd. du Porte-Glaive, 1996, p. 95. Soulignons toutefois qu'elle semble plutôt très rare d'après nos témoignages écrits. Peut-être ne s'agit-il là que d'une réminiscence lointaine de coutumes disparues ?). La paix et l'ordre relèvent ainsi de la plus haute fonction et dans la mythologie, c'est Týr qui assure la paix du monde jusqu'à la fin des temps en acceptant de perdre la dextre pour enchaîner le loup Fenrir. Mais l'ordre et la paix sont en fait constamment menacés par ces êtres issus du chaos originel, les géants. Du coup, Heimdallr est obligé de veiller sans cesse sur le pont Bifröst et Þórr exerce la fonction de gardien de la paix en prévenant ou en réprimant durement toute attaque ou incursion de la part des géants. Il passe son temps à occire des tribus entières de ces monstres laids et bruyants qui vivent dans les montagnes. Mais un jour viendra, et la magicienne qui parle dans la *Völuspá* le dit clairement, où ce monde périra. Ce sera le crépuscule des dieux. La loi sacrée du Destin (*ørlög* : « lois originelles, Destin ») s'accomplira pour les dieux et pour les hommes. Les hommes sont créés à partir de troncs d'arbres (donc d'éléments terrestres) par les dieux, ces dieux qui avec les géants primitifs sont les dépositaires d'un savoir originel qui gît dans la source de Mimir, au pied du grand frêne Yggdrasill. L'ordre du monde est précaire, car Yggdrasill, l'arbre du monde, est rongé à ses deux extrémités : un cerf broute ses feuilles et le dragon Níðhöggr s'attaque à ses racines. Les géants ne cessent de provoquer et de menacer les dieux. Heureusement, Þórr veille et garantit le maintien de l'ordre. Les *bændur* peuvent prospérer. Þórr assume là un rôle social éminent.

Autre trait caractéristique de cette société ancienne : le droit, dont le représentant, Týr a été évoqué *supra*, et qui est fondé sur le sacré (*Cf.* l'étude liminaire sur le sacré de R. Boyer dans *L'Edda poétique*, 1992, p. 13-64), car sans la loi, la société est condamnée. C'est ce qu'affirme le vieil adage : *með lögum Skal land byggja ok með ólögum eyða* : « par les lois le pays s'édifiera, mais par l'illégalité il périra » (*Saga de Njáll le Brûlé,* chapitre LXX, traduction de R. Boyer, 1976, p. 136). Et la loi primitive, le Destin, conduit tout. Il serait vain de s'y opposer (*eigi má sköpunum renna ; Cf. supra*). Revenons au Viking des sagas. Il est exceptionnellement conscient de son Destin et il en est par conséquent l'instrument actif. Loin de se résigner, le héros germanique, que ce soit la troupe des Burgondes dans le *Nibelungenlied* allemand, que ce soit Sigurðr, meurtrier du dragon Fáfnir, marche dans une sorte de grandeur tragique vers l'accomplissement de son Destin. Averti jusque dans les moindres détails de sa Destinée, Sigurðr met toute son énergie au service de la réalisation de ce dessein des Puissances. Sa grandeur, son honneur sont à ce prix. Peu importe de mourir, il faut mourir grand. Destinée individuelle et Destinée collective sont appelées à se réaliser dans la grandeur. La fin du monde, les *ragnarök* (qui rappellent quelque peu l'*Apocalypse,* le dernier livre du *Nouveau Testament*), avec sa régénération universelle et son monde nouveau, plus beau, plus pur où seuls les dieux bons reviennent (comme Baldr, dieu solaire et victime, qui par ces deux derniers traits ressemble un peu au Christ, mais le parallèle s'arrête là), nous ressitue dans une perspective de fin du paganisme. Un monde nouveau émerge, une société effectue une importante mutation : l'Islande se convertit sans effusion de sang en l'an 1000. L'influence chrétienne sur la mythographie est évidente, car Snorri Sturluson et Saxo Grammaticus étaient tous deux chrétiens. On est cependant fondé à penser, ainsi qu'on l'a vu dans l'introduction, qu'ils ont respecté scrupuleusement les textes des poèmes consignés par écrit ainsi que les traditions orales qui ont survécu à la conversion. Dans quelle mesure se sont-ils livrés à des réinterprétations ? D'après tout ce que nous savons de lui et à en juger d'après les poèmes de l'*Edda*, nous pouvons affirmer que la fiabilité de Snorri est tout à fait satisfaisante (*Cf.* François Emion, *La Saga de Hákon le Bon*, thèse de Doctorat, Université de Paris-Sorbonne, 1992). Cette saga fait partie de l'ensemble d'une quinzaine de sagas des rois de Norvège écrites par Snorri et connu sous le titre de *Heimskringla*).

Un dernier trait, qui revient souvent dans les poèmes de l'*Edda* et dans les aventures des dieux relatées par Snorri : l'importance du regard d'autrui. Les *Hávamál* s'en font l'écho :

« Meurent les biens,
Meurent les parents,
Et toi, tu mourras de même ;
Mais la réputation
Ne meurt jamais,
Celle que bonne l'on s'est acquise. »
(strophe 76 ; R. Boyer, *L'Edda poétique*, p. 182)

Les valeurs de la terre, au centre de l'univers spirituel des anciens Scandinaves, exaltent la Vie. Le culte, dans ses actes signifiants, revêt un caractère vitaliste où prédomine la fonction. Tous les dieux débordent de vitalité et la vie transcende la mort, laquelle ne signifie pas autre chose qu'une continuation de la vie sous d'autres formes.

La condition *sine qua non* pour que la vie naisse, s'épanouisse et se répande est l'ordre, le maintien de la paix.

Les éléments naturels et la magie ne sauraient évidemment être exclus, mais ce qui me paraît fonder la distinction entre les différents personnages de la mythologie nordique relève d'abord d'une opposition ordre - désordre. Le geste de l'aspersion d'eau en témoigne à sa façon : cette sorte de baptême païen, où le père de l'enfant l'élève de terre, le pose sur son genou, l'asperge d'eau (*ausa barn vatni*) et l'élève ensuite vers le soleil, est abondamment attesté par nos textes (*Hávamál* 158, *Rígsþula* 7, 21, 31, *Landnámabók* H 314, *Heimskringla*, « Sagas d'Islandais » et « Sagas des temps anciens »). Ce geste signifie entre autres choses que l'enfant ne peut plus être exposé et qu'il faut payer pleine compensation si on le tue (R. Simek, *Dictionnaire...*, p. 45). Il n'est évidemment possible que si l'ordre et la paix sont maintenus.

Certes, dans l'étude de R. Boyer (*Yggdrasill...*, p. 112-185), « le désordre n'apparaît nettement que dans la première variante » (la solaire), mais il n'est pas interdit d'ajouter qu'il apparaît aussi dans les deux autres :

– la liquide, car Loki a aussi une nature aquatique : dans l'Edda de Snorri, les *Skáldskaparmál* 5 rapportent le mythe de la fabrication des objets précieux des dieux, où il s'enfuit grâce à des chaussures qui lui permettent de courir dans les airs et dans l'eau et la *Gylfaginning* 50, raconte comment Loki se transforme en saumon dans le mythe qui relate son châtiment. *Cf.* la *Völuspá* 51, où c'est lui qui dirige le bateau des forces de l'au-delà lors des *ragnarök*. *Cf.* le *Sörla þáttr*, où métamorphosé en phoque, il lutte contre Heimdallr, sous forme de phoque également, pour la possession du collier de Freyja ;

– la tellurique, où Loki est l'instigateur du meurtre de Baldr et où il se transforme en géante et seule créature qui refuse de pleurer la mort de Baldr, empêchant ce dernier de revenir du domaine de Hel dans le domaine des dieux. Les géants sont les ennemis irréductibles des dieux. La géante Hyndla menace la déesse Freyja (*Hyndluljóð*). Je tiens donc pour avéré que cette dichotomie ordre/désordre préside de fait à l'organisation de la mythologie nordique. L'ordre est une notion fondamentale chez les Germains et apparaît même comme fondé en droit, lequel plonge ses racines dans le sacré. Týr accepte de perdre sa dextre pour enchaîner le loup Fenrir afin de garantir la paix au monde.

Nous avons donc d'une part les forces de l'ordre :

– tous les dieux, sauf Loki : Óðinn, Þórr, véritable gardien de la paix, Baldr, Týr, Bragi, Iðunn, Heimdallr, Ullr, Víðarr, Váli, Frigg et les déesses ases ainsi que les dieux vanes : Njörðr, Freyr, Freyja ; et d'autre part les fauteurs de trouble et de désordre :

– Loki, qui avec une géante a engendré trois monstres ennemis des dieux : le loup Fenrir, qui dévorera Óðinn à la fin des temps, la déesse Hel, qui garde les hommes qui ne sont pas morts au combat, et le serpent de Miðgarðr ; *Cf.* P. Guelpa, « Les monstres dans la mythologie nordique », in : *Monstres et monstruosités dans le monde ancien*, Cahiers KUBABA volume IX, Université de Paris I-Panthéon-Sorbonne, Paris, L'Harmattan, 2007, p. 113-139.

– les géants, parmi lesquels on peut citer Skrýmir (Útgarða-Loki), Geirrøðr, Hrungnir, Hymir, Þrymr, Þjazi, le géant maître-bâtisseur, et le géant Surtr, qui provoquera l'incendie du monde.

– Höðr, meurtrier involontaire de Baldr, et le nain Andvari.

Naturellement, au-dessus de cette dialectique ordre/désordre, où l'ordre du monde est constamment menacé, plane le tout-puissant Destin.

6) Conclusion à propos de la classification

Nous pouvons dire que la classification structuraliste de Georges Dumézil ne résiste pas à l'analyse et que celle de Régis Boyer, plus modeste, mais non moins pénétrante, se révèle beaucoup plus apte à rendre compte d'une réalité changeante où les forces de la vie sont exaltées et magnifiées et où la frontière entre ce monde-ci et l'autre s'efface sans cesse. Toutefois, elle ne rend qu'imparfaitement compte de la totalité des figures très variées de la mythologie nordique et son auteur le sait bien. En fait, cette mythologie se dérobe à toute tentative de classification trop systématique.

Il faut, me semble-t-il, renoncer à chercher une clé ou une structure, et se contenter d'observer que la Vie, ici-bas et dans l'au-delà, domine toute cette mythologie et que l'ordre du monde, condition de la vie, symbolisé par le grand frêne Yggdrasill, ne se brise pas impunément.

Mythes et rites prennent alors une coloration vitaliste, le dynamisme de la force et du savoir poétique, juridique et magique transcendant les trois éléments de l'axe vertical pour permettre la conservation de l'ordre, de la paix et du droit, toutes notions fondées dans le sacré qui réside aussi bien dans la communauté que dans l'individu.

L'individu croit en son *máttr ok megin*, sa propre « puissance et sa force » qui lui ont été octroyées par les dieux afin d'affronter la Vie et il est ainsi apte à assumer son Destin, voulu par les Puissances.

Cet axe vertical soleil-eau-terre traversé horizontalement par la magie fournit la trame sur laquelle se déroule le combat perpétuel entre les forces de l'ordre et celles du chaos, la tapisserie ainsi tissée constituant un merveilleux hymne à la Vie.

VII – De quel type de société relève la mythologie nordique ?

Certains chants de l'*Edda* comme la *Rígsþula* et le *Hárbarðsljóð* semblent accréditer l'idée d'une division tripartite de la société. Nous en avons vu les limites.

Par ailleurs, nous avons noté comme trait fondamental de la religion des anciens hommes du Nord la magie. Elle constitue une tentative de l'homme pour capter en sa faveur l'énergie des dieux, d'où l'abondance des rites propitiatoires (sacrifices, consultation des augures). Les *völur*, ces voyantes-magiciennes jouissaient d'un grand prestige aux temps païens, dont l'époque viking constitue en quelque sorte l'apogée. Mais l'importance de la magie n'est pas vraiment typique en soi de la société scandinave ancienne. Elle n'explique pas à elle seule la mythologie nordique. En effet, on peut dire aussi que la mythologie nordique est une mythologie inventée par et pour des Vikings.

Nous avons établi *supra* qu'en dépit de ou plutôt parallèlement à l'attrait des richesses et à l'âpreté au gain, les valeurs de la terre sont premières. Or l'abondance, la prospérité ne sont possibles que s'il y a la paix, s'il y a un ordre, donc une certaine cohésion sociale. D'où le caractère sacré du roi, qui garantit la paix et la prospérité. La mythologie nordique ne serait-elle pas d'abord et avant tout une mythologie inventée par et pour des paysans ?

La mythologie nordique, à la lumière de ce que nous venons de dire, doit se concevoir comme le reflet d'une société non pas guerrière, comme le voudraient les innombrables avatars du mythe viking, mais fondamentalement agraire. Et le jugement d'autrui fait et défait les réputations davantage que partout ailleurs, ainsi que l'attestent abondamment les sagas et les *Hávamál*.

Cette attention au jugement d'autrui, au « qu'en dira-t-on ? » est-elle vraiment surprenante dans une société paysanne ? Il est normal que cela se reflète dans la mythologie. Les dieux, les géants, les nains et les hommes participent donc de cette nature tellurique originelle qui relègue en définitive les fonctions martiales à l'arrière-plan. Malgré la prééminence d'Óðinn à l'époque littéraire (les scaldes sont des intellectuels et s'intéressent avant tout aux hauts-faits des princes : d'où l'insistance sur les prouesses guerrières, physiques ou intellectuelles), les croyances mythologiques s'adressent en premier lieu aux divinités nourricières et fécondantes, profitables au *bóndi*. É*videm*ment, ceci bat en brèche nombre d'idées reçues à propos des prétendus « grands blonds aux yeux bleus » et fait litière des théories (néo)nazies ou néo païennes à propos des mythes du nord. Le guerrier a longtemps occupé le devant de la scène, occultant le paysan. Pour plagier le langage des scaldes, on dirait que l'« arbre de la bataille » (*kenning* pour « guerrier ») nous a longtemps caché la forêt et les « bosquets de Jörð » (autre *kenning* pour « paysan ») !

Nous avons affaire à une mythologie de vikings, de magiciens et de poètes, comme le dit R. Boyer, certes, mais avant tout à une mythologie de *bændur*, élaboration littéraire d'idéaux propres à une société purement agraire et qui, disons-le sans passion, soutient aisément la comparaison avec la mythologie classique.

Il s'agit en somme d'une mythologie élaborée par une société qui, au contraire de la nôtre, n'a pas peur de la vie et qui l'exalte dans tous ses aspects, les assumant avec foi de la naissance à la mort, laquelle n'est dès lors qu'un avatar de la Vie.

Nous avons vu nombre de récits se rapportant aux dieux, aux héros et aux hommes et ces récits font état de rites ou d'actes significatifs exprimant une relation avec un dieux ou une pluralité de Puissances. C'est que la religion des anciens Scandinaves se confond avec ses rites. Comme il n'y a pas de corpus de doctrine, pas de dogmes, il existe seulement un certain nombre d'actes signifiants dans lesquels s'actualise la foi.

Ces rites sont de deux types :

1/ les rites biologiques, qui marquent les grandes étapes de la vie.

2/ les rites pratiques ou directement utilitaires.

Les premiers concernent

- la naissance des enfants : Comme la femme accouche à genoux, le nouveau-né est reçu sur le sol, où il entre en contact avec la Terre-Mère, puis on l'asperge d'eau (ausa barn vatni : « asperger d'eau un enfant »), ce qui correspond à une sorte de baptême païen, et on l'élève vers le soleil en guise de présentation aux Puissances qui vont veiller sur lui, les dises (islandais *dísir*), divinités tutélaires qui incarnent le Destin de chaque être humain. On lui donne ensuite un nom (*nafnfesti*) qui l'introduit de plein droit dans la lignée de ses ancêtres. Ce nom est souvent celui du grand-père, assurant ainsi la continuité des générations. D'autre part, les noms des membres d'une même famille (au sens très large ; il vaut mieux dire : d'un clan) allitèrent entre eux (Sigmundr, Signý, Sigurðr, Sigrún, Siggeir, Sigi, Sinfjötli ; Gjúki, Guðrún, Gunnar, Guþormr, etc.), procédé germanique courant.
- le mariage et son but naturel, la fécondité : il s'agit surtout de rites censés garantir la fécondité. Par exemple, le marteau de Þórr est considéré comme symbole de fécondité, Þórr consacrant l'union de l'homme et de la femme. C'est ce qu'on croit deviner dans une gravure rupestre suédoise de l'âge du bronze qui représente un couple en train de s'unir avec à côté de lui une silhouette plus grande portant un marteau ou une hache. Il s'agit d'une hiérogamie,

mariage sacré entre un dieu du ciel et la Terre-Mère. Þórr consacre également les fiancés, car son marteau doit être placé sur les genoux de la fiancée (*Þrymskviða*). En effet, le marteau produit la foudre, dont l'effet premier est destructeur, mais l'effet second, la pluie d'orage, est créateur, car elle féconde la terre. On peut voir dans la quête amoureuse du dieu Freyr auprès de la géante Gerðr une hiérogamie. En effet, les géants sont des êtres telluriques et l'image du dieu du ciel fécondant la Terre-Mère s'impose dans le poème eddique *Skírnismál* (« Dits de Skírnir »). Le culte processionnel voué à Nerthus (chez Tacite)/Njörðr est aussi une hiérogamie. Le culte de la fécondité est abondamment attesté. La vénération de dieux vanes comme Njörðr, Freyr et Freyja ainsi que les sacrifices qui leur sont offerts sont à interpréter comme des cultes de la fertilité. Un grand nombre de toponymes comportent le nom de l'un de ces dieux. La grande fête sacrificielle d'Uppsal, dont parlent Adam de Brême et Saxo Grammaticus, qui comporte des danses lascives et des chants obscènes, a pour patron Freyr, dieu de la fécondité. Le fait abondamment attesté en Scandinavie de dresser des pierres au bord des chemins (*bautasteinar*) relève à l'évidence d'un culte phallique et d'un culte des morts : d'un culte phallique, à preuve leur forme suggestive et surtout les diverses dénominations qui leur ont été données (« pierre-bâton », « pierre à fille », « épée », « homme », etc.), d'un culte des morts par leur fonction commémorative (str. 72 des *Hávamál*). Ces deux aspect relèvent en fait tous deux du culte de la fertilité-fécondité. Le culte de la Terre-Mère, culte de la végétation, revêtant un caractère processionnel (la déesse est promenée dans un char afin de favoriser la fertilité des endroits visités), est attesté par Tacite, l'archéologie et certains textes de sagas.

– les funérailles : le mort continue de vivre dans sa tombe et on y dépose des objets lui ayant appartenu. Avant l'époque viking, on incinérait le mort et ces objets. Les restes étaient ensuite recueillis dans une urne funéraire ou bien encore dispersés sur le sol. L'endroit des sépultures peut être repéré par un amas de pierre ou un tumulus ou bien par des pierres levées disposées en forme de coque de bateau (en danois : *skibsætninger* : « dispositions [en forme] de bateau »).

L'idée du voyage que le mort doit effectuer est très présente chez les Nordiques, comme chez les autres peuples. L'inhumation fait son apparition au IXe siècle et lorsqu'il s'agit de personnages importants, on sacrifie le cheval du mort et parfois un ou plusieurs esclaves qu'on place ensuite dans le tertre. Les hommes du peuple sont inhumés dans un cercueil en bois. De toute façon, il fallait procéder à deux sortes d'opérations pour la toilette du mort afin de le préparer à son voyage (l'image du bateau dans les bateaux-tombes et dans les *skibsætninger*, les « tombes collectives naviformes », est frappante) : d'une part boucher tous les orifices naturels et lui fermer les yeux, sinon le *hugur* (« l'esprit, l'âme ») pouvait s'échapper et revenir chez les vivants pour les hanter et d'autre part ne pas lui couper les ongles, car les ennemis des dieux et des hommes se servent des ongles des morts pour fabriquer la nef onglée (*Naglfar*) qui leur servira à attaquer le monde des hommes et des dieux lors du cataclysme de la fin des temps.

Les seconds concernent les pratiques utilitaires :

– les rites « liturgiques », qui relèvent soit de l'adoration, qui a lieu en plein air, (*vé* : « sanctuaire », *hörgr* : « endroit pierreux », *stallr* : « autel », adoration d'arbres symbolisant le pilier du monde, comme *Irminsúl* : « colonne universelle », *Cf.* Adam de Brême, *Gesta Hammaburgensis Ecclesiæ Pontificum* I, 7-8 ; la vénération de lieux naturels comme les sources, les montagnes, les arbres est typique des Germains), soit de la propitiation et de l'impétration (tracer une rune sur une arme pour obtenir la victoire, jeter la lance par-dessus une armée ennemie afin de la consacrer à Óðinn, enfouir dans la terre de menus objets cassés comme des petits bateaux pour obtenir une navigation sûre, bonne mer et bon vent, ou bien offrir un sacrifice d'animaux pour obtenir une bonne récolte, prendre possession de la terre en en faisant le tour à cheval avec une torche enflammée à la main et dans le sens inverse de la course du soleil, lancer par-dessus bord les montants du haut-siège lorsqu'on arrive en vue d'une terre afin de savoir où les dieux veulent qu'on s'installe, sacrifices humains à en croire les cadavres conservés dans les tourbières du Danemark). Certains sacrifices humains peuvent s'interpréter comme rites expiatoires. Mais il faut bien voir que, à la différence du christianisme, où la conscience libre, mais non autonome (norme objective exprimée dans les Dix Commandements et les commandements de l'Église), juge les actes bons ou mauvais, le paganisme nordique voit plutôt les actes humains comme conformes ou non à l'ordre du monde, selon une opposition ordre/désordre.

– *les rites magiques* comme le *seiðr* (pratiqué dans le but de deviner l'avenir ou bien de provoquer fièvre ou folie chez les autres), le *blót* (en vue de récupérer la force d'un dieu en mangeant la chair de l'animal qui lui a été offert, de la viande de cheval, par exemple), le *níð* (pour flétrir la réputation d'un ennemi, avec le plus souvent toutes sortes d'allusions sexuelles infamantes et diffamatoires véhiculées par leur support obligé : une ou plusieurs strophes scaldiques, accompagnées éventuellement d'une figuration déshonorante de la personne à vilipender par le truchement d'une statuette et de caractères runiques gravés, le tout pouvant s'accompagner d'un pic sur lequel est empalée une tête de cheval ou de jument tournée vers le lieu où réside la victime).

Le *seiðr* est illustré par la scène de divination de *Eiríkssaga rauða* (« La Saga d'Éric le Rouge »), où une voyante (magicienne, sorcière, prophétesse) siégeant sur un chevalet magique exhaussé effectue ses prédictions en se faisant accompagner de chants incantatoires. La déesse Freyja passe pour la maîtresse du *seiðr*. Celui-ci vise soit à connaître l'avenir, soit à nuire à quelqu'un (en lui jetant un sort, par exemple) et s'exerce en lien avec des pratiques chamanistes (changement de forme, métamorphoses animales, nécromancie)

Le *blót*, lui s'opère en trois temps : d'abord l'immolation de l'animal sacrifié (cheval, porc ou bœuf, *Cf.* R. Boyer, *Yggdrasill...*, p. 155). Ensuite la consultation des augures moyennant le sang de l'animal (dans lequel on jette des baguettes afin d'y lire le Destin) et finalement le repas sacrificiel (*blótveizla*), pendant le quel la consommation de la viande de l'animal était censée renforcer la cohésion entre la communauté et les dieux et établir une sorte de communion avec les ancêtres puisqu'on avait coutume de porter un toast aux dieux et aux morts. Le *blót* s'accompagnait aussi d'une beuverie (bière, hydromel) au cours de laquelle il n'était pas question de ne pas s'enivrer...

– *les rites initiatiques*, tels l'apprentissage des runes par Óðinn, qui doit passer neuf nuits pendu à l'arbre du monde (Yggdrasill : « coursier d'Yggr », Yggr (« le Redoutable »), étant lui-même un synonyme d'Óðinn), ou bien encore le rite de la fraternité sacrée (*fóstbræðralag*) qui comporte un passage significatif sous un « collier de terre » (*jarðarmen*) :

« Passage sous un collier de terre [vn ganga undir jarðarmen]. Dans quelques sagas d'Islandais, il est clairement défini comme rite permettant de conclure une fraternité jurée [Gíslasaga 6 ; Fóstbrœðrasaga 2 ; Þorsteinssaga Víkingssonar]. Or ce rite ne semble plus être compris par les auteurs des sagas : en effet, dans la saga qui porte son nom, au chapitre 6, Gísli, son frère et ses deux beaux-frères renoncent au dernier moment à pratiquer le rite de la fraternité jurée. Or, de par leurs liens de parenté, ils sont déjà liés par les mêmes obligations contraignantes ! » Cf. Jan de Vries : « Der altnordische Rasengang », in *Acta Philologica Scandinavica* 3, 1928, p. 106-135.

Dans d'autres textes (*Njálssaga* 119 ; *Vatnsdœlasaga* 33, *Laxdœlasaga* 18), la coutume du passage sous un collier de terre est détournée à d'autres fins (humiliation, ordalie), sans doute par ignorance du rôle de cette coutume dans la fraternité jurée.

On s'accorde généralement pour dire que le passage sous un collier de terre signifiait symboliquement la renaissance des frères jurés à partir de la terre ;... » (Rudolf Simek, *Dictionnaire de la Mythologie Germano-Scandinave*, Paris, éd. du Porte-Glaive, 1996, tome II, p. 267). La fraternité jurée comportait un lien très contraignant. Ceux qui le contractaient devenaient frères de sang et par conséquent, chacun d'eux devait épouser les querelles de l'autre et nécessairement le venger si besoin était. On sait que l'un des héros de la « Saga des Frères Jurés » (*Fóstbrœðrasaga*) s'en va jusqu'au Groenland uniquement pour venger son « frère ».

Citons encore le poème que déclame Sigrdrífa afin d'apprendre à Sigurðr le mystère des runes (*Sigrdrífumál*), le franchissement par ce dernier de la muraille de feu entourant la couche de Brynhildr, le sang du dragon Fáfnir qui permet à Sigurðr de comprendre le langage des oiseaux, donc de dépasser les limites de la condition purement humaine, etc.

On peut classer différemment les rites et coutumes dont nos sources nous offrent le témoignage, à savoir suivant suivant la fonction dont ils relèvent :

1/ *les rites de fécondité-fertilité*

a) le culte des morts (les morts sont liés à la fertilité en vertu de l'équation *homo* = *humus*, selon Mircea Eliade) ;

- *Skibsætninger* ;
- *bautasteinar* (« pierres commémoratives ») ;
- *haugar* (« tumulus ») ;
- le toast aux défunts lors du *blót* (*drekka minni*) ;
- le banquet de funérailles où l'on « boit l'héritage » (*drekka erfi*) permet au mort d'être vraiment mort. Les formalités légales doivent être accomplies, sinon le mort revient (*draugr* : « revenant ») hanter l'endroit où il a vécu et causera maint tracas à ses proches.

b) le culte phallique

- le *Völsi* (un pénis de cheval qui passe de main en main et sur lequel chaque assistant doit dire une formule) ;
- *bautasteinar*.

c) la consommation de la viande de l'animal immolé et la beuverie du *blót* (abondance de nourriture et de boisson).

d) le culte processionnel en vue de l'obtention de bonnes récoltes.

e) le dépôt dans la terre d'aliments et de matériel domestique.

f) l'enfouissement dans la terre de menus objets cassés volontairement, comme des petits bateaux, afin d'obtenir de bonnes conditions de navigation.

h) la vénération d'Irminsúl ou d'Yggdrasill ou d'un arbre (surtout le frêne et le chêne).

2/ *les rites de force*

le *blót*, consommation de l'animal sacrifié afin de s'approprier les forces du dieu auquel on l'offre.

3/ *les rites de souveraineté magique et juridique*

a) le *seiðr*, magie divinatoire ou maléfique, accompagné de pratiques chamaniques.

b) la consultation des augures lors du *blót*.

c) le *níð*, chargé de flétrir la réputation d'autrui ou de le faire chasser de ses terres (suivi d'effet dans *Egilssaga*) et dans lequel les connotations sexuelles (troisième fonction) abondent, mais ne constituent pas l'essence du rite.

d) l'initiation à la science des runes (pendaison d'Óðinn, poème de Sigrdrífa).

e) rite de la fraternité jurée.

f) les sacrifices humains et les excès de cruauté et de sauvagerie sont rapportés uniquement à Óðinn : la victime est pendue et navrée d'une lance (*Cf.* également la pratique atroce de « l'aigle de sang » mentionnée dans les sagas, le sacrifice d'Uppsal rapporté par Adam de Brême, *op. cit.* IV, 27 et Thietmar von Merseburg, *Chronicon*, I, 17 ainsi que *Ynglingasaga* 15 ; et Procope, « Guerre gothique » XI, 15).

g)le serment sur l'anneau d'Óðinn ou d'Ullr est un acte rituel (*Cf.* le dieu Ullr, *supra*). La pratique de « l'aigle sang » n'a sans doute jamais existé et ne serait qu'un motif littéraire, selon Roberta Frank (« Viking atrocity and Skaldic verse: The Rite of the Blood-Eagle ». *English Historical Review*. 1984, XCIX, p. 332-343.) et Rory Mac Turk « Blóðörn eða blóðormur ». In : Gísli Sigurðsson, Guðrún Kvaran and Sigurgeir Steingrímsson (eds) *Sagnaþing helgað Jónasi Kristjánssyni*, Reykjavík, 1994. *Cf.* sur internet : *www.dur.ac.uk/medieval.www/sagaconf/* ***mcturk**.htm)*

Le rite consiste essentiellement en un sacrifice. Le sacrifice vise à influencer les Puissances, non par manipulation magique, mais par l'offrande de dons.

On peut donc aussi envisager une typologie sacrificielle et distinguer :

1/ les offrandes votives :

a) éventuellement en vue de rendre grâce, à moins qu'il s'agisse là encore d'une demande : l'enfouissement de matériel de guerre détruit volontairement.

b) le dépôt dans des marais de minuscules bateaux miniatures est sans doute Destiné à obtenir une bonne navigation.
c) le dépôt de nourriture ou de matériel domestique est lié au désir d'obtenir l'abondance de nourritures terrestres.
2/ les sacrifices d'animaux
Il s'agit du *blót*, que ce soit le sacrifice aux alfes ou le sacrifice aux dises, le but était toujours d'obtenir la fertilité fécondité.
3/ les sacrifices humains
Cf. supra.

On voudra bien noter qu'à chaque fois, il s'agit d'actes signifiants avant tout. Le Scandinave ancien se sait entouré de Puissances qui le suivent du berceau à la tombe et il évolue dans un univers entièrement sacralisé, qui attend une réponse de lui dans les rites et la manière de réagir aux sollicitations du Destin. Qu'il me soit permis d'ajouter qu'à deux mille cinq cents ans de distance environ, on est surpris de constater dans la mythologie nordique certaines continuités thématiques entre les gravures rupestres de l'âge du bronze et les *Eddas :*

– le motif fréquent qui représente un homme de grande taille portant un bateau (*Cf.* Þórr dans la *Hymiskviða ?*),
– un personnage brandissant une hache non pour frapper, mais pour bénir (Þórr bénissant le mariage avec son marteau ?),
– un homme démesuré armé d'une lance (Óðinn ?) et prêt à la jeter
– des personnages qui jouent de la lure et qui sont masqués (Óðinn) et/ou travestis (ambivalence sexuelle des Vanes),
– de nombreuses silhouettes masculines ithyphalliques,
– l'omniprésence du bateau, etc.

Quel rapport y-a-t-il entre les rites et les mythes, puisque d'après ce que nous venons d'exposer, les rites sont une réalité et les mythes de la littérature ?

L'école anthropologique de Cambridge, avec **James George Frazer**, fait remonter les mythes à des rites et explique ces derniers par comparaison avec les coutumes observées par les premiers anthropologues chez les peuples primitifs, théorie selon laquelle la magie constituerait le stade primitif de la religion. Or en Allemagne, cette orientation n'a jamais été suivie par la recherche, qui s'est efforcée de séparer nettement mythe et rite. Selon les chercheurs allemands, les mythes sont de pures inventions des poètes. Ils ne sont pas sacrés. Les poètes les transforment à leur guise. Ainsi, la mythologie est exclue de l'histoire de la religion. Le mythe est conçu comme une parole religieuse (du poète qui invente) et le rite comme un acte religieux du peuple qui l'accomplit. Parole et acte s'opposent. Et voici, que, s'inspirant de la linguistique énonciative de John Langshaw Austin (avec son concept de performativité) et de J.R. Searle, **Walter Burkert** dépasse ce clivage et affirme la parenté fonctionnelle originelle entre la narration du mythe et l'action cultuelle du rite (*Wilder Ursprung, Opferritual und Mythologie bei den Griechen*, Berlin, Verlag Klaus Wagenbach, 1991). N'est-ce pas là aller un peu loin dans l'évaluation de la mythologie ?

Gregory Nagy (*Op. cit.* p. 8), s'inspirant de Walter Burkert, nous dit que la littérature narrative n'est pas tant le reflet d'événements historiques que des mythes. La narration permettrait, selon lui, au mythe de prendre le pas sur la réalité. Le mythe serait l'expression collective de la société, contrairement à la fiction, qui elle, est le fait d'un individu. Le mythe serait la réalité acceptée comme valide, comme vraie par la société. Donc le mythe serait une narration traditionnelle utilisée pour désigner la réalité. Il s'agit ici d'une définition large du mythe, lequel décrit une réalité signifiante et importante qui s'applique au groupe, transcendant l'individuel.

Pour sa part, **Pierre Grimal** (*Dictionnaire de la mythologie grecque et romaine*, Paris, PUF, 1969, p. XIV-XVIII) considère que le mythe, au sens étroit du terme, est « un récit se référant à un ordre du monde antérieur à l'ordre actuel et Destiné, non pas à expliquer une particularité locale et limitée (c'est le rôle de la simple légende étiologique), mais une loi organique de la nature des choses. » Le mythe a donc une signification cosmique. Il est, dès l'origine, symbolique. Une simple légende étiologique peut certes devenir un mythe, à condition que la particularité à expliquer revête une « importance cosmique. C'est le cas notamment, de toutes les « héroïsations astrales » qui transportent au ciel indifféremment un homme, un animal ou une chose, pour en faire des constellations. » (P. Grimal, *op. cit.*, p. XVIII).

On trouve certes, pour aller dans le sens de **G. Dumézil**, de nombreux parallèles entre la mythologie nordique et les autres mythologies : classique, indienne, égyptienne notamment. La mythologie reflète les conceptions d'une société donnée d'une époque donnée en ce qui concerne la naissance et l'organisation de l'univers. À propos de la mythologie égyptienne, **Youri Volokhine** déclare :

> « L'auteur dessine en premier lieu le cadre cosmogonique, amenant au règne terrestre des dieux, prédécesseurs des rois humains selon les conceptions égyptiennes, sans oublier les « laissés-pour-compte de la cosmogonie », les forces négatives orchestrées par Apopis, ennemi éternel du dieu solaire... Le deuxième chapitre entreprend de définir la société des dieux en termes de hiérarchie et de pouvoir...L'auteur présente ensuite le fonctionnement du rite, avec le roi comme acteur idéal, médiateur des hommes auprès des dieux. Après la quotidienneté du mythe précédemment traitée, il s'agit à présent de celle du geste rituel, répété au sein des temples dans un présent immuable afin de garantir le bon fonctionnement des éléments de la création. »

(1995, p. 99-103 ; Cf. bibliographie).

Pour revenir au lien entre les rites et les mythes, nous retiendrons deux faits essentiels à mes yeux :

- le rite permet à l'homme de communier au monde des dieux, qui est sollicité et comme renforcé par le sacrifice, donc assuré de la pérennité. Le rite est l'expression du sacré chez l'individu et dans la société ;
- le mythe assure lui aussi la pérennité du monde des dieux ou bien l'accomplissement normal, dans l'ordre des choses, de son Destin final. Les mythes cosmogoniques, théogoniques, anthropogoniques et ethnogoniques, ceux de Týr, Óðinn, Baldr, Loki, Þórr, celui du géant-maître-bâtisseur, etc. sont là pour le prouver. Le mythe a un retentissement cosmique. C'est une explication du monde acceptée par la société.

Une fois créé, le monde est conservé dans l'être au moyen d'un certain ordre. Rites et mythes se relaient mutuellement grâce à la mentalité magique propre à la religion païenne des Nordiques. Mais le lien entre rite et mythe n'est absolument pas organique ni automatique, comme semble le dire Burkert. La fin en soi des rites et des mythes est d'assurer la cohésion et l'ordre du monde, orienté vers la Vie. D'où le caractère vitaliste multiforme du rite et du mythe.

Bibliographie

I. LES DIEUX LITTÉRATURE PRIMAIRE : LES PRINCIPAUX TEXTES ET LEURS TRADUCTIONS FRANÇAISES

A) Edda poétique

Traduction française : Régis Boyer, *L'Edda poétique,* Fayard, Paris 1992.

Traduction allemande : *Edda. Die Lieder des Codex Regius nebst verwandten Denkmälern.* Herausgegeben von Gustav Neckel. I. Text. Hans Kuhn, Heidelberg, 1962.

Traduction anglaise : The Poetic Edda, éd. U. Dronke, Oxford, 1969.

B) Edda de Snorri

Traduction française (partielle) : François-Xavier Dillmann, *L'Edda. Récits de mythologie nordique par Snorri Sturluson, NRF,* l'aube des peuples, Paris, Gallimard, 1991.

Traduction anglaise intégrale : Anthony Faulkes, 1987 Snorri Sturluson. Edda. New complete translation, London and Melbourne, Everyman's Library.

Edda Snorra Sturlusonar, utg. ved Finnur Jónsson, København 1931.

C) Heimskringla (Snorri Sturluson)

Volumes XXVI-XXVIII de la collection *Íslenzk Fornrit. Hið íslenzka Fornritafélag,* Reykjavík 1941-51, Bjarni Aðalbjarnarson bjó til prentunar.

Traduction anglaise : Lee M. Hollander, *Heimskringla. History of the Kings of Norway,* New York, 1964.

François-Xavier DILLMANN, Histoire des rois de Norvège par Snorri Sturluson. Première partie. Traduit du vieil-islandais, introduit et annoté par François-Xavier Dillmann : des origines mythiques à la bataille de Svold, soit : Ynglinga saga, Hálfdanarsaga, Haralds saga hárfagra, Hákonar saga góða, Haralds saga gráfeldar, Ólafs saga Tryggvasonar), Paris, Gallimard (l'aube des peuples), 2000.

D) Gesta Danorum (Saxo Grammaticus)

Gesta Danorum, Copenhague, édition Olrik/Raeder/Blatt, 1931-57.

Traduction anglaise : H.R. Ellis Davidson and Peter Fisher, Saxo Grammaticus : The History of the Danes, 2 vol, Cambridge 1979-80.

II. LES DIEUX LITTÉRATURE SECONDAIRE

A) En français

1) Régis Boyer

– *Yggdrasill. La Religion des Anciens Scandinaves*, Paris, Payot, 1992.

– *Sagas Islandaises*, Paris, Gallimard, NRF, La Pléiade, 1987.

– *Les Vikings*, Paris, Plon, 1992.

– *Le monde du double. La magie chez les anciens Scandinaves*, Paris, Berg international, 1986.

– Le Christ des Barbares, Paris, éd. du Cerf, 1987.

– « La mythologie des Germains et des Scandinaves », dans le dictionnaire des mythologies, Paris, flammarion, 1981.

– *Encyclopaedia universalis*, articles « Eddas », « Sagas », « Snorri Sturluson ».

– *La poésie scaldique*, Paris, éd. du Porte-Glaive, 1989.

– « Les trois fonctions duméziliennes appliquées à la magie scandinave. » *Linguistica et philologica, philologica germanica*, vol. 6, Wilhelm Braumüller, Vienne, 1984, p. 23-34.

– « Aller jusqu'au tuf...les différentes strates de la mythologie scandinave » in *Rencontres de religions*, Paris, Les Belles Lettres, 1982, p. 121-138.

Dans le *Dictionnaire des mythologies* (Paris, Flammarion, 1999) :

p. 23-42 : « Germains et Nordiques. Les éléments du sacré. »

p. 43-47 : « Sacrifice *(blót)* dans le paganisme germano-indique. »

p. 48-49 : « Magie (*seiðr*) chez les Germains et les Nordiques. »

p. 50-52 : « Ases et Vanes : le panthéon germano-nordique. »

p. 53-54 : « Heimdallr. »

p. 55-57 : « Loki. »

« Fjörgyn(n) », in : *Mort et fécondité dans les mythologies.* Travaux et mémoires. Actes du colloque de Poitiers 13-14 mai 1983, Paris, Les Belles Lettres, 1986, p. 139-150.

« La sagesse du 'Hávamál', in *Sagesse et Religion,* colloque de Strasbourg (octobre 1976), Paris, PUF, p. 211-232.

« Le culte dans la religion nordique ancienne », in *Inter-Nord* N° 13-14, Paris, décembre 1974.

« Le sang de Fáfnir », in *Bulletin du Centre de recherche en littérature comparée* N° 1, Paris-IV, 1982, p. 19-38.

« Óðinn d'après Saxo Grammaticus et les sources noroises : étude comparative », in Beiträge zur nordischen Philologie 15, Festschrift Oskar Bandle, Helbing/Lichtenhahn, p.143-158..

« On the Composition of Völuspá », in *Edda : A Collection of Essays,* R.J. Glendinning, H. Bessason (eds.), Winnipeg, University of Manitoba Press, 1983, p. 117-133.

« Les valkyries et leurs noms », in *Mythes et personnifications.* Travaux et mémoires, actes du colloque du Grand-Palais (Paris), centre de recherches mythologiques de l'université Paris X, 7-8 mai 1977, p. 39-54.

« Anges et démons dans la mythologie germanique ? » in Actes du colloque de Liège et Louvain-la-Neuve, 25-26 novembre, *Homo religiosus* N° 14, 1987, p. 269-288.

« Dans Upsal où les jarls boivent la bonne bière : rites de boisson chez les Vikings », in *La sociabilité à table. Commensalité et convivialité travers les âges,* Actes du colloque de Rouen, 14-17 novembre 1990, Université de Rouen N° 178, p.83-89.

« La dextre de Týr », in *Mythe et politique,* Actes du colloque de Liège organisé par le centre de recherches mythologiques de l'université Paris

X et le centre d'histoire des religions de l'université de Liège, 14-16 septembre 1989, Paris, Les Belles Lettres, 1990, p. 33-43.

« Sur trois thèmes wagnériens » in *L'Avant-Scène Opéra* N° 12, Paris, 1993, p. 4-13.

« Le mythe runique », in *Études Germaniques* octobre-décembre, Paris, 1997, p. 582-592.

– Le symbolisme des gravures rupestres de l'âge du bronze scandinave, Paris, « Le Mont Bego », actes du congrès de Tende, 1992.

– « Visages du Destin dans les mythologies : herfjötur(r) », Paris, Les Belles Lettres, 1983, p. 153-168.

– « Le corps d'Ymir », Lille III, Germanica, 1988, p. 11-25.

– « Hamr, fylgja, hugr ; l'âme chez les anciens Scandinaves », dans *Heimdal* N° 33, Caen, 1981, p. 5-10.

– « Naissances astrales. Mythes cosmogoniques de la Scandinavie ancienne », Francfort, *Mediaevistik,* 1988 tome I, p. 9-22.

– *La mort chez les Anciens Scandinaves,* Paris, Les Belles Lettres, 1994.

– *La saga de Sigurðr ou la parole donnée,* Paris, les éditions du Cerf, 1989.

– *La vie quotidienne des Vikings,* Paris, Hachette, 1992.

– *Le Livre de la colonisation de l'Islande (Landnámabók),* Paris, Mouton, 1973.

2) Autres

– M. Cahen : *Études sur le vocabulaire religieux du vieux-scandinave. La libation.* Paris, Champion, 1921.

– *Le mot « dieu » en vieux-scandinave,* Paris, Champion, 1921.

– Ingeborg Cavalié, *La Saga des Ynglings,* Paris, Le Porte-Glaive, 1990.

– R.L.M. Derolez, *Les dieux et la religion des Germains,* Paris, Payot 1962, traduit du néerlandais.

– F.-X. Dillmann, J.C. Rivière, « Georges Dumézil et la Religion Germanique », *G. Dumézil à la découverte des Indo-Européens,* Paris, 1979.

– G. DUMÉZIL :

– *Les dieux des Germains*, Paris, PUF, 1959.

– *Loki*, Paris, Flammarion, 1948.

– O. GOUCHET, « Le sang d'Ymir », *Études Germaniques* 4, Paris, 1989.

– M. GRAVIER, *Les Scandinaves*, Paris, Lidis-Brepols, 1984.

– J. PERRET, *Tacite. La Germanie.* Texte latin et traduction française. Paris, Les Belles Lettres, 1962.

– P. RENAULD-KRANTZ, *Structures de la mythologie nordique*, Paris, Maisonneuve et Larose, 1972.

– P. RENAULD-KRANTZ, « Odin », dans *Les Vikings et leur civilisation. Problèmes actuels.* R. BOYER, Paris, 1976, p. 191-208.

– André ROUSSEAU, *Sur les traces de Busbecq et du gotique*, textes réunis et présentés par A. ROUSSEAU, Lille, Septentrion, UL3, 1991.

– Rudolf SIMEK, *Dictionnaire de la Mythologie Germano-Scandinave*, Paris, éditions du Porte-Glaive, 1996.

– TACITE, *La Germanie*, Texte latin et traduction française par J. PERRET, Paris, Les Belles Lettres, 1962.

– *P. Cornelius Tacitus, Germania, Bericht über Germanien* (texte latin et traduction en allemand moderne, introduction et commentaire de Josef LINDAUER), München, dtv-Verlag, 1975.

– E. TONNELAT, « Mythologie germanique » (Allemagne et pays scandinaves), dans *Mythologie générale*, sous la direction de F.GUIRAND, Paris, Larousse, 1992.

– J. de VRIES : – *L'univers mental des Germains* (traduit de l'allemand par J.P. ALLARD), Paris, éd. du Porte-Glaive, 1987.

– « Heimdallr, dieu énigmatique », Paris, *Études Germaniques* 4, 1989.

– Félix WAGNER, *Les poèmes mythologiques de l'Edda.* Traduction française, notes, exposé général. Bibliothèque de la faculté de philosophie et lettres de l'Université de Liège, fascicule LXXI. Paris, Droz, 1936

– Les Vikings. Les Scandinaves et l'Europe 800-1200/, Paris, AFAA (Association Française d'Action Artistique), Ministère des Affaires Étrangères, Conseil Nordique des ministres, Conseil de l'Europe, 22e exposition d'art du Conseil de l'Europe, 1992 :

– Gro Steinsland, « Le paganisme nordique », p. 144-151.

– Raymond Ian Page, « Les runes et les pierres runiques », p. 162-165.

– PrebenMeulengracht Sørensen, « De la poésie orale à la littérature », p. 166-171.

– Jónas Kristjánsson, « La poésie scaldique », p. 172-175.

– Anne-Sofie Gräslund, « Marteaux de Thor, croix en sautoir et autres pendantifs », p. 190-191.

B) En allemand

– W. Baetke, *Die Götterlehre der Snorra-Edda,* Berlin, 1950, repris dans ses *Kleine Schriften : Geschichte, Recht und Religion im germanischen Schrifttum,* Weimar, 1973.

– L. Ejerfeldt, *Germanische Religion* (Handbuch der Religionsgeschichte), Göttingen, 1971, vol. 1.

– W. Gehl, *Der germanische Schicksalsglaube,* Berlin 1939.

– J. Grimm, *Deutsche Mythologie,* Berlin, 1875-1878, Francfort, 1981.

– V. Grönbech : *Die Germanen* (P.D. Chantepie de la Saussaye, *Lehrbuch der Religionsgeschichte,* Tübingen, 1925, vol. 2.

– V. Grönbech, *Kultur und Religion der Germanen,* 2 vol., Darmstadt, 1954.

– K. Helm, *Altgermanische Religionsgeschichte,* Heidelberg, 1913-1953.

– P. Herrmann, *Nordische Mythologie in gemeinverständlicher Darstellung,* Leipzig, 1903.

– A. Heusler, *Die gelehrte Urgeschichte im altisländischen Schrifttum,* Berlin, 1908.

– O. Höfler, *Kultische Geheimbünde der Germanen,* Francfort, 1934.

– H. Kuhn, « Die Religion der nordischen Völker in der Wikingerzeit », *Settimane del Centro Italiano di Studi sull'Alto Medioevo* 16, 1969.

– E. H. Meyer, *Germanische Mythologie,* Berlin, 1891.

– R. M. Meyer, *Altgermanische Religionsgeschichte,* Leipzig 1910.

– E. Mogk, *Germanische Religionsgeschichte und Mythologie*, Leipzig, 1927.

– G. Neckel, *Die altgermanische Religion*, Berlin, 1932.

– E. Neumann/H. Voigt, « Germanische Mythologie » (*Wörterbuch der Mythologie* 2) Stuttgart, 1963.

– A. Olrik, *Nordisches Geistesleben*, Heidelberg, 1908.

– H. Schneider, *Die Götter der Germanen*, Tübingen, 1938.

– R. Simek : *Lexikon der germanischen Mythologie*, Stuttgart, Kröner Verlag, 1984.

– K. Simrock, *Handbuch der deutschen Mythologie*, Bonn, 1869.

– J. de Vries, *Altgermanische Religionsgeschichte*, 2 vol., Berlin, De Gruyter, 1956

C) En anglais

– M. Ciklamini :

– « Ynglingasaga », dans *Mediaeval Scandinavia* VIII, Odense, 1975.

– *Snorri Sturluson*, Boston, 1978.

– C.J. Clover/J. Lindow, *Old Norse-Icelandic Literature. A Critical Guide*, New York, Cornwell University Press, 1985.

– Hilda Roderick Ellis Davidson :

– *Gods and Myths in Northern Europe*, London, 1964.

– *The Road to Hel*, Cambridge 1943, New York, Greenwood Press, 1968.

– *Scandinavian Mythology*, London, 1969.

– Georges Dumézil, *Gods of the Ancient Northmen*, Berkeley, 1977.

– A. Faulkes, « Descent from the gods », *Mediaeval Scandinavia* 11, 1978-79

– J.G. Frazer, *The Golden Bough*, vol. III, Londres, 1913.

– J. Lindow, *Scandinavian Mythology*, New York, 1988.

– M. Olsen, *Farms and Fanes of Ancient Norway*, Oslo, 1928 (traduit du norvégien).

– E. O. Gabriel Turville-Petre, *Myth and Religion of the North*, Londres, 1964, Westport, 1975.

– E.O. Gabriel Turville-Petre, *Scaldic Poetry*, Oxford, Clarendon Press, 1976.

Quelques articles de Turville-Petre :

– « The Cult of Freyr in the Evening of Paganism » *Proceedings of the Leeds Philosophical and Literary Society* 111(6) :317-322 (1935).

– « Fertility of Beast and Soil in Old Norse Literature » in *Old Norse Literature and Mythology : A Symposium* (ed. Edgar C. Polomé) University of Texas Press, Austin. 244–64 (1969).

D) En suédois

– E. Brate, *Vanerna*, Stockholm, 1914.

– *Kulturhistorisk Lexikon för Nordisk Medeltid*, 1956-1978, Malmö, 22 volumes.

– K. Krohn, *Skandinavisk Mytologi*, Helsingfors, 1922.

– H. Ljungberg, *Tor. Undersökningar i indoeuropeisk och nordisk religionshistoria*, Uppasala, Leipzig, 1947.

– F. Ström : – *Nordisk hedendom. Tro och sed i förkristen tid*, Göteborg, 1967.

– *Diser, Nornor, Valkyrjor*, Stockholm, 1954.

– D. Strömbäck, *Sejd. Textestudier i nordisk religionshistoria*, Uppsala, 1935.

– V. Rydberg, *Undersökningar i Germanisk Mythologie*, 2 vol, 1886-1889.

E) En danois

– V. Grönbech : – *Nordiske myter og sagn*, Copenhague, 1973.

– *Vor Folkeaet i Oldtiden*, Copenhague, 1909-12. + 1955.

– *Kulturhistorisk Leksikon for Nordisk Middelalder*, Copenhague, 1956-1975, 22 vol.

– A. Olrik/H. Ellekilde, *Nordens Gudeverden*, 2 vol., Copenhague, 1926-51.

– J. Brønsted, *Danemarks Oldtid*, Copenhague, 1957-60.

– P. Meulengracht-Sørensen, *Norrønt níð*, Odense, 1980.

F) En norvégien

– F. Paasche, *Møtet mellom hedendom og kristendom i Norden*, Oslo, 1958.

G) En islandais

– Ó. Briem : *Heiðinn siður á Íslandi*, Reykjavík, 1945.

– Ó. Briem, «Vanir og Æsir», Reykjavík, 1963 (*Studia Islandica* 21)

– S. NordaL, *Völuspá*, Reykjavík, 1941.

– S. NordaL, *Íslenzk menning*, Reykjavík, 1941.

– E.Ó. Sveinsson, *Íslenzkar bókmenntir í fornöld*, Reykjavík, 1962.

III. LES HÉROS

1) Littérature primaire : les textes

11.Le *Nibelungenlied*

111.En version originale (moyen-haut-allemand)

– *Das Nibelungenlied*. Mittelhochdeutscher Text nach der Handschrift B. Nach der Ausgabe von Karl Bartsch. Deutsche Klassiker des Mittelalters, 19. Auflage, Neudruck der 1956 erschienenen neubearbeiteten 13. Auflage, F.-A. Brockhaus, Wiesbaden 1967.

112.En version originale avec traduction en allemand moderne (nouveau-haut-allemand)

– *Das Nibelungenlied*. Mittelhochdeutscher Text und Übertragung, herausgegeben, übersetzt und mit einem Anhang versehen von Helmut Brackert, Bücher des Wissens, Fischer Taschenbuchverlag 6038-6039, Francfort, 1970.

113.En traduction allemande (allemand moderne)

– *Das Nibelungenlied*. Übersetzt, eingeleitet und erläutert von Felix Genzmer, Reclam 642-645, Stuttgart 1955.

114.En traduction française

– *La Chanson des Nibelungen*, traduction intégrale avec introduction et notes par Maurice Colleville et Ernest Tonnelat, Bibliothèque de Philologie Germanique, volume VI, Aubier, éditions Montaigne, Paris 1944.

– *La Chanson des Nibelungen - La Plainte*, trad. Danielle Buschinger et Jean-Marc Pastré, intr. et notes Danielle Buschinger, Paris, Gallimard, 526 p. L'Aube des peuples, 2001.

Voir l'introduction sur la légende des Nibelungen en Allemagne et dans les pays scandinaves ainsi que la « Chanson des Nibelungen » et la « Plainte », p. 10-87. On y consultera aussi avec profit la passionnante étude sur la Tétralogie de Wagner et ses sources médiévales (*Þiðreks saga, Völsunga saga*, chants héroïques de l'*Edda* poétique, *Nibelungenlied, Ältere Not*), p. 88-114.

12.L'*Edda* poétique

121.En version originale (norrois : vieil-islandais)

– *Edda, die Lieder des Codex Regius nebst verwandten Denkmälern*, herausgegeben von Gustav Neckel, Carl Winters Universitätsbuchhandlung, Heidelberg 1927. Band I 4. Auflage herausgegeben von Hans Kuhn, Heidelberg 1962.

– *The Poetic Edda*, éd. U. Dronke, Oxford, 1969.

122.En traduction française

– *L'Edda Poétique*, textes présentés, traduits et annotés par Régis Boyer, Paris, Fayard, 1992.

13.La *Völsungasaga* (« La Saga des Völsungar »)

131.En version originale (norrois = vieil-islandais)

– *Völsungasaga*, herausgegeben und eingeleitet von Uwe Ebel, Haag + Herchen Verlag GmbH, Francfort, 1983.

– *Völsungasaga ok Ragnars Loðbrókar*, utg. M. Olsen, *Copenhague*, STUGNL, 1906-08.

132.En traduction française

– Régis Boyer, *La Saga de Sigurðr ou la parole donnée*, Paris, éd. du cerf, 1989

– *La Saga de Sigurðr ou la parole donnée*, présentation (les textes p. 7-80 ; les structures p. 81-183), traduction française (dont traduction de la *Völsungasaga*).et notes p. 185-280) par Régis Boyer, Patrimoines Scandinavie, les Éditions du Cerf, Paris, 1989.

2) Littérature secondaire

– Byock, Jesse : 2001 *Viking Age Iceland,* London, Penguin History, traduit en français, mais mieux vaut lire l'original en cette langue très accessible qu'est l'anglais ! Pour les réfractaires à la lecture en anglais : 2001 *L'Islande des Vikings,* traduction française, Paris, Aubier.

– Maurice Gravier, *Les Scandinaves,* Paris, Lidis-Brépols, 1984.

– Wilhelm Grimm, *Die deutsche Heldensage,* Gütersloh, dritte Auflage von Reinhold Steig, Druck und Verlag von C. Bertelsmann, 1889. 495 pages.

– John Haywood, 1996 *Atlas des Vikings 789-1100,* Paris, Autrement.

– Andreas Heusler, *Lied und Epos in germanischer Sagendichtung,* Dortmund, Druck und Verlag Fr. Wilhelm Rufhus, 1905.

– Andreas Heusler, « Die Lieder der Lücke im Codex Regius der Edda », in *Germanistische Abhandlungen,* Hermann Paul dargebracht, Strasbourg, Trübner, 1956.

– Andreas Heusler, *Nibelungensage und Nibelungenlied. Die Stoffgeschichte des deutschen Heldenepos,* Dortmund Druck und Verlag von Fr. Wilh. Ruhfus, 232 pages, 1921

– Otto Höfler, *Siegfried, Arminius und der Nibelungenhort,* Vienne, 1978.

– Lucien Musset, *Nordica et Normannica,* Recueil d'études sur la Scandinavie ancienne et médiévale, les expéditions vikings et la fondation de la Normandie, Paris, Société des Études Nordiques, 1997.

– Lucien Musset, *Les peuples scandinaves au Moyen-Âge,* Paris, PUF, 1951, p. 120-155.

– Lucien Musset, « La conversione al christianesimo nell'Europa dell'alto medioevo », in : *Spolète, Settimane di studio del Centro italiano di studi sull' medioevo,* XIV, 1967, p. 263-325. Réédité par François-Xavier Dillmann : « La pénétration chrétienne dans l'Europe du Nord », in *Nordica et Normannica,* Paris, société d'études nordiques, 1997, p. 3-50.

– José Orlandis, *La conversion de Europa al christianismo,* Madrid, Rialp, 1988, p. 149-160.

– Hermann Pálsson/Rudolf Simek, *Lexikon der altnordischen Literatur,* Stuttgart, Alfred Kröner Verlag, Nr. 490, 1987.

– Hermann SCHNEIDER/Roswitha WISNIEWSKI, *Deutsche Heldensagen,* Berlin, Walter De Gruyter, anciennement Göschen, vol. 32, 1964.

– Hermann SCHNEIDER, *Germanische Heldensage,* vol. I, Berlin, W. De Gruyter, 1928.

– Rudolf SIMEK, *Lexikon der germanischen Mythologie,* Stuttgart, Kröner Verlag, Nr. 368, 1984. Traduction française par P. Guelpa : *Dictionnaire de la Mythologie Germano-Scandinave,* Paris, Le Porte-Glaive, 1996, tome I et II.

– *Le Mythe du Nord,* Études Germaniques N°4, Octobre-Décembre 1995, Paris, Didier-Érudition, 1995.

– Dag STRÖMBÄCK, The Conversion of Iceland, Londres, Textseries, general editors G. Turville-Petre and Peter Foote, VI, 1975.

– Grégoire DE TOURS, *Histoire des Francs,* texte présenté et traduit du latin par Robert LATOUCHE, Paris, Les Belles Lettres/Denoël, Médiations I/II, 1963.

– Jan DE VRIES, *Altnordische Literaturgeschichte,* Berlin, Walter De Gruyter, 1964 : vol. I, 1967 : vol. 2.

– Gottfried WEBER, *Nibelungenlied, Heldendichtung II,* Stuttgart, Sammlung Metzler, 1961.

IV. LA MYTHOLOGIE

BAETKE Walter, *Die Götterlehre der Snorra Edda,* Berlin, Bericht über d. Verh. der sächsischen Akademie der Wissenschaften, Leipzig, 97/3, 1950.

BENVENISTE Émile, *Le vocabulaire des institutions indo-européennes,* Paris, Minuit, 2 vol., 1969.

BORD Christophe, « La réforme runique. Matériaux pour une réflexion phonologique », in *Études Germaniques,* Paris, 1997 (octobre(décembre), p. 527-541.

BOYER Régis, « Relire Dumézil », in : *in: Mediævistik,* Internationale Zeitschrift für interdisziplinäre Mittelalterforschung, herausgegeben von Peter Dinzelbacher, Bd 8, 1995, Peter Lang GmbH Europäischer Verlag der Wissenschaften, Frankfurt am Main, 1996, p. 13-25.

Boyer Régis, « Le mythe de l' "invention" de la poésie », in : *europe*, revue littéraire mensuelle, N° 928-929 : *Mythe et Mythologie du Nord Ancien*, Paris, août- septembre 2006, p. 19-30.

Boyer Régis, « Le Corps d'Ymir », in : Les valeurs de la terre dans la liuttérature scandinave moderne, *Germanica* 4, Université Charles de Gaulle – Lille III, 1988.

Boyer Régis, « Óðinn est-il, oui ou non, un dieu shaman ? », in *Boréales* n° 66-69, 1996,

p. 5-19.

Boyer Régis, « La 'religion » du Nord ancien », in : *europe*, revue littéraire mensuelle,

N° 928-929 : *Mythe et Mythologie du Nord Ancien*, Paris, août-septembre 2006,

p. 152-186.

Boyer Régis, « Quelques réflexions sur le motif de l'androgyne chez les anciens Scandinaves », *in : Cahiers internationaux de symbolisme*, Numéros 77-78-79, Mons, Université de Mons-Hainaut, 1994, p. 187-201.

Boyer Régis, *La grande déesse du Nord*, Paris, Berg, 1995. Sur Freyja: p. 120-162; sur Frigg: p. 163-184.

Boyer Régis, « La vie [líf], neutre pris comme substantif féminin, la mort [daudi], substantif masculin : comment justifier ces genres grammaticaux ? », in : *Cahiers slaves*, N°3 : « La mort et ses représentations (monde slave et Europe du Nord) », Paris-Sorbonne/Paris-IV, 2001 (sur internet).

Boyer Régis, « Le culte de la famille chez les anciens Scandinaves », in : *Voyage au pays des Aïeux. La généalogie dans tous ses états*, Archives départementales de la Seine- Maritime, p. 1-17.

Boyer Régis, *Héros et dieux du Nord*, Paris, Flammarion, 1997.

Boyer Régis, *Saga de Njáll le Brûlé*, chapitre LXX, traduction française, Paris, Aubier-Montaigne, 1976.

Boyer Régis

« Aller jusqu'au tuf...les différentes strates de la mythologie scandinave » in *Rencontres de religions,* Paris, Les Belles Lettres, 1982, p. 121-138.

Dans le *Dictionnaire des mythologies* (Paris, Flammarion, 1999) :

- p. 23-42 : « Germains et Nordiques. Les éléments du sacré. »
- p. 43-47 : « Sacrifice (*blót)* dans le paganisme germano-indique. »
- p. 48-49 : « Magie (*seiðr*) chez les Germains et les Nordiques. »
- p. 50-52 : « Ases et Vanes : le panthéon germano-nordique. »
- p. 53-54 : « Heimdallr. »
- p. 55-57 : « Loki. »

« Fjörgyn », in : *Mort et fécondité dans les mythologies*. Travaux et mémoires. Actes du colloque de Poitiers 13-14 mai 1983, Paris, Les Belles Lettres, 1986, p. 139-150.

« La sagesse du 'Hávamál' », in *Sagesse et Religion,* colloque de Strasbourg (octobre 1976), Paris, PUF, p. 211-232.

« Le culte dans la religion nordique ancienne », in *Inter-Nord* N° 13-14, Paris, décembre 1974.

« Le sang de Fáfnir », in *Bulletin du Centre de recherche en littérature comparée* N° 1, Paris-IV, 1982, p. 19-38.

« Óðinn d'après Saxo Grammaticus et les sources noroises : étude comparative », in *Beiträge zur nordischen Philologie* 15, Festschrift Oskar Bandle, Helbing/Lichtenhahn, p.143-157.

« On the Composition of Völuspá », in *Edda: A Collection of Essays,* R.J. Glendinning, H. Bessason (eds.), Winnipeg, University of Manitoba Press, 1983, p. 117-133.

« Les valkyries et leurs noms », in *Mythes et personnifications.* Travaux et mémoires, actes du colloque du Grand-Palais (Paris), centre de recherches mythologiques de l'université Paris X, 7-8 mai 1977, p. 39-54.

« Anges et démons dans la mythologie germanique ? » in Actes du colloque de Liège et Louvain-la-Neuve, 25-26 novembre, *Homo religiosus* N° 14, 1987, p. 269-288.

« 'Dans Upsal où les jarls boivent la bonne bière' : rites de boisson chez les Vikings », in *La sociabilité à table. Commensalité et convivia-*

lité travers les âges, Actes du colloque de Rouen, 14-17 novembre 1990, Université de Rouen N° 178, p.83-89.

« La dextre de Týr », in *Mythe et politique,* Actes du colloque de Liège organisé par le centre de recherches mythologiques de l'université Paris X et le centre d'histoire des religions de l'université de Liège, 14-16 septembre 1989, Paris, Les Belles Lettres, 1990, p. 33-43.

« Sur trois thèmes wagnériens » in *L'Avant-Scène Opéra* N° 12, Paris, 1993, p. 4-13.

«Les trois fonctions duméziliennes appliquées à la magie scandinave», Vienne, *Philologica germanica,* vol. 6, Wilhelm Braumüller, 1984.

Burkert Walter, *Griechische Religion der archaischen und klassischen Epoche,* Stuttgart/Berlin/Köln/Mainz Verlag Kohlhammer, 1977.

Burkert Walter, *Wilder Ursprung, Opferritus und Mythos bei den Griechen,* Berlin, Verlag Klaus Wagenbach, 1991. En traduction française : *Origines sauvages,* Paris, Les Belles Lettres, 1998.

Clunies Ross, Margaret, *Prolonged echoes : Old Norse myths in medieval Northern society.* Vol. 1, *The myths.* Odense : Odense University Press, 1994. The Viking collection, vol. 7, 1994.

Derolez R.L.M., *Les dieux et la religion des Germains,* Paris, Payot, 1962, traduit du néerlandais.

de Vries Jan, « Sur certains glissements fonctionnels de divinités dans la religion germanique », Hommage à Georges Dumézil, Tijdschrift voor Nederlandse Taal en Letterkunde, Utrecht, 1960.

Dillmann François-Xavier, Les magiciens dans l'Islande ancienne. Études sur la représentation de la magie et de ses agents dans les sources littéraires norroises (Upsal, Acta Academiae regiae Gustavi Adolphi, XCII 2006, 800 pages - diffusion pour la France : Éditions de Boccard, 11, rue Médicis, 75006 Paris, 2006.

Dillmann François-Xavier, *Mythes et dieux de la Scandinavie ancienne par Georges Dumézil et François-Xavier Dillmann,* Paris, Gallimard, 2000.

Signalons l'excellente revue d'études nordiques dirigée par le Professeur Dillmann : *Proxima Thule,* dont 5 volumes sont parus à ce jour, avec les sommaires suivants :

PROXIMA THULÉ VOL.1 (1994)

– Frédéric Durand, Un instrument de navigation des Vikings ? À propos d'une découverte archéologique au Groenland

– Else Roesdahl, Les fortifications circulaires de l'époque viking au Danemark

– Lucien Musset, Danois et Anglais au temps des Vikings

– Gillian Fellows-Jensen, Les noms de lieux d'origine scandinave et la colonisation viking en Normandie

– Vladimir Vodoff, Les Vikings sur la route de l'est

– Pirkko-Liisa Lehtosalo-Hilander, Bijoux et modes vestimentaires en Finlande à l'époque viking

– Jan Ragnar Hagland, Les découvertes d'inscriptions runiques de Bergen et Trondheim

– François-Xavier Dillmann, Chronique des études nordiques (Les Vikings)

PROXIMA THULÉ VOL.2 (1996)

– Carl-Martin Edsman, La fête de l'ours chez les Lapons. Sources anciennes et recherches récentes sur certains rites de chasse aux confins septentrionaux de la Scandinavie

– François-Xavier Dillmann, Les runes dans la littérature norroise. À propos d'une découverte archéologique en Islande

– Bjarne Fidjestøl, La poésie de cour en Scandinavie à l'époque des Vikings

– Sverre Bagge, La Sverris saga, biographie d'un roi de Norvège

– Lucien Musset, L'œuvre de Sven Aggesen, chroniqueur danois du Moyen Âge

– François-Xavier Dillmann, Chronique des études nordiques (Les Gesta Danorum de Saxo Grammaticus) et Notices bibliographiques –

PROXIMA THULÉ VOL.3 (1998)

– Else Roesdahl, L'ivoire de morse et les colonies norroises du Groenland

– Arnold Dalen, Les origines et la terminologie du ski en Scandinavie

– Marie Stoklund, Les découvertes d'inscriptions runiques de Nydam

– Allan Karker et Povl Skårup, Trois noms de personnes scandinaves en Normandie

– François-Xavier Dillmann, Chronique des études nordiques (Éditions de sources norroises, Un dictionnaire de vieux norrois et Présence de Georges Dumézil)

– François-Xavier Dillmann et Frédéric Durand, Notices bibliographiques

PROXIMA THULÉ VOL.4 (2000)

– Frédéric Durand, L'Anse aux Meadows, porte océane de l'Amérique norroise

– Lucien Musset, Autour de Knut le Grand, roi d'Angleterre, de Danemark et de Norvège

– Vésteinn Ólason, Les sagas islandaises, genre littéraire à la croisée de deux univers

– François-Xavier Dillmann, Snorri Sturluson et l'Histoire des rois de Norvège

– François-Xavier Dillmann, Chronique des études nordiques (Autour de la Heimskringla)

– François-Xavier Dillmann et Frédéric Durand, Notices bibliographiques

PROXIMA THULÉ VOL.5 (2006)

– Else Roesdahl et Marie Stoklund, *Un crane de morse décoré et gravé de runes. À propos d'une découverte récente dans un musée du Mans*

– Arnold Dalen, *La situation linguistique de la Norvège envisagée dans une perspective historique*

– François-Xavier Dillmann, *La Rigsthula. traduction française du poeme eddique*

– Aaron J. Gourevicth, *À propos des interprétations de la Rigstula*

– Elena Balzamo, *Autour du conte étiologique*

– Elena Balzamo, *La fortune littéraire des frères Johannes et Olaus Magnus ou les enjeux de la traduction*

– Elena Gourevitch, *Les études norroises en Russie depuis la fin de l'Union Soviétique.*

Bord Christophe, « Siegfried, héros des Germains ? », in : europe, revue littéraire mensuelle, N° 928-929 : Mythe et Mythologie du Nord Ancien, Paris, août-septembre 2006, p. 137-151.

Dumézil Georges, « Njördhr, Nerthus et le folklore scandinave des génies de la mer » in *Revue d'histoire des religions* CXLVII, 1955, Paris, p. 210-226.

Dumézil Georges, « Deux petits dieux scandinaves : Byggvir et Beyla » in *La Nouvelle Clio* III, 1952, Paris, p. 1-31.

Dumézil Georges, « Notes sur le bestiaire cosmique de l'Edda et du Rg Veda », in *Mélanges de linguistique et de philologie,* Fernand Mossé *in memoriam,* Paris, Marcel Didier, 1961, p. 104-112.

Dumézil Georges, « Le dieu scandinave Vidhar », in *Revue d'histoire des religions* CLXVIII, Paris, 1965, p. 1-13.

Dumézil Georges, « La Rigsthula et la structure sociale indo-européenne », In *Revue d'histoire des religions,* CLIV, Paris, 1958, p. 1-9.

Dumézil Georges, *Les dieux des Germains,* Paris, PUF, 1959.

Dumézil Georges, « Remarques comparatives sur le dieu scandinave Heimdallr », in *Études Celtiques* 8, Paris, 1959, p. 263-283.

Dumézil Georges, *Les dieux des Indo-Européens,* Paris, Gallimard, 1949.

Dumézil Georges, *Loki,* Paris, Maisonneuve, 1948.

Dumézil Georges, *Du mythe au roman, la Saga de Hadingus et autres essais,* Paris, PUF, 1970.

Dumézil Georges, *Dumézil. Mythes et dieux des Indo-Européens.* Textes réunis et présentés par Hervé Coutau-Begarie, Paris, Flammarion, 1992, avec notamment le chapitre VII « Réhabilitation de Snorri [Sturluson] », p. 253-282.

Eliade Mircea, *Le chamanisme et les techniques archaïques de l'extase,* Paris, Payot, 1954.

Eliade Mircea, *Le mythe de l'éternel retour,* Paris, Gallimard, 1949.

Émion François, « Freyr amoureux », in : europe, revue littéraire mensuelle, N° 928-929 : Mythe et Mythologie du Nord Ancien, Paris, août-septembre 2006, p. 70-83.

Favard-Meeks, « *La vie quotidienne des Dieux égyptiens*, Paris, Hachette, 1995 ». *Revue de l'Histoire des Religions*, CCXII-1/, CNRS, Paris, 1995, p. 99-103.

FLEURUS junior : Pour les plus jeunes (pré-adolescents), on trouvera une initiation simple à la mythologie nordique dans : *Mythologies*, Encyclopédie Fleurus junior, collectif, Paris, 2004.

Frazer James George, *Mythes sur l'origine du feu*, Paris, Payot, 1969.

Gordon E.V, *An Introduction to Old Norse*, Oxford, Clarendon Press, second revised edition, 1957.

Gouchet Olivier, « L'encre et le sang. La cosmogonie des anciens Scandinaves », in : europe, revue littéraire mensuelle, N° 928-929 : Mythe et Mythologie du Nord Ancien, Paris, août-septembre 2006, p. 6-18.

Grand Dictionnaire Encyclopédique Larousse, articles «mythe» et «mythologie», p. 7219-7220, Paris, Larousse, 1984.

Greimas Algirdas Julien, *Des dieux et des hommes. Étude de mythologie lithuanienne*, Paris, PUF, 1985.

Helm Karl, *Altgermanische Religionsgeschichte*, 2 vol., Heidelberg, 1913-1953.

Le Bourdellès Hubert, *L'enfer des brumes et marais dans la tradition germano-celtique, un problème mythologique et linguistique indo-européen.* « Historical Linguistics » 1987, edited in 1990 by Henning Andersen and Konrad Koerner, John Benjamin Publishing Company, 8e conférence Internationale de Linguistique Historique, Université de Lille III, 31.8.-4.9. 1987, p. 303-308).

Lévi-Strauss Claude, *Du miel aux cendres*, Paris, Plon, 1967.

Lévi-Strauss Claude, *Le crû et le cuit*, Paris, Plon, 1964.

Maillefer Jean-Marie, « Essai sur Völundr-Wieland. La religion scandinave ancienne a-t- elle connu un dieu forgeron ? » in : Hugur, Mélanges d'histoire, de littérature et de mythologie offerts à Boyer Régis pour son 65e anniversaire, textes réunis par C. Lecouteux et O. Gouchet, Paris, Presses de l'Université Paris-Sorbonne, 1997, p. 331-352.

MAILLEFER Jean-Marie, « Le forgeron Völund. Adaptation scandinave d'un mythe indo-européen », in : europe, revue littéraire mensuelle, N° 928-929 : Mythe et Mythologie du Nord Ancien, Paris, août-septembre 2006, p. 110-117.

MAREZ Alain, *La Saga de Thorir Aux Poules,* Paris, Le Porte-Glaive, 1988.

MAREZ Alain, *La Saga d'Harald Fourrure Grise,* Paris, Champion, 1999.

MAREZ Alain, *La Saga des Alliés,* Paris, Le Porte-Glaive, 2003.

MAREZ Alain, *Les Runes, ou l'écriture des Vikings et des anciens Germains* (tr. fr. d'Alain Marez), Éditions du Porte-Glaive, Paris, 1995. (Krause, Wolfgang, 1970, *Runen*. Berlin : Walter de Gruyter).

MAREZ Alain, « La mort de Baldr », in : europe, revue littéraire mensuelle, N° 928-929 : Mythe et Mythologie du Nord Ancien, Paris, août-septembre 2006, p. 56-69.

MAREZ Alain, *Les causes de la réduction du* futhark *germanique : Les glides et le vocalisme.* Villeneuve d'Ascq, Cédex : Presses Universitaires du Septentrion, 2000. [Doctoral dissertation (« doctorat d'état »), Université de Paris-Sorbonne (Paris IV).]

MAREZ Alain, *Anthologie runique,* Paris, Les Belles Lettres, 2007 (544 p.).

MAREZ Alain, articles sur les runes, dans *Études Germaniques,* Paris :

- 1969 (juillet-septembre) : « Étude phonétique de scandinave runique de l'île d'Öland à l'époque des Vikings », p. 417-442.
- 1971 (octobre-décembre) : « Les faits accentuels en danois runique à l'époque des Vikings (vers 750-vers 1050) », p. 513-525.
- 1981 (octobre-décembre) : « Le groupe nominal en danois runique à l'époque des Vikings (vers 750-vers 1050). Essai de description syntaxique », p. 394-410.
- 1997 (octobre-décembre) : « <sakumukmini> ? Une relecture de l'inscription de Rök », p. 543-557.

MESLIN Michel, « Le trickster ou le fripon divin », in : Hugur, Mélanges d'histoire, de littérature et de mythologie offerts à Boyer Régis pour son 65e anniversaire, textes réunis par C. Lecouteux et O. Gouchet, Paris, Presses de l'Université Paris-Sorbonne, 1997, p. 353-358.

MUSSET Lucien, *Introduction à la runologie*, Paris, Aubier-Montaigne, 1965.

NAGY Gregory, *Greek Mythology and Poetics*, New York, Ithaca and London, Cornwell University Press, 1990.

POLOMÉ Edgar, « A propos de la déesse Nerthus », Latomus tome XIII, fascicule 1, Société d'Etudes Latines, Bruxelles, 1954, p. 167-200.

RENAUD Jean, *Les dieux des Vikings*, Rennes, ouest-france université, 1996.

RENAUD Jean, « Shetland, Orcades, Hébrides, scandinaves ou celtiques ? », in *Études Germaniques* octobre-décembre, Paris, 1987, p. 373-389.

RIES Julien, « L'apport de Boyer Régis à l'étude du sacré dans la religion des anciens Germains et Scandinaves » in : Hugur, Mélanges d'histoire, de littérature et de mythologie offerts à Boyer Régis pour son 65e anniversaire, textes réunis par C. Lecouteux et O. Gouchet, Paris, Presses de l'Université Paris-Sorbonne, 1997, p. 233-243.

SALIN Bernhard, *Mélanges Montelius*, 1903 et « Die Altgermanische Thierornamentik », 1904.

TÉTREL Hélène, « Merlin et la Völva », in : europe, revue littéraire mensuelle, N° 928-929 : Mythe et Mythologie du Nord Ancien, Paris, août-septembre 2006, p. 118-136.

TULINIUS Torfi, « Les Islandais ont-ils cru à leurs mythes ? », in : europe, revue littéraire mensuelle, N° 928-929 : Mythe et Mythologie du Nord Ancien, Paris, août-septembre 2006, p. 31-43.

SERGENT, Bernard, *Les Indo-Européens. Histoire, langues, mythes*, Paris, Payot 2005 (1re éd. 1995). *Cf.* le chapitre VII. La religion, p. 347-422.

VOLOKHINE Youri, « Compte rendu du livre de Dimitri MEEKS et Christine Hugur, Mélanges d'histoire, de littérature et de mythologie offerts à Régis BOYER pour son 65e anniversaire ». Textes recueillis par Claude LECOUTEUX avec la collaboration d'Olivier GOUCHET, Paris, Presses de l'Université Paris-Sorbonne, 1997. Cf. J.-M. MAILLEFER : « Essai sur Völundr-Wieland. La religion scandinave a-t-elle connu un dieu forgeron ? », p. 331-352, et surtout celui de Hermann Pálsson : « Völuspá and the heroic tradition », p. 259-277.

À signaler : Mme Hanna Steinunn Þorleifsdóttir (= Thorleifsdottir), maître de conférences (islandais) à l'Université de Caen, publie sur le Net une bibliographie complète et tenue à jour des livres (littérature ou autres) islandais traduits en français : http://www.unicaen.fr/traductionsISLANDAIS

À titre d'information, voici quelques-uns des livres publiés par Régis Boyer :

– 1970 *La vie religieuse en Islande (1116-1264) d'après la Sturlunga Saga et Les Sagas des Évêques*, Fondation Singer-Polignac.

– 1973 *La Saga de Snorri le Godi* [*Eyrbyggjasaga*], Paris, Aubier Montaigne.

– 1976 *Les Vikings et leur civilisation, problèmes actuels,* rapports scientifiques publiés sous la direction de Régis Boyer, Paris, Mouton, EPHE, coll. « Bibliothèque arctique et antarctique », N° 5, 1 vol. 242 p.

– 1979 *La saga de Harald l'impitoyable,* XIIIe siècle, traduite et présentée par Régis Boyer, Payot, 1979.

– 1980 *La Saga des Chefs du Val au Lac,* Paris, Payot.

– 1983 « Herfjötur(r) », in : *Visages du Destin dans les mythologies,* Paris, Les Belles Lettres, p. 153-168.

– 1986 *Le Mythe viking dans les lettres françaises,* Le Porte-Glaive.

– 1986 *Le Monde Du Double - La Magie Chez Les Anciens Scandinaves* Paris, L'Ile Verte - Berg International.

– 1987 *Mœurs et psychologie des anciens Islan*dais, Paris, Le Porte-Glaive.

– 1987 *Sagas islandaises,* textes traduits, présentés et annotés, Paris, Gallimard, Bibliothèque de la Pléiade.

– 1987 *Le Christ des Barbares. Le monde nordique (IXe-XIIIe siècle),* Paris, Le Cerf.

– 1988 « Le corps d'Ymir », in : *Germanica* IV, p. 11-25, Paris.

– 1989 *La Saga de Sigurðr ou la parole donnée,* Paris, Les éditions du Cerf

– 1989 *Le Christ des Barbares,* éd. du Cerf, Paris.

– 1990 *La poésie scaldique,* éd. du Porte-Glaive, Paris.

– 1990 *La Poésie scaldique,* Paris, Chiron.

– 1991 *Mers du Nord et Baltique – L'héritage de l'Europe du Nord, Régis Boyer, Pierre Jeannin, Maurice Gravier,*Arts et Métiers graphiques, Paris.

– 1992 *Les Sagas islandaises,* Paris, Payot.

– 1992 *La Saga de Hervör et du roi Heidr*ek, Paris, Berg International.

– 1992 *La Saga de Saint Olaf,* Paris, Payot.

– 1992 *L'Edda Poétique,* Paris, Fayard.

– 1992 *La Poésie scaldique,*[Turnhout, Belgique, Éditions Brépols, « Typologie des sources du Moyen-Age occidental », fasc. n° 62.

– 1992 *La vie quotidienne des Vikings (800-1050),* Paris, Hachette.

– 1992 *Les Vikings,* Paris, Plon.

– 1992 *La vie quotidienne des Vikings* (800-1050), Paris, Hachette.

– 1992 *Yggdrasill. La Religion des Anciens Scandinaves,* Paris, Payot.

– 1993 *La Saga d'Olaf Tryggvason,* Paris, Imprimerie Nationale.

– 1994 *La Mort chez les anciens Scandinaves,* Paris, Les belles Lettres.

– 1996 *Deux sagas islandaises lég*endaires, Paris, Les Belles Lettres.

– 1996 *Histoire des littératures scandinaves,* Paris, Fayard.

– 1999 Héros et dieux du Nord. Guide iconographique, Paris, Flammarion.

– 1999 Les Sagas miniatures, Paris Les Belles Lettres.

– 1999 La Saga de Gunnlaugr langue de serpent / La saga de Hallfred le scalde difficile, Nantes, Joseph K.

– 2000 Le Livre de la Colonisation de l'Islande, Paris, Brepols.

– 2000 La Grande Déesse du Nord, Berg International, coll. « Faits et représentations ».

– 2001 L'Islande médiévale, Paris, Les Belles Lettres, Guide des civilisations.

– 2001 L'Art viking, La Renaissance du livre.

– 2002 Les Vikings. Idées reçues, Paris, le Cavalier Bleu.

– 2002 Les Vikings. Histoire et civilisation, Paris, Perrin.

– 2004 L'Europe des Vikings (en collaboration), Hoebeke.

– 2004 Saga de Hrolfr sans terre, Toulouse, Anacharsis .

– 2005 Les Vikings, premiers européens VIIe-XIe siècle Les nouvelles découvertes de l'archéologie (sous la direction), Autrement, coll. « Mémoires / Histoire »,

– 2005 La Saga des Sturlungar, Belles Lettres, coll. « Les classiques du Nord ».

– 2007 La Saga de Bardr suivi de la Saga des hommes de Holmr Éditions Belles Lettres.

– 2008 Les Vikings. Histoire, mythes, dictionnaire, Paris, Robert Laffont, « Bouquins ».

Sur ce dernier livre, voir et écouter surtout l'interview du site : http :// www.canalacademie.com/Qui-furent-vraiment-les-Vikings.html

Pour les livres et les articles de Régis BOYER, consulter le site internet clio.fr

Les Vikings. Les Scandinaves et l'Europe 800-1200, Paris, AFAA (Association Française d'Action Artistique), Ministère des Affaires Étrangères, Conseil Nordique des ministres, Conseil de l'Europe, 22e exposition d'art du Conseil de l'Europe, 1992 :

Steinsland Gro, « Le paganisme nordique », p. 144-151.

Page Raymond Ian, « Les runes et les pierres runiques », p. 162-165.

Sørensen PrebenMeulengracht, « De la poésie orale à la littérature », p. 166-171.

Kristjánsson Jónas, « La poésie scaldique », p. 172-175.

Gräslund Anne-Sofie, « Marteaux de Thor, croix en sautoir et autres pendentifs », p. 190-191.

Les nombres figurant après les titres d'ouvrages indiquent les strophes pour les poèmes et les chapitres pour les sagas. Les spirantes apico-alvéolaires islandaises þ (majuscule : Þ) et ð (majuscule : Ð) correspondent phonétiquement au th anglais dans thank et dans father.

Annexe :

Les mythes étiologiques nordiques

Par mythe étiologique (cf. grec *aita* : « la cause ») on entend un mythe qui raconte et explique l'origine d'un phénomène ou la création d'un être ou d'une chose, le plus souvent par un dieu, mais parfois par un héros civilisateur. Voici quelques-uns des plus célèbres mythes étiologiques nordiques, suivis du nom du ou des dieux en rapport avec eux :

* Pourquoi le cheval d'Óðinn a-t-il huit jambes ? ->le géant maître bâtisseur /naissance de Sleipnir, coursier d'Odin

*Pourquoi la mer est-elle salée ? -> le moulin de Fróði / naissance du Maëlström

*Pourquoi y-a-t-il des tremblements de terre ? -> le châtiment de Loki

* Pourquoi y-a-t-il trois classes dans la société ? La *Rígþula* (Óðinn)

* Pourquoi existe-t-il des océans ? Ymir, la cosmogonie/les hommes, les géants, les nains

* D'où viennent les orages (les éclairs et la foudre) ? Le marteau Mjöllnir (Þór)

* Pourquoi les saumons sont-ils étroits à la queue ? Þór et Loki

* Comment a-t-on inventé le filet de pêche ? Loki (et l'or d'Andvari)

* Pourquoi Týr est-il manchot ?
* Les alfes
* comment est apparue l'île de Sjaelland au Danemark ? Gefjon
* L'arc-en-ciel (Heimdallr)
* le feu, le chêne (Þór)
* Comment s'est formé le site d'Ásbyrgi ? (Óðinn)
* Comment a été fabriqué l'hydromel poétique ? (Óðinn)
* Pourquoi Sif a-t-elle des cheveux d'or ? Loki
* Pourquoi Baldr ne revient-il pas avant la fin du monde ? (Loki)
* D'où viennent les objets précieux des dieux ?
* Le collier de Freyja
* L'Arbre du Monde
* Pourquoi y-a-t-il une marée haute et une marée basse ? (Þór)

Liste des poèmes de l'*Edda* :

Les poèmes mythologiques de l'Edda

– Völuspá — La Prédiction de la Voyante
– Hávamál — Les Dits du Très-Haut
– Grímnismál — Les Dits de Grímnir
– Vafþrúðnismál — Les Dits de Vafþrúðnir
– Baldrs draumar — LesRêves de Baldur
– Hymiskviða — Le Chant d'Hymir
– Þrymskviða — Le Chant de Þrymur
– Alvíssmál — Les Dits d'Alvíss
– Hárbarðsljóð — Le Lai d'Hárbarður
– Skírnismál — Les Dits de Skírnir
– Gróttasöngr — Le Chant de Grotti
– Grógaldr — L'Incantation de Gróa
– Fjölsvinnsmál — Les Dits de Fjölsviður
– Rígsþula — Le Poème de Rígur

- Lokasenna — L'Esclandre de Loki
- Hyndluljóð — Le Lai de Hyndla

Les poèmes héroïques de l'Edda :

- Atlakviða — Le Chant d'Atli
- Atlamál — Les Dits d'Atli
- Reginsmál — Les Dits de Regin
- Fáfnismál — Les Dits de Fáfnir
- Grípisspá — La Prédiction de Grípir
- Sigrdrífumál — Les Dits de Sigrdrífa
- Brot af Sigurðarkviðu — Le Fragment du Chant de Sigurðr
- Sigurðarkviða hin skamm — Le Chant bref de Sigurðr
- Guðrúnarkviða I — Le Premier Chant de Guðrún
- Helreið Brynhildar — La Chevauchée de Brynhildur au royaume de Hel
- Guðrúnarkviða II — Le Deuxième Chant de Guðrún
- Guðrúnarkviða III — Le Troisième Chant de Guðrún
- Oddrúnargrátr — La Déploration d'Oddrún
- Guðrúnarhvöt — L'exhortation de Guðrún
- Hamðismál — Les Dits d'Hamðir
- Helgakviða Hjörvarðssonar — Le Chant d'Helgi, fils de Hjörvarður
- Helgakviða Hundingsbana I — Le Premier Chant d'Helgi, meurtrier de Hundingur
- Helgakviða Hundingsbana II — Le Deuxième Chant d'Helgi, meurtrier de Hundingur
- Völundarkviða — Le Chant de Völundur

Liste des principaux dieux et déesses avec leurs principales références littéraires

Les chiffres arabes qui suivent les titres des poèmes de l'*Edda* ou des scaldes correspondent au numéros des strophes et les chiffres romains qui suivent les titres des autres écrits correspondent aux livres. Les chiffres qui suivent les titres des sagas correspondent aux chapitres. Quand un poème eddique n'est suivi d'aucun chiffre, c'est que la divinité en question est centrale dans ce poème. Pr = passage en prose.

Dieux et déesses	Edda poétique	Edda de Snorri (en prose)	Poèmes et scaldes	Sagas ou autres textes
Baldr	Baldrs draumar Grímnismál 12 Hyndluljóð 29 Lokasenna 27 Skírnismál 21 Vafþrúðnismál l54-55 Völuspá 31-33, 62	Gylfaginning 15, 22, 32, 49, 50, 53 Skáldskaparmál 1	Húsdrápa (Úlfr Uggason)	Gesta Danorum III (Saxo)
Bragi	Lokasenna 8, 11-16, 18	Gylfaginning 26 Skáldskaparmál 1, 2, 3, 4	Eiríksmál (Eyvindr skáldaspillir) Hákonarmál	Egils saga Skallgrímssonar Grettis saga Landnámabók Skáldatal (Snorri)
Forseti	Grímnismál 15	Gylfaginning 31 Skáldskaparmál 5		
Fróði	Völundarkviða	Skáldskaparmál	Vellekla (Einar skálaglamm)	Gesta Danorum V (Saxo) Ynglinga saga 10 et suivants (Snorri)
Freyr	Grímnismál 43 Lokasenna Pr, 37, 43 Skírnismál	Gylfaginning 24, 34, 37, 43 Skáldskaparmál 1	Haustlöng 10 (Þjóðólfr úr Hvíni) Þórgríms þula 3 Kálfsvísa 1	Gesta Danorum V (Saxo) Gesta Hammaburgensis Ecclesiae Pontificum (Adam de Brême) Hákonar saga góða 14 Hfrankels saga Freysgóða Vatnsdoela saga 10 Ynglinga saga 8, 10, 11 (Snorri)

Dieux et déesses	Edda poétique	Edda de Snorri (en prose)	Poèmes et scaldes	Sagas ou autres textes
Freyja	Grímnismál 14 Hyndluljóð 6 Lokasenna 29-32 Oddrúnargrátr 9 Þrymskviða 3, 4, 8, 11-13, 23, 26, 28 Völuspá 22, 25	Gylfaginning 24, 35, 42, 49 Skáldskaparmál 1, 3	Húsdrápa 2 (Úlfr Uggason) Ragnars drápa (Bragi Boddason)	Íslendingabók (Ari Þorgilsson) Íslendingabók 7 Sörla þáttr sterka Ynglinga saga 4 (Snorri)
Frigg	Grímnismál Pr Lokasenna Pr, 25-28 Oddrúnargrátr 9 Vafþrúðnismál 1, 2, 4 Völuspá 33, 53	Gylfaginning 9, 20, 35, 49, 51 Skáldskaparmál 1, 4	Haustlöng (Þjóðólfr úr Hvíni) Ragnars drápa (Bragi Boddason	Eyrbyggja saga 54 Gesta Danorum I, III (Saxo) Second Charme de Merseburg Historia Langobardorum I (Paul Diacre) Ynglinga saga 3, 5 (Snorri)
Heimdallr	Grímnismál 13 Hyndluljóð 35-37 Lokasenna 47-48 Rígsþula Völuspá 1, 27, 46 Þrymskviða 15	Gylfaginning 27, 49, 51 Skáldskaparmál 1	Gráfeldardrápa 13 (Glúmr Geirason) Húsdrápa 10 (Úlfr Uggason)	Grettis saga Ásmundarsonar 43
Höðr	Baldrs draumar 9-10 Völuspá 32	Gylfaginning 28, 49, 53		
Hoenir	Reginsmál Pr Völuspá 18, 63	Gylfaginning 23 Skáldskaparmál 1, 6		
Iðunn	Lokasenna 17	Gylfaginning 25	Haustlöng (Þjóðólfr úr Hvíni)	

Dieux et déesses	Edda poétique	Edda de Snorri (en prose)	Poèmes et scaldes	Sagas ou autres textes
Loki	Fjölsvinnsmál 26 Hymiskviða 37 Hyndluljóð 40-41 Lokasenna Reginsmál Pr, 1-4 Völuspá 35, 51 Þrymskviða 2, 5, 7, 9, 18, 20, 26, 28	Gylfaginning 20, 33, 34, 42, 44-47, 49-51 Skáldskaparmál 1, 4, 5, 6	Haustlöng (Þjóðólfr úr Hvíni) Húsdrápa (Úlfr Uggason) Ynglingatal 7, 32 (Þjóðólfr úr Hvíni) Þórsdrápa 1, 2 (Eilífr Goðrúnarson)	Sörla þáttr sterka
Njörðr	Grímnismál 16 Lokasenna 33-36 Skírnismál 38 Vafþrúðnismál 38-39	Gylfaginning 23, 24, 37 Skáldskaparmál 1	Háleygjatal 4 (Eyvindr skáldaspillir) Ragnars drápa 20 (Bragi Boddason	Germania 40 (Tacite) Gesta Danorum I, (Saxo) Hákonar saga góða 14 Ynglinga saga 4, 9 (Snorri)
Óðinn	Baldrs draumar Grímnismál Pr, 2, 3, 6-10, 14, 19, 25, 26, 44, 46-50, 53, 54, Pr Hárbarðsljóð Hávamál Hyndluljóð 2, 44 Lokasenna Pr, 9, 21, 22 Sigrdrífumál 2, 5(Pr), 13-15 Vafþrúðnismál Völuspá 1, 18, 24, 28, 29, 31, 32, 46, 53, 56	Gylfaginning 15, 17, 20, 22, 24, 30, 34, 36, 38, 41, 49-51 Skáldskaparmál 1, 2, 3, 5, 6	Háleygjatal 4 (Eyvindr skáldaspillir) Haraldskvæði (Þorbjörn hornklofi) Haustlöng 4(Þjóðólfr úr Hvíni) Hrafnsmál 12(Þorbjörn hornklofi) Sigurðardrápa 3 Þórsdrápa 12 (Eilífr Goðrúnarson)	Eyrbyggja saga 44 Gesta Danorum I, III, VII (Saxo) Hákonar saga góða 14 Ynglinga saga 2, 4, 6, 7 (Snorri)

Dieux et déesses	Edda poétique	Edda de Snorri (en prose)	Poèmes et scaldes	Sagas ou autres textes
Sif	Hárbarðsljóð 48 Hymiskviða 3, 16, 34 Þrymskviða 24	Gylfaginning 31 Skáldskaparmál 3, 5		
Sigyn	Völuspá 35	Gylfaginning 33, 50 Skáldskaparmál 1	Haustlöng (Þjóðólfr úr Hvíni)	
Skaði	Grímnismál 11 Hyndluljóð 30 Lokasenna 49, 51, Pr	Gylfaginning 22 Skáldskaparmál 1	Háleygjatal 24 (Eyvindr skáldaspillir) Ragnars drápa 20 (Bragi Boddason)	
Týr	Hymiskviða 4, 33 Lokasenna Pr, 37-40 Sigrdrífumál 6	Gylfaginning 25, 34, 51 Skáldskaparmál 1	Ynglingatal 14 (Þjóðólfr úr Hvíni)	
Ullr	Atlakviða 32 Grímnismál 5, 42	Gylfaginning 31 Skáldskaparmál 1	Haustlöng 15 (Þjóðólfr úr Hvíni)	Gesta Danorum I, III (Saxo) Ynglinga saga 3 (Snorri)
Vali (Váli) Fils d'Óðinn	Baldrs draumar 11 Hyndluljóð 29 Vafþrúðnismál 51 Völuspá 32-34	Gylfaginning 30, 36, 53 Skáldskaparmál 1		
Vali (Váli) Fils de Loki		Gylfaginning 50		

Dieux et déesses	Edda poétique	Edda de Snorri (en prose)	Poèmes et scaldes	Sagas ou autres textes
Víðarr	Grímnismál 17 Lokasenna 10 Vafþrúðnismál 53 Völuspá 55	Gylfaginning 29, 51, 53 Skáldskaparmál 1, 4		
Þór	Alvíssmál Grímnismál 4 Hárbarðsljóð Hymiskviða 20, -23, 27-29, 31, 34, 37 Hyndluljóð 4 Lokasenna Pr, 54-63 Vafþrúðnismál 51 Völuspá 56 Þrymskviða	Gylfaginning 15, 21, 29, 31, 36, 42, 44-51, 53 Skáldskaparmál 1, 3, 4, 5	Haustlöng 14-20 (Þjóðólfr úr Hvíni) Húsdrápa (Úlfr Uggason) Ragnars drápa 14-20 (Bragi Boddason) Þórsdrápa 7, 9, 19, 20 (Eilífr Goðrúnarson) Þórsdrápa (Eysteinn Valadason)	Eyrbyggja saga Gautreks saga 3, 7 Gesta Danorum I, III (Saxo) Gesta Hammaburgensis Ecclesiae Pontificum IV, 26 (Adam de Brême) Landnámabók Óláfs saga helga Óláfs saga Tryggvasonar Þorsteins þáttr bæjarmagns

Table des matières

Introduction

I – Les sources

II – Cosmogonie, théogonie,anthropogonie et cosmologie des Eddas

III – Le Panthéon nordique : les dieux

IV – Les héros

V – L'eschatologie nordique :les Ragnarök

VI – À la recherche d'un principe d'organisation

Ouvrage composé par
Nastassja Jacobs

Achevé d'imprimer - octobre 2009
Imprimerie de l'Université Charles-de-Gaulle – Lille 3

Dépôt légal - octobre 2009

Ce livre est le 1 181e au catalogue des
Presses Universitaires du Septentrion

Villeneuve d'Ascq – France